JN413165

포스트 성장 시대와 노동의 미래

포스트 성장 시대와 노동의 미래

임운택·주무현·박태주·강민형 지음

한울
아카데미

차례

서론
포스트 성장 시대의 노동의 과제

임운택

1. 포스트 성장 사회에서 노동에 대한 새로운 이해

노동 혹은 일은 단순히 생계를 유지하는 수단 이상의 의미를 지닌다. 그 것은 사람과 사람을 연결하는 필수적인 요소이다. 나아가서 노동은 사회를 하나로 묶는 '접착제'의 역할을 한다. 좋은 조건에서 이루어지는 노동은 우 리 삶에 동기를 부여하며, 타인의 존중을 얻고, 삶의 충족감을 제공한다. 이 는 개인이 사회에 기여하는 필수적인 요소이다. 노동은 우리가 사회의 삶에 참여하는 수단 중 하나이다. 따라서 '이상적인 상황'의 경우에 좋은 노동은 삶의 의미와 목적을 제공한다.

유감스럽게도 많은 사람에게 이러한 '이상적인 상황'은 결코 제시된 적이 없거나 그나마 근접했던 사람들에게서조차 최근 수십 년간 점차 사라져가 고 있다. 2007년 대침체, 2020년 발발한 코로나19 위기가 노동 세계를 뒤흔 들기 전부터 일상적인 현실은 이 행복한 이상과 멀리 떨어져 있었다. 1997

년 금융위기 이후 본격화된 신자유주의적 구조조정으로 수백만 명이 불안정한 일자리와 임금에 포박되고, 수십만 명이 기술의 급속한 변화로 실업의 위기에 노출되고 있다. 노동시장의 이중구조화 과정에서 누군가의 유급 노동은 의도했든 아니든 다른 사람에게 억압적이고 착취적인 것이 되었고, 니트족(NEET)이든 구직 단념자든 적지 않은 사람들에게 노동은 의미 없는 것이 되었다. 가족과 공동체를 지탱하는 무급 노동은 생산성과 이윤에 의해 주도되는 사회에서 그 가치를 상실했다.

자본주의의 멍에 아래에서 이제 노동은 단순히 생산의 비용으로 전락했으며, '효율성'에 의해 흡수되어 기계로 대체되고 있다. 금융자본주의 아래서 노동은 피해야 할 형벌로 변모했으며, 다수의 노동자들은 열악한 조건과 지속적으로 높아지는 생산성 목표에 괴로움을 겪고 있다. 생계는 계급 전쟁으로 변모했다. 이는 이윤 추구를 통해 가능한 한 빨리 부를 축적하는 것을 목표로 하는 자들과, 불안정한 임금에 점점 더 의존하게 된 자들 사이의 전쟁이다. 또한 이 전쟁은 불안정한 임금에 의존하게 된 사람들 사이의 계급 전쟁도 유발했다. 결과는 디스토피아적 역설이다. 이러한 계급 전쟁으로 사용자들은 노동자 없이 생산물만을 얻는 세상을 꿈꾸고, 상시적인 불안정성에 내몰린 노동자들은 노동 없이 소득을 얻는 앙상한 이상을 꿈꾸게 한다.

이러한 불가능한 이상은 자본과 노동 사이의 불안정한 타협으로 경제가 제대로 작동하지 않을수록 확장되고 있다. 경제학자들이 강조하는 '노동생산성'의 성장은 주식시장의 요구와 노동자의 빈곤화 사이에 존재하는 커다란 장벽이다. 생산량의 증가는 생산성 향상에 대한 끊임없는 압력과 지속적인 고용 창출 사이에 존재하는 커다란 장벽이다. 한편, 생산량의 증가는 우리가 의존하는 지구에 재앙적인 결과를 초래했다. 생산성 증가는 돌봄을 포함한 경제의 필수적인 요인을 훼손해 왔다. 생태계 파괴와 사회적 불안정은 자본주의의 동력에 내재되어 있으며, 이러한 과정은 노동력의 창의성을 약화하고, 사회적 안정을 위협한다. 사회에 대한 장기적 영향은 재앙적일 수밖에 없다.

코로나19가 남긴 큰 상처 중 하나는 사회 곳곳에서 중요한 일을 하는 사람들이 바로 사회로부터 가장 소홀한 대우를 받았다는 점이다. 코로나19 위기 최전선에 서 있던 공공의료 분야의 간호사들과 의사들, 돌봄 종사자들, 배달 기사들과 청소원들은 팬데믹 경제위기 극복 과정에서 과로에 시달리며, 보상도 부족했고, 심지어 자신들이 수행한 노동의 가치조차 인정받지 못했다. 바이러스가 닥쳤을 때 재난을 막았던 이들의 노동이 결국 그들이 받은 평가보다 훨씬 더 중요하다는 것은 분명하다.

굳이 이를 언급하는 이유는 단순히 노동이 잃어버린 가치를 탄식하거나 불의를 고발하기 위함이 아니다. 노동의 가치를 이해하고 회복하기 위해서는 현재의 노동이 놓여 있는 상황을 제대로 통찰하는 데서 시작해야 한다.

우리는 그러한 통찰의 출발점으로 포스트 성장 사회에서 노동의 근본적인 딜레마를 다루고자 한다. 이러한 분석은 더 생태 친화적이고, 공정한 경제로의 전환을 이해하는 데 있어 기초를 제공할 수 있을 것이다. 이는 노동의 세계에서도 마찬가지이다. 생계 노동은 모든 사람에게 중요하다. 이는 단순히 생산의 수단으로서만이 아니라 사회의 미래에 대한 투자로서 중요하다. 노동은 단순히 소득의 수단으로서만이 아니라 우리 모두의 미래에 대한 헌신의 구체적인 표현으로서도 중요하다. 노동의 세계를 변혁하는 것은 이러한 인식에서 시작되어야 한다. 이제 좀 더 구체적으로 노동 세계와 이를 둘러싼 환경의 변화된 상황을 분석해 보자.

본문에서 자세히 다루고 있지만, 우리가 지금까지 향유해 왔던 성장 중심의 경제 및 사회 시스템은 한계에 다다르고 있다. 지구는 증가하는 자원 소비와 배출량을 더 이상 감당할 수 없다. 그럼에도 자본가와 정치인들은 여전히 경제성장을 강변하고 있다. 그들의 주요 논거인 고용 유지와 새로운 일자리 창출의 필요성 때문이다. 정규직 노동은 소득을 보장하고 소비를 진작하며, 사회보험 기여금과 조세 의무의 기반을 제공한다. 결국 모든 사람은 충분한 일자리가 존재하는 데 공통의 이익을 갖게 되며, 성장이 이를 약속한다면 성장 정책은 광범위한 지지를 받을 것이다. 그러나 언젠가부터 성장이 일자리를 창출한다는 주장에 많은 결함이 생기기 시작했다.

첫째, 생태학적 이유로 경제구조의 변화가 필요하다. 일부 산업, 예를 들어 자동차 산업은 더 이상 20세기처럼 성장하기 어려우며, 화석연료 산업과 같은 다른 산업은 완전히 폐지되지 않으면 인류가 치러야 할 대가가 적지 않다.

둘째, 사이비 케인스주의의 헛된 기대와는 달리, 소비 시장이 점점 포화 상태에 이르면서, 소득 증가가 소비 수요를 자극하고, 이것이 다시 성장을 촉진하는 선순환에는 제한된 영향만을 미친다.

셋째, 디지털화, 로봇화, 그리고 AI(인공지능) 같은 기술적 발전은 일자리를 없애는 방향으로 진행되고(이는 특히 한국의 현실이 그러하다), 새로운 일자리가 얼마나 창출될지 그리고 어떤 형태일지 불투명하다.

넷째, 삶의 질을 유지하기 위해 필수적인 높은 사회보장 기여금과 세금에 대한 논의는 곧바로 노동력의 합리화를 촉진한다.

산업사회로의 전환 과정에서 노동의 역할과 의미가 근본적으로 변화했듯이, 성장 사회에서 포스트 성장 사회로의 전환 과정에서 노동의 세계는 재편되어야 하며, 정규 고용에 기반을 둔 조세 및 사회보장 시스템의 재평가가 필요하다. 우리는 역사적으로 진화한 상황을 성찰하여 사회경제 시스템이 더 이상 경제성장에 의존하지 않고, 지구의 경계 내에서 유지되며, 사회적 및 경제적 안정성과 복지를 제공하며, 다양한 방식으로 생산된 충분한 양의 상품과 서비스를 공급할 수 있도록 해야 한다. 즉, 우리의 사회경제 시스템이 더 이상 경제성장에 의존하지 않고, 행성 경계 내에서 유지되며, 사회적·경제적 안정성과 복지를 보장하며, 다양한 형태의 노동을 통해 생산된 충분한 양의 재화와 서비스를 공급하도록 해야 한다.

다양한 형태와 분야에서 노동은 인간 삶의 중심 요소이다. 우리 미래의 사회경제 시스템은 이 사실을 기반으로 해야 하며, 유급 노동과 무급 노동 간의 더 나은 균형을 추구해야 한다. 이를 위해서는 사회경제 패러다임의 전환이 절실하다. 이제 보다 구체적인 이유를 통해서 포스트 성장 시대의 사회경제 및 노동 패러다임의 전환이 필요한 이유를 들여다보자.

2. 트럼프의 관세정책와 세계경제의 위험

아이러니하게도 신자유주의의 본산으로 여겨진 미국에서 트럼프 2기 행정부는 출범과 동시에 대규모 관세정책 패키지와 함께 무역전쟁의 서막을 열었다. 2005년 트럼프가 물려받은 미국 경제의 유산은 그리 나쁘지 않았다. 트럼프 취임 이전 IMF(국제통화기금)는 2025년 미국 경제의 성장률을 2.7%로 전망할 만큼 미국 경제의 성장은 괜찮은 편이었고, 무역수지 거래량도 중국, 인도와 함께 다른 어느 나라보다 꾸준히 증가할 것으로 보였다. 물론 이런 번영은 '인플레이션 감축법'이라는 기이한 이름으로 불리었으나 실제로는 5천억 달러에 달하는 재정 지원 프로그램이 존재한 덕분이었다. 이 프로그램은 오바마 정부에서 개시된 리쇼어링 전략(미국 제조업 귀환 조치)의 기반 위에 미국의 재산업화 전략 추진을 목표로 했다. 트럼프의 예상치 못한 관세정책으로 인해 IMF의 수석 이코노미스트인 피에르-올리비에 고린샤는 "80년 동안 작동해 온 글로벌 경제 시스템이 새롭게 재구성되어야 할 시기에 들어섰다"고 자평할 정도였고, 이제 미국은 자신의 택한 정책의 최대 희생자가 되었다. 관세 쓰나미에 비유될 정도의 이러한 관세정책은 물론 단순한 경제정책이 아니다. 관세는 과학과 법치에 대한 경멸, 집요한 거짓말과 비합리적 이론을 신봉하는 그의 MAGA(미국을 다시 위대하게!) 운동의 원동력이다.

그런 의미에서 트럼프에게 관세정책은 경제정책 이상의 의미가 있다. 그에게 관세는 정치적·문화적 패러다임 변화를 이끌 강력한 수단이기 때문이다. 최근 월가에 TACO(Trump Always Chickens Out)이라는 밈이 유행하듯 트럼프는 관세정책으로 미국의 무역수지 적자를 해결하기 이전에 이미 금융시장의 압박에 지속적으로 꼬리를 내린 바 있다. 그럼에도 MAGA를 앞세운 트럼프의 파괴적이고 개인숭배적 정치 행위는 군산복합체를 대체하는 기술-산업복합체(Tech-Industry-Complex)의 주문(Mantra)을 꾸준하게 반영하고 있다. 걸핏하면 법치주의를 겁박하며 행정부의 '비상사태'를 선포하는 그의 행위는 나치의 변호사 칼 슈미트가 잘 묘사했듯 국가가 어떻게 생존할지, 누구와 생존할지를 규정하는, 적-우 관계의 전형을 보여 준다. 그는 실리콘의 빅테크 기업은 친구로, (불법) 이민자들은 적을 넘어 심지어 '동물'에 비유하기까지 했다.

세계경제의 위험을 무릅쓰고서라도 무역수지 적자를 줄이겠다는 트럼프의 모험적 선택은 물론 현재 미국 달러의 강력한 국제금융시장 지배력이 있기에 가능했다. 실제로 미국의 무역수지 적자는 미국의 약점이 아니라 강점이었다. 달러가 지배하는 세계 시스템에서 미국은 전 세계로부터 공물을 징수할 수 있었으며, 미국 국민들에게 낮은 가격으로 소비재를 제공할 수 있었다. 이제 경제 민족주의자들의 잘못된 손익계산은 미국 노동자들의 피해로 이어질 전망이다. 나아가 빠르게 무역수지 적자를 줄이는 방법으로 트럼프가 선택한 관세 압박은 저금리에 기반을 둔 미국의 통화 지배력이 유지되어야 하는데, 이기적 보호무역정책으로 세계경제의 가치 공동체가 붕괴하고, 채권시장의 투자자들이 달러를 더 이상 유일한 대안으로 생각하지 않는다면, 세계경제는 더 큰 위험에 놓이게 될 것이다.

3. 통상 정책으로 트럼프의 관세정책을 극복?

이러한 조건에서 국내의 경제 전문가들의 입장은 대체로 통상 정책으로 위기를 극복하자는 것이다. 노동계를 포함한 진보 진영도 대체로 이와 유사한 입장을 견지하는 듯하다. 실제로 통상 정책을 앞세워 각종 토론회가 우후죽순처럼 개최되고 있다. 한미 FTA 투쟁 당시 국익 논쟁의 종착점이 결국 보수 진영마저 인정한 노무현 대통령의 최대 치적으로 종결된 사실을 잊어버린 듯하다. 사실은 국익의 승리가 아니라 거대 초국적 기업의 승리였다. 자본의 자유로운 이동은 GDP 증가로 이어졌고, 대기업 노동자들은 대자본과 함께 공동의 수혜자가 되었다. 변변한 노조가 없다 보니 주목을 받지 못해서 그렇지 수출산업의 원·하청 업체 간의 임금격차는 내수산업 원·하청 관계의 그것보다 더 열악해졌다. 그럼 과연 통상 정책은 트럼프의 관세정책을 이겨 낼 수 있을까? 한미 관계를 넘어 숭미 관계를 지고의 가치로 두고 있는 외교통상 관료에게 이를 기대하는 것은 차라리 푸틴의 우주론에 편승해서 우주기지를 개발하자는 논리만큼 현실성이 없어 보인다. 물론 통상 협상 이후 외교적 양보와 노력으로 자동차, 철강, 조선, 농업에서 최악은 피했다는 아전인수격 포장은 국민에게 선물될 것이다. 그러면 수출 주도적 '한국형 성장 모델'은 괜찮을까?

시장 자유주의자들의 막연한 기대는 예외로 하더라도 트럼프의 보호무역 정책은 진보 진영의 일반적 관념을 어지럽게 하고 있다. 1990년대 진보적 사회운동 세력은 신자유주의적 세계화에 반대하여 반세계화 운동을 벌였고, 초국적 기업의 시장 자유화에 대해 격렬하게 투쟁했다. 그 유명한 1999년 시애틀 투쟁으로 WTO의 각료 회의를 무산시키기까지 했다. 이제 어리둥절한 상황이라면, 트럼프가 당시 진보가 외쳤던 보호무역주의를 주장하면서, 진보 진영의 선택이 난감해졌다는 것이다. 냉철한 통상 협상으로 국면을 타개하자는 진보 진영의 논자들은 이제 스스로 자유무역주의자가 되기를 자임하는 것인가? 결론적으로 제아무리 협상해도 달라질 것은 없다. 공룡과 같은 거대 기업은 그 협상의 성과로 생존하겠지만, 조직화된 중고령 노동자가 은퇴한 이후의 대기업 일자리는 디지털화와 AI의 도움으로 '쥐라기'의 변화만큼 멸종이 가속화될 것이다.

미국의 보호관세정책은 분명 잘못된 것이다. 이는 지금 트럼프의 정책 때문만이 아니고, 이미 19세기 말, 20세기 초 제국주의 전쟁에서도 마찬가지였다. 당시에도 보호무역 전쟁은 민족주의, 쇼비니즘, 전쟁 이데올로기와 동반되었다. 노동운동은 첫째, 제국주의 국가 간의 경쟁과 군사 전쟁의 위험에 맞서 평화의 차원에서 보호무역정책에 반대의 입장을 표명했다. 둘째, 클라라 제트킨이나 로자 룩셈부르크와 같은 이론가들은 보호관세정책이 노동자 계급의 생활비 상승으로 이어진다는 실용주의적 관점에서도 보호관세정책을 반대했다. 실제로 트럼프는 인플레이션에 분노한 노동자들에 의해 선택되었으나 그들 다수가 중국과 글로벌 남반부의 저렴한 소비재 수입에 의존하고 있는 상황을 간과하고 있다. 관세 무역전쟁은 결과적으로 이들의 불만을 촉발할 것이다.

이런 관점은 오늘날의 보호무역정책을 통상 정책으로 방어하려는 입장에 적절한 교훈을 준다. 문제는 보호관세의 수준이 아니라 자본의 무제한적 이동을 통제할 수 있느냐이다. 오늘날의 세계경제에서 상품의 이동보다 더 무서운 것은 자본의 이동이다. WTO에서 GATS(서비스무역일반협정)와 TRIPS(지적재산권협정)를 금과옥조처럼 여겼던 이유이기도 하다. 바이든과 트럼프의 경제 민족주의는 해외 자본의 직접투자를 유발하고 고용과 성장을 끌어낼 수는 있겠지만, 이는 높은 보조금과 미국 노동자의 열악한 노동조건을 통해서만 가능하다. 마찬가지로 이는 다른 나라에도 적용된다. 미국과 주요 나라의 통상 협상에서 미국 빅테크 기업의 압박(무노조, 고용 해고의 자유, 조세 회피)은 거세지고 있다. 소위 노사 관계의 표본처럼 받들어지는 독일에서조차 브란덴부르크주에 설립된 테슬러 공장의 노동자들은 공장이 설립된 이후 노조도 없이 최저임금 수준의 열악한 노동조건에 시달리고 있다.

결국 보호무역정책에 대한 전략은 경제에 대한 민주적 통제를 회복하는 것이다. 통상 당사국 간의 보호관세 수준 협상이 아닌 자본의 통제에 초점을 맞춰야 한다. 자본의 자유로운 이동은 저임금, 자본유입 국가의 투자환경 조성과 조세 감면을 요구하는데, 이에 대한 결과는 우리가 모두 알고 있다. 수출 주도적 한국 모델이 양산한 노동시장의 이중구조이다. 수출 주도적 성장 모델의 한계는 이제 점점 더 분명해지고 있다.

4. 수출 주도적 성장 모델의 지속 불가능성과 사회적 위험

통상 정책이 관세정책의 해결이 될 수 없다면 어떤 대안이 있을까? 결론적으로 IMF 금융위기 이후 선택해 온 수출 주도적 성장 모델에서 탈피하는 것이다. 물론 다수의 국민은 물론 전문가들조차 이러한 주장에 선뜻 동의하기 어려울 것이라는 점은 어렵지 않게 예상할 수 있다. 그렇다면 수출 주도형 성장 모델이 얼마나 지속가능한지를 검토해 보자.

지난 30년 동안 수출 주도적 한국형 성장 모델은 몇 가지 조건 속에서 유지됐다. 첫째, 미국 재무부의 환율 조작 의심을 아슬아슬하게 피해야 할 만큼의 원화 약세는 수출 시장에서 유리하게 작용했다. 둘째, 노동시장의 이중구조 덕분에 정규직 근로자의 임금을 상쇄하는 다수 불안정노동자의 존재는 자본에게 '유연성'과 '회복력'을 제공했으며, 최근에는 언제든지 내보낼 준비가 되어 있는 이주 노동자들마저 가파르게 증가하고 있다. 셋째, 기재부의 장기적 긴축정책 덕분에 기업의 투자 정책이 위축되면서, 수출은 특정 산업에 집약되었다. 넷째, 과도한 저임금 시장 정책은 상품의 가격경쟁에 크게 이바지했다. 다섯째, 다자간 글로벌화로 한국 시장 자체가 중국이나 미국의 내수 시장에 의존하게 만들면서, 미국의 소비자, 그리고 특히 8억 명에 달하는 중산층 중국인에게 의존하는 구조를 만들었다.

새 정부의 성장 전략은 이러한 조건에서 시작되어야 하는데 모두 간단한 것이 아니다. 원화 약세가 반전되면 주식시장에 긍정적인 시그널을 주지만 현재 수준에서 수출에는 영향을 줄 것이고, 잦은 환율의 등락은 월급보다 주식 가치에 민감한 중산층이 민감해진다. 민주주의의 위협은 항상 저소득층에서만 발생하지 않는다. 노동시장의 이중구조 해결은 역대 민주정부가 해결을 자임했으나 헛발질이었다. 조직화된 노동의 의도적 무관심도 한몫한다. 사회적 대화라는 한가한 형식 속에서 다시 5년을 허송세월하지 않으려면 정부의 강력한 비전과 의사 결정이 요구된다. 물론 주기적으로 찾아오는 선거가 이를 용납할지는 의문이다. 나아가서 저임금정책은 대기업이 아닌 중소기업과 자영업자들의 영원한 민원 사항이다. 경제학 교과서에도 없는 '민생 경제'라는 개념과 경제 시스템 개혁이 아닌 자영업자 구제라는 '정치주의적' 접근에 매몰되는 한 이 문제도 해결이 요원하다. 무역시장의 다변화는 결국 외교 전략 및 평화 안보의 문제와 연결되어 있다. '묻지 마!' 친미를 외치는 보수 노선과 거리를 두는 실용주의적 외교 전략이 새 정부에 시금석에 오르게 될 것이다. 어찌 됐든 시장 다변화는 선택이 아니라 필수이다. 트럼프의 압박을 이겨 내는 강단이 요구된다. 기재부의 투자 정책은 새 정부에서 바뀌겠지만, 관건은 재정을 쏟아붓는 데 있는 것이 아니라 효율적인 투자이고, 이를 통해서 경제 패러다임을 바꾸는 것이다.

한국 경제는 김대중 정부 출범과 함께 대전환을 경험했다. 제조업 중심의 산업구조를 IT와 문화·미디어를 중심으로 재편하면서 제조업도 시너지 효과를 거두었다. 외환위기 당시 워싱턴 컨센서스에 따른 구조조정의 결과로 신자유주의 헤게모니가 확립되고, 노무현 정부의 FTA는 신자유주의적 체제를 공고히 하면서, 수출 주도적 한국 모델은 완성되었다. 이제 그 생명력은 한계가 분명해지고 있다. 수출 주도적 성장 모델의 조건은 트럼프의 보호무역정책으로 이전처럼 존재하기 어렵고, 심지어 성장 모델의 위기는 점차 정치적 뇌관이 되고 있다.

성장 사회의 위기는 민주주의마저 위태롭게 하고 있다. 비상계엄 이후의 일련의 반동적 상황을 극우주의의 위협으로 진단하는 것까지는 이해가 되나 원인에 대한 정치경제학적 진단은 실종되었다. 반공 이데올로기부터 세속화된 종교 집단의 정치 개입에 이르기까지 극우 쓰나미 현상에 대한 다양한 원인이 있지만 정치주의적 해석을 넘어서는 인식의 결여가 아쉽다. 소위 '포스트 민주주의' 현상은 위기에 내몰린 성장 사회의 후과이기도 하다.

금융시장에서 경제적 불평등의 심화는 사회적 불평등, 정치적 불평등으로 이어졌다. 전후 자본주의에서 화수분처럼 나눌 수 있었던 성장의 과실이 사라지자, 분배 정책은 선택적으로 되었고, 시장의 합리주의는 민주주의를 위한 참여의 제도적 공간도 배타적으로 만들었다. 그러자 거리와 광장, 그리고 온라인 공간은 이제 신자유주의의 희생자들이나 패배자들이 갈 유일한 공간이 되어 버렸다. 시장의 패배자인 불안정노동자들에게 새로운 중산층이 향유하는 미덕, 예컨대 땀이 만들어 낸 노동이 아닌 지식 노동에 기반을 둔 빠른 부의 축적, 성소수자에 대한 관용, 국경을 넘나드는 다문화적 취향은 전통적 산업 노동자들에게 생경한 것들이었는데, 어느 순간 자신들은 일자리도 위협받고, 글로벌 규범도 모르는 하찮은 존재로 비아냥의 대상이 되었다. 심지어 청년들이라도 AI와 디지털화가 주도하는 새로운 변화에 적응하지 못하는 사람들은 마찬가지이다. 테일러리즘 아래서 단순한 업무를 수행하면서 이들은 그람시가 비유한 '조련된 고릴라'로 살았지만, 중산층의 삶을 누릴 수 있었던 산업사회의 노동자들 중 정치권력과 타협할 수 있는 일부 조직화된 노동자들 이외에 다수는 오늘날 권위주의적이고 선동적인 정치인들에 더 많은 매력을 느끼게 되었다. 이들은 중상층 지식인들이 자신들에게 극우 딱지를 붙여도 꿈쩍하지 않는다. 파스빈더의 영화 제목처럼 '불안이 영혼을 잠식'시켰기 때문이다. 전통적으로 제조업의 조직화된 노동자를 정치적 기반으로 한 유럽의 사민당이나 미국의 민주당이 지난 21세기 들어 꾸준히 그 세력이 약화된 것도 동일한 정치경제적 맥락에서 설명된다.

성장 모델의 또 다른 위협은 트럼프의 MAGA로 불붙은 '사회의 군사화' 경향이다. 이미 유럽은 트럼프의 신고립주의로 군사비 지출 규모를 GDP 1%에서 최대 5%까지 늘이겠다고 선언했다. 당연히 이에 대한 반대급부는 사회복지 비용의 감소로 이어질 것이다. 사회의 군사화는 산업구조뿐만 아니라 사회에서 폭력 이데올로기를 정당화한다. '국민주권' 정부에서 기본 사회를 구현하려면 방위비 협상도 문제지만, 황당하게도 문재인 정부의 최대 치적인 군사무기 최대 수출의 역설을 되돌려 놔야 한다. 케인스주의자 조안 로빈슨은 레이건의 군사 케인스주의를 '사생아 케인스주의'로 명명한 바 있다. 그러나 수출주도 성장에 눈이 멀면 쉽지 않은 일이다. 군사무기 수출로 고용과 성장을 일으키려는 유혹에서 벗어나야 한다.

5. 새 술은 새 부대에:
통상 정책 대신 포스트 성장 시대의 새로운 사회경제 패러다임

한국형 수출 주도적 성장 모델의 폐기를 주장한다고 성장 자체를 완전히 배제하자는 것은 아니다. 경기 국면이 아닌 장기적 저성장과 기후 위기의 조건 속에서 '지속가능한 사회'를 만들기 위해 신자유주의적 성장 모델이 아닌 다른 대안 성장의 길을 찾아야 한다. 이를 위해 '포스트 성장' 모델을 제안한다. 물론 진보 담론의 한 축에는 그보다 급진적인 탈성장 담론이 존재하나 현재의 산업 및 분배 구조와 노동시장 조건에서는 현실적이지 않다. 탈성장 담론은 지구 사회가 '지속가능한 사회'로 가기 위한 등대의 역할을 할 수는 있으나 말 그대로 담론일 뿐 이를 위해서는 다양한 물질적 조건과 사회적 합의가 필요하다. 우선, 전환 모델 중 덜 급진적인 '그린 전환'마저 자본주의와의 공생 방식은 간단하지 않다. ESG 담론과 그린 전환 자체가 이미 금융자본의 논리에 포섭된 현재에서는 심지어 위험하기까지 하다.

기후 정의를 주장하고 ESG를 실천 담론으로 내세우는 각종 토론회에는 묘한 출연진 커플들이 존재한다. 기후 정의 활동가들과 기업 인사들이다. 혹자는 기업 경영을 논하는 자리이니 당연하다고 생각하겠으나 실상은 그보다 더 복잡하다. ESG는 원래 세계 최대의 자산운용 회사인 블랙록(BlackRock)의 작품이다. 블랙록은 2007~2008년 금융위기를 오히려 기회로 삼아 세계 최대의 자산운용 회사로 등극하여 ESG 펀드 붐을 일으키고, 바이든 정부에서는 재무부 부장관을 비롯해 각종 경제정책에 참여한 바 있다. 심지어 최근 연정 구성 후 총리 1차 지명에서 인준을 못 받았던 독일 총리 메르츠는 야인 시절 블랙록의 로비스트로 활동한 바 있다. 보수적인 독일 정계가 금융자본의 주구인 메르츠의 총리 선출을 1차에 비준하지 않은 데는 그만한 이유가 있었던 셈이다. 어찌 됐든 블랙록은 '그린 전환'의 대표적 국가인 독일에 확실한 우군을 갖게 되었다. 블랙록은 현재 국내 유수 대기업들의 지분을 평균 5% 이상 보유하고 있다. 아마도 새 정부 구성 이후 몇몇 활동가들이 국내 대기업의 사외 이사로 진입하면 그것이 무엇을 의미하는지는 분명하다. 추후 기업에서 개인 노력의 한계가 어쨌다는 식의 구차한 소회라도 하려면, 차라리 국가가 이분들께 일자리를 제공하는 것이 더 바람직해 보인다.

기후 위기의 조건은 경제 패러다임의 전환을 요구하지만, 지금까지 바이든노믹스나 독일의 (산업)전환정책 모두 실패했다. 신자유주의의 완고한 저항도 문제였지만, 경제의 '전기화'만으로는 산업 전환이 완수되지 않기 때문이다. EU(유럽연합)의 녹색 소비(전기차)가 정부의 보조금 지원에도 불구하고 녹색 부르주아의 허영심을 충족시키는 수준을 벗어나지 못했다면, 중국은 공산당의 주도 아래 경제의 전기화가 작동하는 사회경제 인프라 전체를 구축하고 있다. 세계경제의 환경도 크게 변화했다. 바이든과 EU가 보호주의 정책으로 중국 경제의 빠른 전환을 차단하려고 했지만, 중국은 오늘날 '워싱턴 컨센서스'의 최종 수호자가 되어 자기 세력을 넓혀 가고 있다. 자유무역은 역사적으로 항상 세계를 지배하는 국가의 이데올로기였다. EU와 한국, 일본 등 주요 국가를 중국으로부터 디커플링시키려는 트럼프의 보호관세정책이 그의 임기 내내 좌충우돌 지속되고, 세계무역 시장이 경색되는데도 한국형 수출 모델이 지속될 수 있을지는 회의적이다.

불법계엄과 탄핵 이후 새롭게 출발한 국민주권 정부에 대한 기대도 크고, 그만큼 부담도 클 것이다. 새 정부가 들어서면서 성장 사회로의 복귀에 대한 기대가 충만하다. 30년간 작동한 경제가 5년 만에 그것도 경제학자들의 영원한 면죄부 '다른 조건이 변함이 없다면'(ceteris paribus)이라는 전제도 없는 상태에서 성장 사회를 복원하는 것은 현실적으로 불가능하다. 그렇다면 차라리 김대중 정부 이후 30년 만에 수출 주도적 한국형 성장 모델로부터 포스트 성장 시대에 부합하는 새로운 사회경제 패러다임의 전환을 통해 미래 사회의 나침반을 제시하고 국민을 설득하는 것이 더 바람직하다. 불가능한 성장 목표를 억지로 추진하는 한 한국 사회의 사회경제적 불평등은 더욱 커질 수밖에 없기 때문이다.

따라서 새 술을 새 부대에 담아야 한다. 기본적으로 포스트 성장 시대의 대안 성장의 길은 성장의 화수분으로서 낙수 경제가 아닌 공생의 경제이고, 이는 수출보다는 내수 중심의 경제, 나아가 수도권 중심의 경제구조에서 지역 경제의 회복력을 전제로 한 성장이어야 한다. 지금과 같은 선단식 성장 모델은 수도권과 지역 간의 경제적 격차를 더 심화시키고, 이는 지속적으로 지역 주민을 특정 정당의 포로로 만드는 악순환을 견고하게 한다. 정권 교체만이 지역 투자를 담보할 수 있다는 헛된 기대 때문이다. 문재인 정부나 이재명 정부 모두 보수 정부의 헛발질 때문에 권력을 획득했다는 것을 잊으면 안 된다. 국민주권 정부가 포스트 성장 모델을 구축하기 위해서는 몇 가지 핵심적 콘텐츠가 요구된다.

첫째, 국가의 투자는 과감하게 이루어져야 하지만 수출의존도를 낮추는 고용 창출형 산업 전환과 사회의 안전과 필수 조건을 충족하는 공공 인프라에 집중되어야 한다. 산업 전환은 현재 진행되고 있는 이중 전환(탈탄소화와 디지털 전환) 분야에서 좋은 일자리를 창출하는 것을 의미한다. 이중 전환의 전략은 문재인 정부 시절 '한국판 뉴딜' 이름으로 이미 시행된 바 있다. 대대적인 국가투자에도 불구하고 효과가 미비했던 것은 비전이 부재한 하드웨어 혁신 지원 방식으로 인해 사업주의 관심은 비용 절약적 자동화, 로봇화에 관심이 집중되었고, 정부의 신재생 에너지 정책은 인프라 구축을 위한 제도 정비의 미비로 불필요한 논란만 낳았고, 산업 전환을 예방하고 보완하는 직업훈련은 미래 노동사회 비전의 부재로 효과를 거두지 못했다. 독일 노동 4.0 개념의 어설픈 벤치마킹이 시도되었으나 노동 현장의 무관심과 신규고용 중단을 반대급부로 선택한 사업주의 교묘한 전략으로 무용지물이 되었다. 이제 수년 내 중고령 노동자가 대량으로 은퇴한 후 '노조 무력화', '공정 자동화', '이주 노동자 대량 투입'이라는 삼종 세트로 사업장이 무너지지 않으려면 고용 창출형 전환 투자가 이루어져야 한다. 디지털화와 AI의 투입이 객관적으로 일자리를 파쇄하는 것은 사실이나 기술 발전과 양질의 숙련이 결합하면 더 나은 생산성 효과를 거둔다. 인구 축소의 현실에서 휴머노이드 로봇의 투입과 자동화의 세상이 아닌 고숙련 기반의 생태 친화적 노동환경을 구축하고, 무기 생산이 아닌 삶의 질을 보장하는 상품을 생산하는 것은 경제의 수출의존도를 낮추면서도 기후 위기의 조건에서 일과 삶의 미래를 보장하는 강건한 경제구조를 구축하는 전제 조건이다.

한편, 의료, 교육과 같은 공공 인프라에 대한 투자도 확장되어야 한다. 초고령화 사회에서 공공 의료의 확대는 물론 돌봄 노동은 적절한 유급 노동으로 전환되어야 한다. 29조 원이 넘는 초중고 학생들의 사교육 시장은 경제적으로도 비효율적일 뿐만 아니라 사회적 불평등을 심화시키고, 대학 교육

마저 병들게 한다. 공교육의 정상화 없이는 어떤 중등교육 개혁도 성공하기 어렵다. 서울대 10개, 세계적 명문대 육성이라는 허상을 넘어 기업마저 대학을 존중하지 않는 현실을 직시하고, 미국과 유럽의 유수 대학처럼, 지역 대학이 지역사회 회복력에 기여하는 정도에 따라 지역 대학의 생존을 도와주면 된다.

둘째, 국민주권 정부라면 급급하게 지역 소멸을 예방하는 것이 아니라 지역사회의 회복력을 강화시키는 방식으로 재정지원 방향이 바뀌어야 한다. 부처별 사업비를 정치적 고려 아래 지역별로 선물 나눠 주는 방식은 이미 그 한계가 분명해졌다. 지역 주민의 자율성에 기반하고 지역 회복력을 활성화하는 데 필요한 종잣돈(시드머니)으로 지방세 비율을 높이고, 재정 자립화를 강화하는 방식으로 시스템을 전환해야 한다. 이는 실질적인 연방제 수준의 개혁을 의미한다. 재정 자립화와 지자체의 책무를 강화하는 독일식 지방재정 균등화법은 국내에 존재하지 않지만, 헌법 124조에 "국가는 지역 간의 균형 있는 발전을 위해 지역 경제를 육성할 의무를 진다"라는 근거 조항이 있어 법률적 쟁론이 되지는 않을 것이다. 재정 자립화 없이 지역의 회복력을 주장하는 것은 앙꼬 없는 찐빵과 마찬가지이다. 재정 운영의 자율화는 지역의 맹목적 특정 정당 지지를 완화하고, 경제 회복 대신 동상이나 세우는 능력 없는 지자체장을 견제하는 도구가 될 수 있다. 물론 무능한 지방에 예산을 더 떼어 줄 수 없다는 핑계를 앞세워 재정 권력을 양보하지 않으려는 중앙정부의 관료들과 예산배정 권한으로 주민 위에 군림하는 국회의원들의 반대를 어떻게 돌파하느냐가 관건이다.

셋째, 노동 유연성 확보를 위해서가 아니라 좋은 일자리를 만들기 위한 노동 개혁, 노동시장 약자들이 보호받는 방식으로 사회보험의 질적 개혁이 필요하다. 신자유주의 시대에 ILO(국제노동기구)가 민망하게 주장했던 괜찮은 일자리(decent work)가 아니라 좋은 일자리(good work)를 더 많이 만들어야 한다. 좋은 일자리는 적정 수준의 임금을 보장받는 일자리이면서도, 사회적으로 유용하고 지속가능한 일자리여야 한다. 플랫폼 노동은 배달, 유통 서비스업에만 존재하지 않는다. 오늘날 실리콘 벨리의 GAFAM 기업은 기본적으로 플랫폼 기업과 그 노동을 기반으로 하며, 정규직 일자리는 빠르게 사라지고 있다. 최근 AI 활용으로 6천 명 해고를 공지한 MS의 결정은 이러한 일자리의 미래를 예고한다. 제조업이라고 상황은 다르지 않다. 국내에서 고용이 보장된 정규직이 은퇴한 빈자리가 신규 인력으로 채워지지 않은 지 오래이다. 인구 축소로 기업의 자동화와 AI의 투입은 이러한 경향을 더 급속히 진행시킬 텐데, 좋은 일자리를 만들어 내지 못하면 노동자들의 권위주의에 대한 향수는 결코 사라지지 않을 것이다. 임금 상승을 경제의 윤활유로 사용하려는 소득 주도 성장론의 과오는 산업 지형의 변화와 노동 과정의 변화를 포착하지 못한 채 노동시장 이중구조를 임금으로 보충하고, 어설프게 경제를 활성화하려고 했다는 점이다. 최저임금 인상의 논리는 역설적으로 정규직 노동자의 입장만 강화하는 결과를 초래했고, 경제구조는 건드리지도 못한 채 자영업자의 불만만 폭증시켰다. 높은 비중의 자영업자는 경제적으로도 불안정한 계층이지만, 정치적으로도 화약고이다. 민생 경제를 살린다고 현금 살포를 아무리 많이 해도 자영업자들의 욕구는 결코 충족되지 않을 것이다. 과잉 공급된 자영업자들의 숫자를 줄이는 것 이외에는 방법이 없다. 결국 경제구조를 바꾸는 것이 답이다.

좋은 일자리의 부재는 노동시장의 이중구조화를 더욱 공고히 할 뿐이다. 디지털화와 AI의 투입으로 직무에 대한 평가, 노동의 가격이 빠르게 변하고, 직종별로 노동시장에서의 지위도 급변하고 있다. 산업 시대의 직무급이 점점 더 유효하지 않게 되는데도 직무급에 대한 경직된 정책 결정권자의 선호도는 갈등만 유발할 뿐이다. 직무급에 대한 공정한 평가 기준과 제도화가 선행되지 않는 채 시장의 컨설턴트에 의존하기보다는 공적 기구를 만들어 이해 당사자들이 임금을 결정하는 체계에 참여하게 해야 한다. 또한 정규직 일자리가 점차 줄어들면서 정규직에 기반을 두고 설계된 사회보험 체계에 대한 진지한 혁신도 요구된다. 비정규직 노동자, 특수고용자들의 사회보험 가입 요건이 예외와 시혜의 대상이 되어서는 안 된다. 그러기 위해서는 생활이 가능한 수준의 적정한 임금과 사회보험 가입 요건이 대폭 완화되어야 한다.

넷째, 그린 전환은 다른 국가들의 실패에도 불구하고 포기될 것이 아니다. 중국과 유럽은 여전히 그린 전환에 진심이고, 트럼프 정부 이후에 미국도 마찬가지일 것이다. 무역 전쟁의 다음 라운드가 그린 전환임은 분명해지고 있다. 에너지 공급원을 둘러싼 정의로운 전환(신재생 에너지 확대)도 필요하지만, 경제의 전기화는 상품생산의 에너지 전환에서 각종 사회의 인프라 구조가 뒷받침되지 않으면 저소득 계층의 저항에 무너지게 된다. 나아가 제조업 내에서의 탈탄소화 과정도 병행되어야 한다. 이 모든 문제는 고용과 연계되어 있다. 나아가서 그린 전환에는 강력한 정치적 시그널이 필요하다. 최소한 20, 30대 청년들이 생태전환 시대에 합당한 좋은 일자리에 대한 비전을 공유하지 못하면 이들의 정치적 저항은 우경화될 가능성이 높다. 그린 전환을 위한 강력한 충격 요법도 하나의 방법이다. 재생 불가능한 새만금 개발 사업과 환경 파괴를 전세로 한 가덕도 공항 사업은 정치적으로 대립적인 양 지역 정당의 '바닥을 향한 경주(race to bottom)'이다. 이 두 개의 사업은 국가 예산을 좀먹는 좀비 사업으로, 지역의 정치적 후진성을 가속화할 뿐이다. 두 사업의 동시적 중단으로 그린 전환의 이정표를 찍는 결단이 필요하다. 토건 사업 대신 지역을 생태 친화적인 산업과 삶의 터전으로 만드는 다양한 사업을 지역 주민의 참여로 활성화하는 노력이 필요하다.

포스트 성장 시대의 사회경제 패러다임 전환의 성공 관건은 지역사회의 회복력이다. 수도권 이남의 지역은 1차 산업부터 6차 산업까지 다양한 산업이 골고루 섞여 있으며 이를 행정구역의 공간을 넘어 사람이 정주하는 생존의 공간으로 재구성하면 다양한 경제 활성화의 잠재력이 존재한다. 물론 산업의 특화는 국민주권의 시대에 걸맞게 지역 주민의 참여와 산업적 특성, 지자체와 지역 대학의 인재양성 역량에 따라 달라질 것이다. 윤석렬 정권의 파행으로 망가진 사회와 국가를 정상화하는 데 정권 교체는 필요조건에 불과하다. 국정의 정상화는 사회의 회복력을 전제로 하며, 이는 성장 우선이 아닌 지속가능한 사회를 만드는 사회경제 패러다임의 전환 비전에서 비롯되어야 할 것이다.

이와 같은 문제 인식 아래 이 책은 전문가 글 네 편을 모았다. 임운택은 저성장과 기후변화라는 성장 사회의 예후와 대안전략 기획의 조건으로 포스트 성장 사회에 대한 이론을 탐색한다. 대침체 이후 유럽에서 주도적으로 진행되어온 자본주의 이중 전환에 대한 대항전략 담론으로 포스트 성장과 탈성장 논의를 기후 문제보다는 노동사회의 미래에 초점을 맞춰 다양한 이론의 목표와 실현 가능한 전략의 방향을 제안한다. 주무현은 디지털 전환과 그린 전환이 가져올 고용 시장의 변화를 분석한다. 무엇보다 자본주의 이중 전환의 위험이 지역사회에 집중되고 있음을 명료하게 분석하고, 수동적인 고용시장 정책을 넘어 산업 전환에 대비하는 선제적 인력양성 전략과 거버넌스 구축의 과제를 제시한다. 박태주는 기후 위기가 불러올 노동시장의 위기에 좀 더 천착한다. 기후 위기에 대한 산업·에너지 전환의 지체는 노동시장의 위기로 중첩될 수 있음을 강조하고, 저성장과 이중 전환의 위기 속에 노동이 참여하는 민주적 거버넌스의 재구성 필요를 강조한다. 강민형은 포스트 성장 시대에 마주하고 있는 '생태-사회-성장의 트릴레마' 문제를 언급하고, 새로운 생태 사회 패러다임의 필요성과 이에 상응하는 복지국가 재형성의 어려움과 과제를 분석한다. 경제성장 중심의 정책에서 벗어나 인간의 필수적인 욕구를 충족하면서도 생태적 지속가능성, 사회적 정의에 기반한 새로운 생태사회정책을 수립하기 위해서 특히 보편적 기본 서비스, 참여 소득, 노동시간 단축, 보편적 돌봄 체계 등 노동의 탈상품화를 위한 정책적 과제를 제안한다.

다양한 사회경제 모델에서 제기되었듯, 현재의 자본주의가 20세기의 황금시대를 모델로 지속가능한 사회를 유지하기는 불가능하다. 무엇보다 자본주의의 이중 전환이 노동이 이루어지는 방식, 형태, 위계 구조 등에서 커다란 변화를 초래한 지금, 과거와 같은 방식으로 노동의 미래를 보장하는 것은 불가능하다. 그렇다고 미래학자들이 강변하는 '미래 노동'(자유로운 개별 노동자의 자기 결정권 강조)의 세계로 노동사회를 전환하는 이데올로기도 바람직하지 않다. 이 연구의 저자들은 이러한 배경에서 고용 및 산업 정책의 전문가들이 포스트 성장 시대에 부합하는 사회경제 패러다임의 구축에 적극 참여하고, 좋은 일자리와 생태 사회 패러다임에 부합하는 사회정책 개발을 촉진하는 논의의 불쏘시개가 되기를 희망한다.

1 포스트 성장 사회의 도전[*]
생태 위기와 노동의 미래

임운택

1. 들어가는 말

2024년 6월 스페인의 대표적 지속가능 도시로 알려진 폰테베드라(Pote-vedra)에서 '성장을 넘어선 과학, 기술, 혁신'이라는 주제로 제10차 국제탈성장회의(10th International Degrowth Conference)가 열렸다(https://esee-degrowth2024.uvigo.gal/en/). 2008년부터 격년으로 개최되는 탈성장회의에 2024년에도 1천여 명이 넘는 활동가, 연구자, 정치인들이 참여하여 성장 패러다임에 대한 대안을 논의했다. 20여 년간 중단되지 않고 이론가와 활동가들이 주도하는 탈성장(degrowth) 혹은 포스트 성장(post-growth) 담론[1]은 반세계

---

* 이 글은 ≪경제와 사회≫ 제144호(2024년 겨울)에 게재된 논문을 수정한 글이다.
1 탈성장과 포스트 성장 개념은 그 기원에서 완전히 분리하기 어렵다. 아래에서 더 구체적으로 살펴보겠지만, 이 글에서는 성장 비판이라는 측면에서 두 개념의 공통분모를 공유하되 성장

화 운동 이후 신자유주의에 대한 대항 담론을 넘어 자본주의 전환을 문제 삼는 거대 담론의 시발점이 되고 있다. 이는 현재의 자본주의뿐만 아니라 근대 사회과학 일반이 전제로 삼고 있는 '성장 사회' 개념에 의문을 제기한 다는 점에서 정치경제학이나 사회 이론 측면에서도 매우 중요하다.

요컨대 1990년대의 반세계화 운동이 신자유주의에 대한 대항 담론에 머물렀다면, 탈성장·포스트 성장 담론은 인류세(anthropocene) 담론이 제기하는 파국적 전망이 불러오는 실천적 무력감을 극복하는 이론적·실천적 전략을 포함하고 있다. 다만, 이러한 접근은 실천 과정에서 노동과 시민운동 간의 갈등, 노동 내부의 갈등 등 보다 복잡하고 갈등적인 현실을 수반하고 있다.

언급했듯 포스트 성장 담론은 2007~2008년 세계 금융위기(대침체) 이후 현재까지 ILO의 임금 주도 성장(wage-led growth)이나 IMF나 WB의 포용적 성장(inclusive growth)[2] 전략 이외에는 특별히 지배적인 사회경제적 패러다임이 등장하지 않은 상태에서 진보적 전략의 중요한 준거점을 제공하고 있다. 금융자본주의의 파국을 불러온 대침체 이후 이중 전환(소위 '디지털 전환'과 '그린 전환')을 앞세운 자본주의의 위기탈출 전략이 본격화되고, 한때 진보 진영의 전유물처럼 이해되었던 녹색 경제(green economy)가 ESG(환경·사

중단을 전제로 대안 사회를 추구하는 탈성장 개념보다는 지속가능한 성장을 목표로 하고, 산업과 고용의 균형을 염두에 두고 현실적인 실천 전략을 끌어내기에 좀 더 유리한 포스트 성장이라는 개념을 선호한다.

2 문재인 정부에서는 ILO의 임금 주도 성장을 소득 주도 성장으로 명칭을 바꿔 포용적 성장과 혼용해서 정부의 핵심적 사회경제 정책으로 브랜드화한 바 있다. 포용적 성장은 IMF나 WB의 주류 경제학자들이 대침체 이후 파산한 신자유주의를 대체하는 일종의 '알리바이 이데올로기'로 국가경제 이념을 포용적 성장을 내세운 나라로는 한국이 유일할 만큼 경제 패러다임으로 내세우기에는 그 내용이 빈약했다. 정부 교체 이후 진보 진영에서조차 문 정부의 브랜드 정책을 아쉬워하거나 옹호하는 학자들이 드물다는 점이 이를 방증한다.

회·지배구조)를 앞세워 기업이 산업구조를 재편하는 시도로 이용되면서, 녹색 자본주의(green capitalism)는 더 이상 진보적 대안경제 패러다임이기 어렵게 되었다. 미국 바이든 행정부의 '인플레이션 감축법(IRA: Inflation Reduction Act)'(2022)이나 '반도체 칩과 과학법(Chips and Science Act)'(2022) 혹은 EU의 탄소국경조정제도(CBAM: Carborn Border Adjustment Mechanism)(2024)를 도입하면서 녹색 경제는 디지털 전환(국내에서는 다보스 포럼이 명명한 '4차 산업혁명'이라는 이름으로 진행)에 이어 기존의 금융자본주의의 한계를 벗어나기 위한 새로운 자본의 전략으로 부상했다.

이중 전환은 신자유주의의 새로운 형태로, 국가의 역할에 따라 다양한 양상으로 나타난다. 예를 들어 독일은 경제부를 경제·기후부로 개편했고, 영국과 네덜란드는 기후 정책부를 신설하고 국가가 적극적으로 산업 전환을 추진하면서 기존의 신자유주의에서 취약했던 산업과 소비, 고용의 문제를 해결하려고 시도하고 있다. 반면, 미국의 우파 세력은 트럼프식 MAGA 전략처럼 여전히 화석연료 산업과 인프라를 강력히 옹호한다.

이 글에서 다루는 포스트 성장 담론은 기후 위기가 지구온난화를 넘어서 지속가능한 사회의 생존 자체를 위협하는 수준이라는 역사적·사회적 현실 인식에서 출발한다. 20세기 동안 '성장'은 경쟁력, 발전, 진보 등의 개념과 조화를 이루며 진보와 보수를 막론하고 공통된 가치로 작용했다. 물론 성장을 둘러싼 분배와 소유, 노동 통제의 문제는 쟁점이 되었지만, 성장 자체를 비판하거나 배제하는 논의는 최근에야 본격적으로 등장했다.

실제로 '성장'은 20세기 전 세계 자본주의 국가, 특히 대한민국의 발전을 가늠하는 핵심 지표였으며, 대부분의 사회 이론 또한 성장이라는 도그마에서 자유롭지 못했다. 경제학자 프레드 룩스는 이론적 측면에서 성장을 세 가지 형태로 구분한다. 첫째는 경제의 물질적 생산의 양적 성장, 둘째는

GDP로 측정되는 경제성장, 셋째는 삶의 질과 복지 중심의 질적 성장이다 (Luks, 2011).

보수부터 진보까지 공유되었던 이 성장 패러다임이 1970년대 초반의 석유 파동과 브레튼우즈 체제의 붕괴, 경제성장률의 하락, 실업률의 가파른 증가에 직면하여 경제 위기는 소비, 교육, 문화, 사회와 자연의 관계, 즉 생산과 삶의 방식 전반에 영향을 미치는 더욱 근본적인 위기로 치달았고, 제2차 세계대전 이후 포디즘적 발전에 기반한 사회 모델의 위기는 가시화되었다. '탈산업화 시대'(다니엘 벨, 2006), '포스트 모더니즘'(리오타르, 2018), '탈물질주의'(로널드 잉글하트, 2023) 등의 사회과학 이론은 산업자본이 주도하는 경제성장 패러다임의 종말을 선언했지만, 위기의 근본적인 원인과 위기의 사회경제적·정치적 결과는 다루지 않았다. 예외로 1972년 로마클럽(Club of Rome) 보고서(매도스 외, 2021)만이 생태 순환의 점진적인 위험과 파괴, 성장의 한계, 경제의 방향 전환이 이루어지지 않을 시 인류에 닥칠 심각한 위기에 대해 경고했다.

포디즘의 위기와 생태 위기가 화석연료 산업에 기반한 무한성장 논리에서 생태적으로 지속가능한 발전 경로로의 전환점이 된 것은 바로 여기에서 비롯되었다. 국제적으로 주목을 받았던 로마클럽 보고서의 발간과 함께 산업자본주의의 근대화 모델과 그에 따른 자연과 환경 파괴, 대량생산과 대량소비에 대한 비판이 확산되었다. 이후 1987년 세계환경개발위원회(WCED)가 발간한 소위 '브룬틀란 보고서'(United Nations, 1987)[3]에서 제시한 '지속가

---

3 보고서의 정식 명칭은 '우리 공동의 미래'이지만, 보고서 작성 위원장이었던 노르웨이의 총리 브룬틀란의 이름을 따 통상 브룬틀란 보고서라고 부른다. 이 보고서는 1992년 리우 회의, 어젠다 21, 그리고 유엔의 지속개발위원회에 결정적인 영향을 미쳤다.

능한 발전(sustainable development)' 개념은 패러다임 전환의 계기를 제공했다. 메도즈 등이 기하급수적인 경제성장과 생태적 지속가능성의 양립 불가능성을 경고한 반면, 브룬틀란 보고서는 오히려 경제성장이 생태적 지속가능성의 전제 조건이라고 주장하면서, 지속가능성 담론은 글로벌 정치 담론에서 헤게모니적 위치를 차지하게 되었다. 즉, 생태 위기의 진짜 문제는 빈곤과 번영 부족의 문제로 이해되었다(Mucara and Döring, 2018: 339). 이러한 '약한 지속가능성' 전략은 신자유주의적 세계화 전략 속에서도 글로벌 담론에 안착했으며, 신자유주의의 첨병 역할을 하는 IMF나 WB가 포용적 성장과 같은 개념을 내세우는 데 영향을 주었다(Anand, Mishra and Peiris, 2013). 그에 반해 탈성장이라는 '강한 지속가능성'에 대한 논의는 대침체 이전까지는 주류 담론에 정치적인 영향력을 주지 못했다. 대침체, 유로 위기 등으로 표출된 금융자본주의의 위기가 이중 전환의 탈출 전략으로도 해결되기는커녕 사회적 불평등과 기후변화, 토지 황폐화, 해양 및 빙권(cryosphere)의 오염(IPCC, 2018, 2019), 종의 멸종 및 가속화(IPBES, 2019), 생태계의 화학적 오염(UNEP, 2019) 등 다양한 위기들이 더욱 심화되었다. 이는 문제의 뿌리가 자본주의 체제 그 자체에 있다는 점을 분명히 드러냈다.

이러한 배경에서 1970년대부터 마리아 미즈와 시바(미즈·시바, 2020), 조지스쿠-로겐(Georgescu-Rogen, 1971, 2019), 허먼 데일리(Daly, 2016) 등이 탈성장 혹은 포스트 성장의 이름으로 주장한 '강한 지속가능성' 담론은 기존의 '약한 지속가능성' 헤게모니에 강력하게 도전하고 새로운 대안 패러다임으로 부상했다(일례로, Jackson, 2009; 라투슈, 2009, 슈멜처·베터·반신티안, 2023; Blewitt and Cunningham, 2014; Ferguson, 2018; GEF, 2013; Lange et al., 2022; Savini, Ferreira and Kim, 2022).

사회 이론의 관점에서 탈성장 혹은 포스트 성장이라는 개념은 모호할 수 있지만, 공통적으로 맹목적 성장주의를 비판하고 전혀 다른 사회 시스템을 상상하고 제안하는 시도라는 점에서 중요하다. 이 담론은 단순한 비판을 넘어서 체제 전환의 이론화를 목표로 한다. 이념적 스펙트럼은 매우 넓으며, 다양한 방향의 이론과 실천을 포함한다.

이 글은 다음과 같은 순서로 구성된다. 우선 포스트 성장 사회의 징후와 특징을 살펴보고(2절), 이어서 포스트 성장 사회에서 변화된 노동과 경제의 구조를 살펴본다(3절). 이를 바탕으로 포스트 성장 사회에서 대안경제와 노동의 지형과 쟁점을 기존의 담론을 중심으로 검토하고(4절), 포스트 성장 담론에 대한 비판적 평가를 시도한다(5절). 마지막으로 대안 담론의 구체화를 위해 노동사회와 계급 정치의 재구성이 필요함을 강조한다(6절).

2. 포스트 성장 사회의 특성

1) 포스트 성장의 개념화

탈성장과 포스트 성장 개념과 전략의 혼란스러움은 일차적으로 지속가능한 사회를 만드는 방식과 방향의 차이에서 비롯된다. 탈성장 개념은 루마니아의 생태경제학자 조지스쿠-로겐과 그의 글을 프랑스어로 번역한 자크 그리네발드(Jacques Grinevald, 탈성장 저널의 편집자)가 앙드레 고르(André Gorz)가 창안한 탈성장이라는 개념을 사용하면서 확산되기 시작했다. 조르제스쿠-로겐이 자신의 글을 영어로 최초 작성했을 때 사용했던 '하강(decline)' 개념이 '탈성장'으로 번역되면서 이후 영어권에서도 'degrowth'라는 용어가 사용되기 시작했다.[4] 강한 지속가능성을 강조하는 탈성장 개념은 이후 사회운동과 결합하면서 성장 패러다임에 대한 급진적 비판을 행사하는 '정치적 투쟁 개념'(Schmelzer and Passadakis, 2011: 66)으로 사용되기 시작했다. 탈성장 전략의 기본적 관심은 성장 중심 사고에 대한 근본적 비판과 새로운 실천적 대안 제시에 있다. 그러나 실제로는 다양한 실천 전략들이 산발적으로 제시되며, 하나의 통일된 전략이라기보다는 파편화된 제안들의 모음처럼 보인다.

대표적인 입문서로 『탈성장 개념어 사전』(달리사·데마리아·칼리스, 2018)이 있지만, 체계적인 입문서라기보다는 다양한 논쟁을 백과사전적으로 소개한 자료에 가깝다. 탈성장에 관한 비교적 체계적인 개괄과 입문서 형태로는 요르고스 칼리스(Kallis, 2018)의 책부터 시작되었는데, 여전히 국가별 실천적 전략까지 포괄하기에는 한계가 있다. 실제로 국가별·사회별 특성에 따라 탈성장과 포스트 성장에 대한 이해는 다양하다. 대부분의 남유럽권(프랑스와 스페인) 논의에서는 포스트 성장론을 탈성장의 하위 범주로 다루는 반면, 영어권 혹은 유럽 제도권(녹색당이나 사민당) 논의에서는 종종 포스트 성장을 탈성장과 구분된 개념으로 논의한다(일례로 Blewitt and Cunningham, 2014; Ferguson, 2018: GEF, 2013).[5] 다소 절충적인 인상을 주는 독일이나 오

---

4 조르제스쿠-로겐의 글 외에 이반 일리치의 문화·기술 비판도 초기 탈성장 이론의 범주에 속한다고 하겠다.

5 국내에서는 이병천(2022)이 탈성장과 포스트 성장 접근법을 다루고 있으나 각각의 입장을 대변하는 책의 소개서에 가까워 이 글을 통해 두 입장의 전략적 차이를 이해하는 데는 다소 어려움이 있다. 나아가 이병천은 불로소득 자본주의에 대한 입장 및 국가론의 부재를 들어 두 관점을 비판하기도 하는데, 이는 기본적으로 두 이론의 전략적 형성 개념에 전제된 것으로 그의 비판은 다소 감상론적인 인상을 준다. 아울러 불로소득 자본주의는 이 개념이 아니더라도 이미 1990년대 금융자본주의에 대한 비판에서 제기된 핵심 쟁점으로, 국내의 논의에서 그것이 문제라면 장하성과 참여연대의 신자유주의적 중산층 주도의 소액주주 운동에 대한 비판에서 찾으

스트리아의 논쟁에서 탈성장이나 포스트 성장 개념은 이론적·실천적 전략에 따라 차이를 보이는데(슈멜처·베터·반신티안, 2023; Koepp et al., 2015; Brand, 2020), 생태 전환의 측면에서 기후 활동가들이 탈성장 개념을 선호하는 반면, 포스트 성장 이론가들은 이 개념을 성장 비판과 생태주의 논의를 넘어 근대사회 프로젝트 전반에 대한 비판적 전략으로 이해한다. 이러한 전략은 포스트 성장 사회 개념을 통해서 후기 자본주의 산업국가의 경제 위기를 설명한다. 나아가 경제학에서 말하는 '장기 침체'의 원인, 혹은 사회학에서 말하는 '퇴행적 근대성'을 연상시키는 봉건적 경향(저성장의 합리화와 자연 정복이 아닌 생태 친화적 비전)을 수용하면서, 실천적 대안을 탐색한다(Lessenich and Dörre, 2014; Dörre, 2017; Dörre et al., 2019; Seidl and Zahrnt, 2010).

탈성장이 경제성장의 헤게모니에 대한 근본적인 비판을 지향한다는 점에서 방향성은 분명하지만, 지속가능성이 만들어 낼 유토피아 세계에 대한 전망과 비전, 또 이를 전제로 한 시스템의 변화와 관련된 구체성은 상대적으로 미흡하다. 국내에서도 여전히 탈성장 논의는 해외 번역서와 사례 소개 수준을 넘어서지 못하고 있으며, 탈석탄·재생 에너지법 촉진 운동을 예외로 하면 산업과 고용 전략에 거의 개입하지 못하고 있는 형국이다.

면 될 일이지, 탈성장 혹은 포스트 성장론에 그 책임을 묻기는 어려운 일이다. 국가론에 대한 비판도 마찬가지인데, 이는 흡사 조절 이론에서 국가론의 부재를 강조하다가 엉뚱하게 루만과 푸코에서 해답을 찾는 제솝의 경우처럼 다소 과장된 해석으로 보인다. 탈성장이나 포스트 성장 논의의 핵심은 국가의 역할을 재규정하기 전에 사회의 회복력을 전제로 하는 것이므로, 국가와 사회의 전략적 관계는 구성적이다. 포스트 케인스주의를 붙여 과도하게 국가의 투자 역할을 논의하는 방식이 필요할 수는 있지만, 궁극적으로는 순환론적 비판의 범주를 벗어나기 어렵다고 봐야 할 것이다.

나는 경제의 역사적 내재성과 성장 중심주의에 대한 탈성장의 근본적 비판에 기본적으로 동의하지만, 탈성장 논의에서 촉발되어 마르크스주의와 에코 페미니즘과 같은 비판적 이론과의 긴밀한 영향 속에서 성장 사회에 대한 비판을 '축소'가 아닌 '대안'에 초점을 맞추는 포스트 성장 개념이 이론적으로나 실천적으로 더 유용하다고 생각한다.[6] 이때 탈성장을 개념적으로 포스트 성장과 대립하는 것으로 설정할 필요는 없다. 포스트 성장론에서 보는 탈성장은 생산의 다운사이징과 자립적 경제가 아닌, 성장 논리에서 탈성장 논리로의 패러다임 전환을 지향한다. 성장 논리를 지양한다는 점에서 탈성장과 포스트 성장은 공통분모가 있지만, 경제에 대한 개입 방식, 사회의 조직화 방식에서는 차이가 있다. 이 차이는 결과적으로 자본주의와의 비호환성 문제를 더 첨예하게 드러내는 지점이기도 하다.

개념적으로 포스트 성장 논의는 탈성장 논쟁의 영향 아래서 탄생했지만, 탈성장 담론과는 달리 성장과 이분법을 만들어 내지 않고, 경제성장 너머의 미래에 초점을 맞추려 한다는 점에서 탈성장보다 개방적인 태도를 보인다는 장점이 있다. 그럼에도 '포스트'와 연계된 개념의 특성상 그 내용과 정치적 지향점은 현재 완성된 것이 아니라 구성되어야 한다. 포스트 성장 전략의 경우 저성장의 시대에 기후변화에 민감한 시민과 양질의 일자리를 원하는 노동자 간의 모순된 요구를 충족시키면서 모두의 삶의 질(행복)을 추구하는 정치적 기획을 구체화할 필요가 있다.

---

6 물론 포스트 성장론자들의 스펙트럼 또한 다양하다. 다운사이징을 주장하는 탈성장론자들이 온건하게 보일 정도로 GDP 불가지론이나 무성장(a-growth)을 주장하기도 하고(van den Bergh and Kallis, 2012 참조), 정치적으로는 보수적인 생태론자부터 에코 파시스트까지 그 폭이 다양하다.

2) 포스트 성장 사회의 징후: 저성장과 기후변화

2007~2008년 대침체가 발발한 지 사반세기가 지난 지금, 글로벌 자본주의는 경기순환적으로는 다시 일시적인 성공의 길로 돌아선 것처럼 보인다. 디지털 전환 혹은 4차 산업혁명으로 시장 수요를 확대하면서 여러 국가에서 공식 실업률은 낮아졌다. 코로나19 이후에는 주요 자본주의 국가들이 대규모 경기 부양책을 시행하면서, 비록 '좋은 일자리'는 아니더라도 노동시장 참여율이 기록적인 수준에 도달했고, 일부 국가에서는 일시적이나마 실질임금이 다시 상승하기도 했다. 그렇다면 현대의 성장 자본주의가 불안정하다는 전망은 기우에 불과할까?

역설적으로 정작 자본주의 체제 내부의 엘리트들은 이러한 현실과는 상반된 인식을 보여 준다. 이들은 개방된 글로벌 시장, 자본의 자유로운 이동, 기술혁명이 "소수에게만 혜택을 주었다"[주세페 콘테(Guiseppe Conte), 전 이탈리아 총리, Krach(2019)에서 인용]고 자인하고, 일부는 "자본주의는 너무 멀리 나갔다"[레리 핀크(Larry Fink), 자산운용사 블랙록의 CEO, Dörner and Schäfer(2019)에서 인용]라고까지 평가했다. 심지어 "불평등의 급격한 증가를 막기 위해 아무것도 하지 않는다면 '혁명'이 임박할 수도 있다"[레이 달리오(Ray Dalio), 헤지펀드 브리지워터(Bridgewater)의 설립자, Dörner and Schäfer(2019)에서 재인용]고 토로했다. 또 다른 월가의 매니저는 도널드 트럼프가 대변하는 것이 "2008년 금융위기의 후유증"일 뿐만 아니라 "동구권 붕괴 이후 자본주의의 승리에 대한 근본적인 의문"[아누지트 사린(Anujeet Sareen), 브랜디와인(Brandywine) 펀드매니저, Hock(2019)에서 인용]이라고까지 말했다. 이러한 일련의 언급은 자본주의 재계와 정계의 최고 엘리트들이 열정적으로 진행하고 있는 자본주의 전환 프로젝트의 현실을 방증한다. 자기비판적 성찰에도 불구

그림 1-1 세계 경제성장률

자료: UNCTAD(2024.10.29).

하고 전 지구적 엘리트들은 여전히 전환의 예측하지 못한 동력에 당혹스러워하며, 이들은 아직 새로운 도전에 대해 답을 찾지 못한 것으로 보인다.

이들이 마주하는 도전은 두 가지로 압축된다. 하나는 성장 패러다임의 위기로서 저성장의 장기 지속이고, 다른 하나는 기후변화이다. 우선 경제성장을 보면 지난 20년 동안 국제경제의 성장률은 이중 전환의 시도에도 불구하고 지속적으로 정체되어 있다. 최근에 발간된 UNCTAD(유엔무역개발회의)의 2025년 경제 전망을 보면 대침체 이후에도 3% 정도의 세계 경제성장률이 유지되어 왔지만, 코로나19 이후에는 오히려 2.7%로 낮아진 것으로 드러났다. 2010년대 6.6%대 고도성장으로 세계 경제성장을 견인했던 개발도상국의 성장률이 4.1%로 떨어지면서 개도국조차 높아진 에너지 전환 비용과 공공부채 해소에 어려움을 겪는 것으로 나타났다. UNCTAD는 세계경제가 만성적 저성장 기조에 들어섰음을 인정하고, 현재 상태로는 글로벌 불평등, 기후변화, 삶의 질에 대한 불만을 해결할 수 없다고 진단했다.

개별국가의 경제성장률 편차를 감안하더라도, 이른바 경제 선진국의 성장률은 대체로 2% 내외에 머물고 있다. 이러한 저성장 기조는 앞으로도 장기화될 가능성이 크다. 기존 GDP 중심의 성장률은 경제 규모의 확대, 즉 '성장'에 초점을 두었지만, 더 이상 이 목표를 달성하기 어려워지면서 고용, 복지 등과 연계된 사회제도에서도 불균형이 심화될 수밖에 없다. 이러한 흐름 속에서 GDP 외의 대안 지표들, 예를 들어 UN의 국가행복지수, UNDP의 인간개발지수, OECD(경제협력개발기구)의 더 나은 삶의 지수 등에 대한 논의가 활발해지고 있다. 그러나 근본적인 문제는 여전히 남아 있다. 경제 자체의 메커니즘과 시스템이 '성장 중심' 패러다임에 기반하고 있는 이상, 저성장 시대에는 기존 방식의 사회경제 정책을 지속하기 어렵다는 점이다. 예를 들어, 한국은행이 2024년에 발간한 고용표에 따르면 2020년 기준 산업 전체 평균 취업유발계수는 9.7명으로 나타났다. 이는 2015년 11.7명보다 2.0명 하락한 수치로, 사상 처음으로 10명 아래로 떨어진 것이다(한국은행, 2024). 이명박·박근혜 정부의 디지털 기업 육성 전략, 문재인 정부의 '한국형 뉴딜 전략'에도 불구하고 '고용 없는 성장'이 더욱 뚜렷해지고 있음이 확인된다. 정부 지출이 늘어난다고 해서 자동으로 케인스주의로 해석할 수는 없다. 삶의 질을 개선하는 핵심 수단인 고용이 개선되지 않는다는 사실은, 지금의 위기가 단순한 경기순환의 문제가 아니라 성장 중심 패러다임의 구조적 한계에서 비롯되었음을 보여 준다.

두 번째 요인은 기후변화이다. 산업혁명이 시작된 이래로 인류의 생존을 위협하는 바람직하지 않은 생태학적 발전이 광범위하게 진행되고 있다는 것은 이제 숨길 수 없는 사실이다. 자본주의적 경제가 생산하고 재생산하는 특정한 방식은 의심할 여지 없이 자연과의 거대한 물질대사를 초래했다. 생산에 필요한 에너지와 원자재의 양과 배출량은 가뭄, 홍수, 허리케인 등의 자연재해, 종의 멸종, 해양오염과 같은 치명적인 위기를 야기한다. 현재 생태계의 이상 징후 중 가장 명백하게 드러나는 것은 기후변화이다. 거대한 기후변화가 존재하며 그것을 인간이 만든 것이라는 점은 과학적으로 논쟁의 여지가 없다.

EEA(유럽환경청)에 따르면 1970년부터 2018년 사이에 전 세계 GDP는 4배 이상 증가했다. 동 기간 천연자원 소비량인 물질 발자국(material footprint)은 약 3.5배, 온실가스 배출량은 약 2배 증가했다. 주목할 점은 이 세 가지 지표가 모두 지속적으로 상승해 왔다는 것이다. 이는 '환경 쿠즈네츠 곡선(Environmental Kuznets Kurve)'의 예측—경제가 성장하면 일정 시점 이후 환경오염이 감소한다는 가설—과는 정반대의 결과이다. 지금까지 경제성장과 자원 소비, 온실가스 배출은 전혀 분리되지 않았다. 1970년부터 2000년까지는 인구 증가가 생태계에 가장 큰 부담을 주는 요인이었다. 그러나 현재는 고소득 국가와 글로벌 중산층의 소비 증가가 생태적 위기에 더 큰 영향을 미치고 있다(European Environment Agency, 2023).

1970년부터 2017년까지 천연자원 소비량을 각 국가의 인구에 따라 배분해 보면, 고소득 국가가 전체 과소비의 74%를 차지한다. 중상위 소득 국가는 25%, 중하위 소득 국가는 1%, 저소득 국가는 1% 미만에 불과하다(소득 분류는 World Bank 기준). 미국은 초과 소비의 27%를, EU(영국 포함)는 25%, 중국은 15%를 차지한다(Hickel et al., 2022: 345).

2015년 파리기후협약에서 약 200개국은 산업화 이전 대비 지구 평균기온 상승을 2℃ 이하, 이상적으로는 1.5℃ 이하로 제한하겠다고 약속했다. 동시에 세계 GDP를 연 2~3% 성장시키겠다는 목표도 설정했다. 그러나 이미 지구 평균기온은 1.09℃를 넘었고, 현 추세로 1.5℃ 제한은 달성 불가능해 보인다. 2021년 글래스고에서 열린 제26차 유엔기후변화협약 당사국 총회(COP26)에서는 2030년까지 이산화탄소 배출량을 2010년 대비 45% 감축하고, 2050년까지 순제로(Net Zero)를 실현하자는 목표가 세워졌다(UN, 2021). 약 190개국이 이에 부합하는 자발적 약속을 내놓았지만, 이 계획대로라면 오히려 2030년까지 이산화탄소 배출량은 2010년 대비 16% 증가할 전망이다. 이는 2030년대 중반까지 1.5℃ 상승 한계를 넘긴다는 의미이다. 더 큰 문제는 많은 국가가 이 자발적 약속을 이행하지 않을 가능성이 높다는 점이다. 여기에 2022년 2월 시작된 우크라이나 전쟁까지 겹치며 상황은 더 악화되고 있다. 또한 현재의 기후 시나리오는 단순히 온실가스 감축만이 아니라, 이산화탄소를 대기에서 직접 제거하는 기술의 성공적 구현까지 전제로 하고 있다. 하지만 이 기술들—예컨대 재삼림화, 바이오매스 활용, 이산화탄소 포집 등—은 아직 완전히 상용화되지 않은 상태이다(Hickel and Kallis, 2019: 8f.).

이러한 배경 속에서 국제사회에서는 점점 더 급진적인 경제 노선의 수정 요구가 커지고 있다. 예를 들어 WBGU(독일 글로벌환경변화자문위원회)는 "사회를 새로운 비즈니스 기반 위에 올려놓을 것"을 권고한다. 이는 "기후 친화적이고 지속가능한 경제 질서를 위한 새로운 글로벌 사회 계약"을 의미한다(WBGU, 2011: 2). 포츠담 기후영향연구소의 공동 책임자 요한 록스트룀(Johan Rockström)은 "인간 활동의 기하급수적인 성장"에 따른 "지구 시스템에 대한 추가적인 압력이 (전 지구적으로) 중요한 생물물리학 시스템을 불안정하게 만들고 인간의 안녕에 해롭거나 심지어 재앙적이고, 갑작스럽고 돌이킬 수 없는 환경 변화를 유발할 수 있는 원인을 제공한다"고 경고한다. 또한 그는 "사회경제 발전의 지배적인 패러다임은 인간이 유발하는 환경 재해의 위험을 대부분 외면하고 있다"(Rockström, 2015)고 지적한다.

문제는 생태계가 유한하고 성장이 불가능한 시스템인 만큼, 그 하위 시스템인 경제를 어떻게 구조화할 것인지에 대한 구체적 해법이 여전히 불분명하다는 것이다. 더 현실적인 대안은 GDP 성장을 줄여 나가면서도 공정한 삶의 조건을 실현하는 방안을 찾는 것이다. 이제 과제는 GDP 성장률이 매우 낮거나 심지어 마이너스인 상황에서 요구되는 기후 친화적이고 지속가능한 경제 질서를 어떻게 구현할 수 있는지를 찾는 것이다. 이는 한국을 포함한 OECD 국가들이 현재의 자본주의 경제 논리와 어떻게 조화를 이룰 수 있는지 묻는 질문이기도 하다. 이러한 맥락에서 '포스트 성장 사회'란 무조건적인 경제성장에서 벗어나 사회적·문화적으로 안정적인 기반을 만들고, 지역사회의 회복력을 키우며, 생태적 지속가능성을 유지하려는 전환 프로젝트로 이해할 수 있다.

3. 포스트 성장 사회에서 노동과 경제의 변화

1) 노동사회의 위기

기후 위기와 경제 위기는 생태 위기와 포스트 성장 사회에 대한 논의를 촉발했을 뿐 아니라, 포디즘 이후 지배적이었던 노동 중심 사회의 현재와 미래에 대한 본질적인 질문을 다시 제기했다. 기후변화와 노동 위기, 이 두 주제는 1970~1980년대에 이미 글로벌 북반구 사회에서 주목을 받기 시작했다. 기후위기 담론의 출발점은 로마클럽의 보고서 『성장의 한계』(1972)였고, 노동의 미래에 대한 논의는 사회학에서 '노동사회의 종말'이라는 주제로 확산되었다.

한나 아렌트(2019)는 인간의 기본 활동을 노동, 생산, 행위로 구분하고, 20세기 사회 전체가 노동 중심 사회로 전환되었다고 진단했다. 그러나 이 노동사회는 포디즘 체제의 위기와 함께 대량 실업과 노동조건의 불안정화라는 심각한 도전에 직면하게 된다. 1982년 독일 사회학 대회에서 클라우스 오페(Klaus Offe) 등이 본격적으로 제기한 '노동사회의 위기' 논쟁은, 1950~ 1970년대 자본주의 황금기의 '경제 기적'이 끝난 이후 경기 침체 속 대량 실업의 확산을 배경으로 했다. 이 논쟁은 노동시장이 더 이상 적절한 '할당 원칙(allocation principle)'을 수행하지 못하고 있다는 문제의식에서 출발했다(Berger and Offe, 1984). 이후 앙드레 고르, 로베르 카스텔(Robert Castel), 제레미 리프킨(Jeremy Rifkin) 등 다양한 이론가들에 의해 이 논의는 국제적으로 확산되었다. 특히 구조화된 노동시장의 이중구조, 고임금 국가에서 저임금 국가로의 기업 이전에 따른 고용 축소, 그리고 노동의 프레카리아트화는 이러한 위기를 더욱 심화시켰다. 노동시장 배분 실패에 대한 대안으로 제시된 대표적 논의는 바로 기본소득이다. 이 외에도 생산성 향상과 세계화를 통해 노동시간을 전략적으로 축소하자는 주장이 제기되었으며(Beck and Felixberger, 1999), 완전고용 이데올로기에 대한 비판으로 이어졌다. 이에 따라 생계 노동의 재분배와 유급 노동 외 대안적 활동(기본소득, 시민 노동 등)에 대한 관심도 확대되었다. 한국 사회는 포디즘적 축적 체제의 형성이 상대적으로 늦었기 때문에 이러한 논의에 대한 주목은 2000년대 금융위기 이후에야 본격화되었다.

한편, 경제학은 대체로 노동사회 위기 담론이나 포스트 성장 논의에 크게 영향을 받지 않았다. 그 이유는 경제학의 기본 전제에 따르면, 글로벌 사회의 수요는 노동시장에서 결코 포화되지 않으며, 고용은 언제나 생성될 수 있는 것으로 간주되기 때문이다. 주류 경제학자들은 시장 안정을 통해 고용을 보장하는 것이 중요하다고 보며, 이에 따라 공급 중심의 신고전주의와 수요 중심의 케인스주의가 상황에 따라 상호 보완적으로 적용된다. 이 접근법에 따르면, 생산성 향상으로 일시적으로 노동 수요가 줄더라도, 새로운 수요의 창출과 경제성장이 이를 상쇄할 수 있기 때문에 고용의 종말이라는 개념 자체는 받아들여지지 않는다.

그러나 최근에는 일부 경제학자들 역시 산업국가의 지속적인 성장률 둔화와 이에 따른 구조적 고용 위기에 주목하기 시작했다. 예를 들어, 로이터, 자이들과 짜른트(Reuter, 2010; Seidle and Zahrnt, 2010) 등의 연구는 이러한 변화를 반영하고 있다. 특히 독일에서 발전한 포스트 성장 담론(Postwachstumsdiskurs)은 영어권 학계에도 꾸준히 소개되고 있으며, 자이들과 짜른트의 연구는 2022년에 영어로 번역되어 국제적으로 논의되고 있다. 이러한 관점에서 보면, 경제와 노동시장 또한 생태 위기의 영향을 받는 구조적 요소로 재인식되고 있으며, 지속가능한 전환을 위한 경제학적 재구성의 필요성이 제기되고 있다.

기후 위기와 노동문제는 오랫동안 서로 단절된 평행선을 달려 왔다. 성장에 비판적인 담론은 (임금)노동문제를 충분히 다루지 않았고, 반대로 노동 및 경제사회학적 분석은 성장 비판이나 포스트 성장 사회의 복합적 문제에 거의 관심을 기울이지 않았다. 이로 인해 전반적으로 "노동이라는 주제는 여전히 지속가능한 발전 논의에 제대로 통합되지 못하고 있다"(Diefenbacher, 2013: 176)는 평가가 나온다. 실제로 노동사회, 완전고용 사회, 그리고 노동의 종말이라는 주제는 근대화 위기 이후 지속적으로 논의되어 왔다. 그러나 이 논의들 속에서 생태 위기의 결과에 대한 질문은 거의 등장하지 않는다. 대신, 노동 위기의 원인은 기술혁신, 세계화, 글로벌 가치 사슬의 재편, 또는 노동 가치관의 변화 등으로 주로 설명되어 왔다. 특히 2008년 글로벌 금융위기 이후에는 '디지털 전환'과 '4차 산업혁명'이라는 개념이 노동과 기술에 대한 논의에 새로운 동력을 제공했다.

나는 이러한 이중적 공백이 오늘날 중요한 문제라고 본다. 첫째, 포스트 성장 담론에서 노동(특히 임금노동)에 대한 무관심, 둘째, 노동사회학에서 생태학적 성장 비판에 대한 관심 부족이 그것이다(Mahnkopf, 2012 참조). 그러나 현실에서는 노동사회가 이미 생태 위기에 대응하며 변화하고 있다. 산업계 전반이 재생 에너지 기반 생산공정 개발과 환경 피해 저감 대응에 나서고 있으며, 이러한 변화는 단지 산업의 변화에 그치지 않고 노동의 사회적 조직 전반에 광범위한 영향을 미치고 있다. 기후변화와 환경문제가 더욱 심화된다면, 우리는 노동을 포함한 사회 전체의 재편을 저성장 또는 마이너스 성장을 전제로 고민해야 할 시점에 도달한 것이다.

2) 경제성장 담론의 비판 영역

오늘날 생태 위기는 단순한 환경문제가 아니라 광범위한 사회경제적 결과를 초래할 수 있는 심각한 사안으로 인식되며, 다양한 분야에서 활발히 논의되고 있다. 특히 지구온난화와 이산화탄소 배출 문제는 정치권과 과학계 모두의 공통된 관심사로 부상하고 있다. 한편, 지구 평균기온 상승과 자원 고갈에 대한 우려는 인류 문명의 지속가능성을 위협하는 요인으로 심각하게 받아들여지는 반면, 생물 다양성의 파괴, 오염 물질과 폐기물의 축적, 그리고 자연의 흡수 능력 과부하 문제는 상대적으로 적은 주목을 받고 있다(Jackson 2009: 6~12; Kallis et al., 2012: 172 참조). 생태 위기의 주요 원인에 대한 인식은 대체로 초기 산업화 사회의 발전 경로에 구조적으로 내재된 문제로 본다. 다시 말해, 생태 위기는 우연이 아니라 인간의 선택과 시스템 설계로 인한 인위적 결과라는 인식이 지배적이다.

이러한 공감대를 바탕으로, 최근 몇 년 동안에는 생태 위기의 사회적 원인과 정치적 대응을 둘러싼 논쟁이 활발히 전개되고 있다. 대기오염, 토양

침식, 기후변화, 자연재해에 어떻게 대응할 것인가에 대한 논의는 이제 전 지구적 과제로 자리 잡고 있다. 기후과학 및 생태경제학의 연구 결과를 바탕으로 한 책, 논문, 보고서들은 언론의 사설과 서평을 통해 대중적 반향을 일으키고 있으며, 이는 사회과학의 학술적 기여와 더불어 (초기에는 남유럽에서 시작된) 탈성장 운동과 연결된다. 이 운동은 다양한 입장 차이를 내포하고 있음에도 불구하고, 성장 둔화의 필요성이라는 공통된 비전을 공유하고 있다. 성장에 대한 비판은 단지 급진적 입장에만 국한되지 않는다. 생태 마르크스주의자, 보수주의자, 녹색경제 기업, 심지어 주식시장 참여자들까지도 ESG(환경·사회·지배구조)를 내세우며 성장에 대한 사회적 불안을 친환경적 성장 전략으로 대응하고자 한다.

정치적 목표 또한 매우 다양하다. 생태적 근대화론자들은 시장 메커니즘과 기술혁신을 통해 문제를 해결하려 하며, 자본주의 비판적 경제학자들은 자연 파괴와 자본주의 생산방식 간의 구조적 연관성을 강조한다. 신보수주의 지식인들은 근대성의 병폐와 '자연 공동체'의 해체를 현대사회의 불행 원인으로 지목한다. 신케인스주의자들과 유럽 녹색당은 녹색 경제와 생태적 공공투자를 통해 보다 공평한 성장과 새로운 산업 기회를 창출할 수 있다고 본다. 반면, 탈성장 지지자들은 소비와 생산 자체를 지속가능한 수준으로 축소할 것을 주장한다. 요컨대, 지금까지 경제정책과 사회적 사고의 중심 기준이었던 GDP 성장률에 대해 의문이 점차 커지고 있으며, 이는 새로운 사회경제 패러다임을 요구하는 시대적 징후로 읽힐 수 있다.

생태 위기와 경제문제는 당연히 사회적 요인과도 깊이 연관되어 있다. 오늘날 인간과 자연 사이의 물질대사와 그로 인한 폐기물 배출을 측정하기 위해 다양한 지표가 사용되고 있다. 대표적인 예로는 지구의 생태 수용력(Biocapacity)과 인간의 자원 소비 및 오염 부하를 종합적으로 평가하는 생태 발자국(ecological footprint)이 있다. 현재 인류의 평균 생태 발자국은 지속가능하지 않은 수준이다. 지구가 인간이 1년 동안 사용하는 자원을 재생산하고 오염을 흡수하기 위해서는 약 18개월이 필요하다.[7] 이처럼 자연에 가해지는 부하와 소비, 그리고 생태 수용력은 지역별로 매우 불균등하게 분포되어 있다.

생태 발자국 개념은 인간과 생태계의 관계를 중심으로, 역사적으로 발전해 온 인간 사회와 자연 간의 물질대사를 반영한다. 이는 많은 포스트 성장론자와 탈성장론자들이 공유하는 핵심 시각이다. 다만, 지속 불가능한 소비와 오염을 유발하는 인간 실천의 어떤 측면이 주요 원인인가에 대해서는 다양한 의견이 존재한다. 생태 위기의 사회경제적 원인으로는 다음 세 가지 핵심 관점을 들 수 있다. 이들은 서로 중첩되기도 한다.

첫째는 자본주의적 생산방식이다. 일군의 학자는 자본주의의 생산·소비·분배 방식이 자연과 사회 간 지속가능한 관계를 방해하는 구조적 메커니즘이라고 본다. 이러한 체제는 화폐가치의 지속적인 축적(자본축적)을 전제로 하며, 이는 곧 경제성장과 자연 소비의 확대로 이어지는 거시경제적 흐름 속에서 안정화된다. 만코프(Mahnkopf, 2014)는 자본주의 생산방식이 '목적-수단 합리성'에 기반한 초인적 체계로 작동한다고 지적한다. 마르크스는 이를 "자연의 무료 생산력(Gratisproduktionskräfte der Natur)"의 전유라고 표현했다. 즉, 자연자원의 재생산 시간이나 생태적 한계를 고려하지 않고, 저렴한 생산 투입물로서의 교환가치만이 행동을 유발한다는 것이다(Foster, Clark and York, 2010: 408f.). 이 모든 경고에도 불구하고 기업의 환경오염은

---

7 http://www.footprintnetwork.org/en/index.php/GFN/page/footprint_basics_overview/ 참고.

대체로 처벌되지 않으므로 온실가스 흡수원으로서 지구 대기의 효용 가치가 기업 행위에서 전혀 고려되지 않는다. 이에 대한 비판은 일반적으로 생태경제학의 출발점이 된다. 예를 들어, 자본주의의 대안적 역사는 에너지 관점에서 설명될 수 있다. 자본주의 생산방식의 변화는 무엇보다도 경제활동에서 에너지원의 전반적인 대체에서 탄생했으며, 이는 생태학적 과부하를 유발한다. '화석 에너지 기반 산업혁명' 이전에 생산에 필요한 에너지는 대부분 인간의 노동력, 식물 또는 동물이 제공하는 생물학적 에너지로 공급되었다. 자본주의 생산과정에서 인간의 노동력을 화석연료(석탄, 석유, 가스)로 대체하여 대형 기계와 산업 플랜트를 사용하고 구동하는 방식이 도입되었다.[8] 특히 화석연료의 높은 에너지 생산량은 노동생산성의 급격한 상승과 성장률의 원동력이었다(Altvater, 2010: 134~141). 2008년 대침체 이후 자본주의는 현상을 유지하는 조건으로 추가 성장과 생태 위기의 악화를 감내할지 아니면 또는 불황과 생태 위기를 완화하는 길을 가야 하는지의 딜레마, 즉 "경제-생태 이중 위기"에 놓이게 되었다(Dörre, 2013).

둘째는 자원의 비효율적인 활용이다. 현재 환경 위기의 핵심 원인을 석유, 금속, 모래 등 천연자원의 비효율적 사용에서 찾는 시각이 있다. 특히 화석 에너지 시스템을 단기간 내에 재생 에너지로 전면 대체하는 것이 현실적으로 어려운 상황에서, 산업과 운송 부문의 자원 생산성을 높이는 것이 유일한 대안으로 제시되고 있다. 이러한 접근은 이산화탄소 배출량을 지속 가능한 수준으로 줄이는 동시에, 화석 에너지에서 재생 에너지로의 점진적인 전환을 추진해야 한다는 데 방점을 둔다. 즉, 이른바 '효율성 전략'은 경

---

8 일부 연구자는 생태 파괴의 원인을 자본주의 그 자체보다는 산업화에서 찾기도 한다(말롬, 2023).

제성장과 자원 소비, 그리고 자연 파괴의 문제를 일정 수준에서 분리 (decoupling)하여 해결하려는 시도이다. 이러한 주장은 종종 자본주의에 대한 생태학적 비판에 반대하는 고전적 자유주의 입장과도 연계된다. 고전적 자유주의에서는 탈중앙화된 시장 통제가 희소한 자원의 효율적인 할당과 분배를 가능하게 하고, 생태 위기 대응에서도 가장 효과적인 조정 메커니즘이라고 주장한다. 이 관점에 따르면, 시장 경쟁과 가격 메커니즘만으로도 별도의 행위자 개입 없이 기술 혁신과 적응을 유도할 수 있으며, 이는 생태 위기를 완화하는 데 기여할 수 있다는 기대가 있다. 그러나 이러한 시장 중심 접근만으로는 생태 위기의 복합성과 장기적 리스크를 해결하기에 불충분하다는 비판도 제기된다. 따라서 생태적으로 해로운 경로를 벗어나기 위한 전략적 공공투자, 그리고 적절한 정부 인센티브가 함께 마련되어야 한다 (Land, 2011; Fücks, 2014).

셋째는 잘못된 라이프스타일과 문화 패턴이다. 이는 성장에 대한 비판과 함께 생태 위기의 주요 원인을 '나쁜' 문화적 관행에서 찾는 시각이다. 독일의 생태경제학자 니코 파에히(Niko Paech)는 "포스트 성장 경제(Post-growth economy)를 논할 때, 가장 먼저 라이프스타일 문제를 사회적으로 비판해야 한다"고 주장한다(Paech, 2012). 그에 따르면, 사람들의 과도한 구매 욕구를 성장의 주요 동력으로 보는 정부 관료나 언론의 메시지는 심각하게 재검토되어야 한다. 경제 선진국의 일상생활에서는 소비가 문화적 관습으로 고착되어 있다. 개인의 삶은 '소비주의의 철창'(Jackson, 2009: 87) 속에 갇혀 있으며, 이러한 일상적 소비는 상품과 서비스의 성장을 지속적으로 뒷받침하고 있다. 그뿐만 아니라, 번영과 행복에 대한 사회적 관념, 상징적 의사소통, 계층 정체성 또한 소비를 통해 형성되고 매개된다(Jackson, 2009: 98ff.; Paech, 2012: 110ff.; Brandt and Wissen, 2020). 이와 같은 문화적 패턴과 단절하지 않고, 물질적 소유보다 환경을 고려한 행동을 중심으로 하는 새로운 사회적 번영 개념을 구현하지 않는 한, 현재의 고환경 비용 성장 패러다임은 결코 사라지지 않을 것이다. 이에 반해, 탈성장의 관점에서 바람직한 일상적 실천은 '자급자족 전략'을 통해 실현된다. 즉, 현재의 소비 지향적 생활양식은 보다 검소하고 자립적인 삶의 방식으로 전환되어야 하며, 물질적 소비보다는 생존 가능성과 환경적 지속성에 중점을 두는 방식이 필요하다는 것이다.

앞서 언급된 세 가지 요소는 포스트 성장 사회에서 중요한 경제 담론의 준거점이 될 것이다.

4. 포스트 성장 논의의 지형과 쟁점

1) 포스트 성장 담론의 유형화

앞서 간략히 진단한 생태 위기의 사회경제적 원인들은, 포스트 성장 사회가 직면한 문제의 범위와 복잡성, 그리고 이에 대한 다양한 해법의 실마리를 암시한다. 예를 들어, 기술적 비효율성을 주된 원인으로 보는 입장에서는 기술혁신과 자원 효율성 제고를 해법으로 제시하며, 반면 과도한 물질 소비에 원인을 두는 입장에서는 소비 축소와 생산 억제 같은 전략을 주장한다. 이렇듯 원인 진단에 따라 제안되는 대안이 상이하며, 그만큼 포스트 성장 사회의 전망은 때때로 불투명하고 복잡하게 비친다. 따라서 이러한 담론을 보다 명료하게 이해하기 위해서는, 포스트 성장론의 입장들을 일정하게 유형화하고 체계화하는 시도가 필요하다(그림 1-2 참조). 이는 단순한 분류를 넘어서, 포스트 성장 담론 지형에 대한 해석적 틀을 제공할 수 있다.

그림 1-2 포스트 성장 사회 담론의 지형

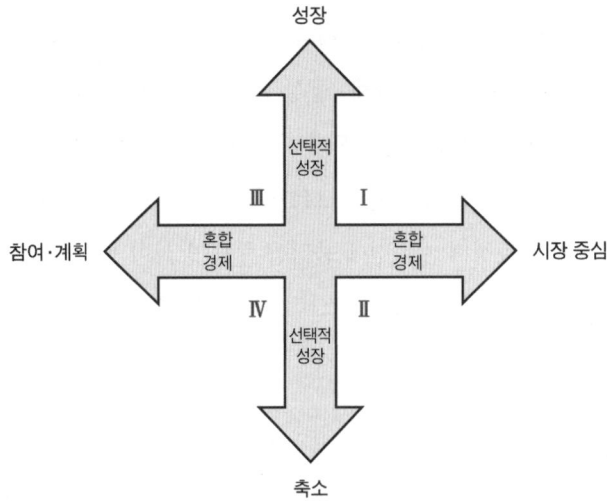

여기서는 포스트 성장 담론을 주장한 일련의 입장(그리고 저자들)을 중심으로 그들의 분석에 명시적 혹은 암시적으로 내포된 사회적 대안을 해석하고, 그로부터 노동사회의 미래 발전에 대한 전략을 추론하고자 한다. 나는 두 가지 인지적 관심사, 즉 생태 위기가 노동사회에 미치는 결과와 미래 포스트 성장 사회에서의 (임금)노동 설계에 대한 질문은 첫째, 다양한 논자들의 (경제)정책 노선과 둘째, '성장 문제'에 대한 입장이라는 두 가지 축을 따라 체계화하는 것이 포스트 성장 담론의 지형을 이해하는 데, 도움이 될 수 있다고 생각한다. 이 두 축은 포스트 성장 담론의 개별 입장을 구분할 수 있는 좌표계를 형성하는 데 사용될 수 있다.

그림 1-2의 세로축은 성장에 대한 포스트 성장 담론의 기본 입장을 반영한다. 경제성장에 대한 명확한 긍정(위)에서부터 개별 부문의 선택적 성장의 선호(중앙)와 축소에 대한 강력한 주장(아래)에 이르기까지 다양하다.[9] 즉, 좌표계에서 높은 위치 또는 낮은 위치는 한 국가의 경제정책에서 경제성장

을 정책 목표로 계속 보는지 아니면 생태 위기를 고려하여 경제의 축소를 추구하는지 나타낸다. 이는 또한 성장을 생태 및 경제 위기의 해결책의 일부로 볼 것인지 아니면 문제의 일부로 볼 것인지를 명확히 한다.

반면에 가로축은 논자들의 경제정책과 사회경제 이론에 대한 이념을 표시한 것이다. 이는 논자들의 입장은 명시적이든 아니든 다양한 포스트 성장 이론에 전제된 암묵적 가정을 반영한 것이다. 어쨌든 이 축은 일반적으로 시장 중심의 자본주의(오른쪽), 혼합경제(중앙), 참여와 계획에 기초한 사회주의(왼쪽)와 같은 이념적 스펙트럼을 의미한다. 단순화하면 생태 및 경제 위기를 해결하기 위해 생산수단의 사적 소유와 투자에 기반한 시장 중심 경제에서 해결해야 하는지, 아니면 사회화되고 민주화된 생산수단과 투자에 기반한 사회 혹은 국가의 계획 생산방식으로 해결해야 하는지에 대한 것이다.[10]

이제 두 축에 걸쳐 있는 영역에서 포스트 성장론을 둘러싼 개별 입장의 지형을 그릴 수 있다. 포스트 성장론을 둘러싼 개별 입장은 크게 네 가지 담

---

9 물론 축소에 찬성하는 사람들 대부분은 모든 경제 부문을 동일하게 축소한다고 고려하지도 않고, 일부 부문에는 전혀 영향을 미치지 않을 수도 있는 차등적인 축소에 대해서 찬성하고 있다. 그러나 대체로 이들은 시장에서의 가치 창출과 물질적 소비 규모의 축소를 주장한다.

10 오늘날 자본주의와 사회주의의 구분을 20세기 사회주의 운동이 절정에 달했을 시기로 소환하는 방식은 의미가 없다. 1990년 냉전 해체 이후 자본주의에 대한 대안경제 모델에서 전통적인 국가 사회주의 모델의 실험은 이미 역사적 심판이 내려졌기 때문이다. 그럼에도 이념형으로서 경제에 대한 사회적 기획과 시장 통제에 대한 민주적 참여라는 고전적 사회주의 이념이 경제 패러다임에서 배제될 필요는 없으며, 실제 진보적 담론의 한 축에서 이러한 이념적 정향은 여전히 유효하게 논의되고 있다. 그럼에도 불필요한 오해를 피하기 위해 나는 자본주의와 사회주의라는 이분법 대신 시장 중심과 참여·계획이라는 구분법을 활용하고자 한다. 국가 사회주의와는 달리 시민적 참여와 계획에 기반한 사회주의 전략은 계획과 통제에도 불구하고 시장화·자본화·사회화의 다양한 혼합을 정책적으로 배제하지 않는다.

론 분야를 따라 정리했으며, 이 작업은 다음 4개의 실질적인 전략을 구성하게 된다. 오른쪽 상단의 전략 담론 I은 성장을 긍정하고(정도의 차이는 있지만) 혼합경제와 자본주의적 구조의 경제를 선호하는 경향이 있는 입장이다. 오른쪽 아래에 전략 담론 II는 기본 구조가 거의 변하지 않은 경제구조에서 성장을 (강하게) 거부하는 입장이다. 반면에 왼쪽 상단의 전략 담론 III은 시민적 참여와 계획에 기반을 두고 사회주의, 경제민주주의 또는 혼합주의 성향의 경제를 추구하면서 선택적 성장을 지지한다. 마지막으로, 왼쪽 하단의 전략 담론 IV는 참여와 계획을 강조하는 경제로의 전환에 찬성하지만, 성장경제는 거부한다. 이 영역을 다음과 같이 구분하고자 한다.

- 담론 영역 I: 시장 중심 혼합경제의 선택적 성장
- 담론 영역 II: 시장 중심 혼합경제의 축소 내지는 저성장
- 담론 영역 III: 참여와 계획 기반 혼합경제의 선택적 성장
- 담론 영역 IV: 참여와 계획 기반 혼합경제의 축소 내지는 저성장

잠재적인 정치적·강령적 갈등 노선을 대변하는 두 축의 성격은 개별 입장의 공간적 근접성과 거리가 어느 정도 정치적 (비)양립성을 표명하고, 때로는 동일한 담론 분야 내에서도 마찬가지이다. 이러한 지형 그리기는 성장, 성장에 대한 비판, 경제에 대한 복잡한 담론의 지형과 방향성을 제공할 수 있을 뿐이다. 그럼에도 불구하고 이러한 구분은 포스트 성장 논의에서 표출된 갈등 노선이 기존의 정치 및 사회 이론적 입장을 일정하게 대변하기 때문에 전체적인 흐름을 이해하는 데 유용하고 적절하다고 생각한다.

2) 포스트 성장론에서 생태 위기와 고용의 다양한 해법[11]

생태계 변화와 위기가 고용 시스템에 미치는 영향에 대한 분석은 놀랍게
도 지금까지 거의 이루어지지 않았다. 이 주제에 대한 초기 논의는 세계적
인 베스트셀러『성장의 한계』(1972) 출간 이후, 로마클럽 내부에서 시작되
었다. 이후 이단적 경제학자로 평가받는 오리오 기아리니(Orio Giarini)와 패
트릭 리트케(Patrick Liedtke)는『고용 딜레마(The Employment Dilemma)』(1998)
에서 더 이상 성장하지 않는 경제에서도 고용정책이 어떻게 작동할 수 있을
지를 자문했다. 그들의 주장은, 앞서 제기된 고용사회의 종말에 대한 비관
론자들의 시각과 맞닿아 있으며, 특히 완전고용에 대한 회의적 입장을 바탕
으로 대체적 고용 전략을 제안했다. 한편, 또 다른 접근으로는 임노동에 부
과되는 사회보장 기여금과 세금 부담을 완화하여 노동시간을 안정시키는
정책이 있었다. 이는 케인스주의적 접근에 영향을 받은 모델로, 대체 에너
지 분야를 중심으로 새로운 일자리를 창출하고, 친환경 산업으로의 전환을
통해 경제와 고용의 지속가능성을 확보하려는 시도였다(Bosch, 1998). 이처

---

11 여기서 제시한 포스트 성장 담론 유형의 주요 이론은 독일 예나대학교 사회학과에서 2010년
대 이후 독일연구재단(DFG)의 지원으로 진행된 포스트 성장 사회 프로젝트에서 다루어진 주
요 이론 리스트를 중심으로 정리했다(https://www.fsv.uni-jena.de/20555/forschung 참조).
포스트 성장 사회 담론에서 논의되는 다양한 이론이 있지만 다소 독일 사회의 특수성에 제한
된 논쟁은 제외하고 상대적으로 보편성을 지니는 이론을 유형별로 선택했다. 독일의 논쟁은
다른 국가에 비해 국가정책과 사회 비전, 나아가 사회 이론의 전망을 종합적으로 다루고 있
다는 데 장점이 있다. 한편, 담론의 특성상 유형별로 선정한 이론이 반드시 그 유형의 전형을
대표한다고도 볼 필요는 없다. 더 많은 이론가가 이 안에 포함될 수도 있으나 이 유형화의 의
도는 포스트 성장 담론에서 경제성장에 대한 비판적 이론이 노동의 문제를 어떻게 해결하려
고 하는지를 유형별로 이해하는 방식으로 이해하면 충분하다.

럼, 저성장 또는 비성장 경제 아래에서의 고용 시스템 재설계는 포스트 성장론과 노동정책이 만나는 중요한 교차 지점이며, 향후 더욱 정교한 논의가 요구되는 주제이다.

21세기에 접어들면서 디지털화와 탈탄소화를 핵심으로 하는 '이중 전환'이 급속히 진행되고 있으며, 이로 인해 국제적 차원의 학술적·정치적 논쟁도 점점 더 급진화되고 있다. 지구온난화와 그로 인한 극적인 환경·사회적 결과에 대한 예측이 더욱 광범위하게 공유되면서, 성장의 한계와 성장 이후의 사회에 대한 질문이 다시 한 번 전 지구적 담론의 핵심 주제로 부상하고 있다. 이러한 흐름 속에서 포스트 성장 논의에 참여한 이론가들은 대체로 앞서 설명한 네 가지 담론 영역을 바탕으로 노동사회에 대한 발전 방향을 제시한다. 대다수 이론가는 공통적으로 현상 유지 아래 유급 고용의 규모는 줄어들고 불완전고용은 증가할 것이라는 전제를 공유한다. 이러한 진단을 바탕으로 각 이론가는 문제 해결을 위한 다양한 대안 전략을 제시하고 있다. 이에 따라, 앞서 분류한 네 가지 포스트 성장 담론 영역(그림 1-2)에서 선별된 주요 이론가들의 입장을 바탕으로, 포스트 성장 사회에서 노동사회의 진단, 그리고 그에 대한 전망과 대안적 모델을 살펴보고자 한다.

(1) 시장 중심 혼합경제의 선택적 성장 유형

시장 중심 혼합경제 모델에서는 '생태 자유주의적 근대화'와 '생태 사회서비스 전략 담론'이라는 두 가지 선택적 성장 전략이 존재한다. 이 중 생태 자유주의(ecological liberalism)의 대표적 입장은, 독일 녹색당 정치인이자 하인리히 뵐 재단 이사인 랄프 픽스(Ralf Fücks)가 제시한 '지능형 성장(intelligentes wachsen)' 모델에서 잘 나타난다(Fücks, 2014). 이 모델은 경제성장과 생태적 요구 간의 조화를 추구하는 전략으로, 기술혁신과 친환경 산업 전환을 통해 경제성장을 유지하면서도 환경오염을 줄이는 '탈동조화(decoupling)' 방식을 제시한다. 픽스는 다양한 환경위기 진단을 바탕으로, 사회·정치·과학 분야에서 성장과 환경 파괴를 분리할 수 있는 방법이 이미 존재한다고 주장한다. 그는 실제로 환경에 미치는 부정적 영향을 효과적으로 줄인 제조 공정의 사례들을 근거로 제시하면서, 성장 없는 사회로의 이행을 주장하는 포스트 성장론자들을 비판한다. 그에 따르면, 포스트 성장 담론은 현실적인 사회적·정치적 조건을 무시하고 "열반의 어딘가(Nirwana)"에서 벌어지는 추상적 이상주의 논쟁에 머물러 있다는 것이다(Fücks, 2013). 이에 반해 그는 현실 가능한 개혁 전략으로서의 생태 자유주의적 근대화를 강조한다.

픽스는 무엇보다도 경제성장과 실업률 간의 본질적 연관성—즉, GDP가 성장하면 실업률이 감소한다는 점—을 강조한다. 그는 '제로 성장(Zero Growth)'이 가져올 정치적·사회적 스트레스를 우려하며, 물질적 재화와 자원의 정체 또는 감소는 필연적으로 세대 간 분배 갈등을 심화시킬 것이라고 주장한다(Fücks, 2013: 120). 따라서 생태-경제 위기를 해결하기 위해서는 자본주의 경제 체제와 그 안에 내재된 성장 논리를 고수하는 것이 더 효율적이라고 판단한다. 그는 자원 집약적이고 부채에 의존하는 낡은 성장에서 벗어나 "지배적인 생산방식의 근본적인 변화"를 위해 노력해야 한다고 강조하면서도(같은 글: 30), 궁극적으로 '녹색 혁명'은 자연과 함께하는 '지능적 성장'을 가능하게 할 것으로 전망한다(같은 글: 16). 픽스는 성장의 본질, 즉 천연자원을 더 효율적이고 효과적으로 활용해야 한다는 점을 변화시켜야 한다고 주장한다. 또한 투명성을 극대화하고 높은 사회적·환경적 기준을 갖춘 글로벌 자원 관리 시스템 구축의 필요성을 강조한다. 그는 "우리는 […] 자연과 인간 정신의 결합, 생물권과 비생물권의 시너지 효과에서 비롯되는 가능성을 아직 [알지 못한다]"고 확신한다. 그는 화석연료에서 재생 에너지로의 전환을 지원할 만한 가치가 있는 파일럿 프로젝트 관찰 이후 이를 독일의 에너지 전환 모델로 삼았다(같은 글: 35, 43, 106). 그는 탄소세 도입으로 환경에 유해한 에너지원의 소비를 억제하고, 희소자원의 적정가격 반영과 화석연료의 고도화 및 재생 에너지 전환을 위한 경제적 인센티브 창출을 주장한다(같은 글: 106f.). 이를 통해 녹색 선도기술에 기반한 새로운 장기성장 경로의 기회를 창출한다(같은 글: 165, 168). 픽스는 성장 정체가 곧바로 환경 소비의 정체로 이어지는 것은 아니며, 오히려 생태 혁신의 속도가 빨라지면 환경에 긍정적인 영향을 미칠 수 있다고 본다. 따라서 생태 자유주의적 근대주의자인 픽스는 근대성의 도구(시장, 기술, 정책 수단)를 활용하여 근대성의 위기를 해결하고자 한다.

픽스는 경제 및 사회 시스템이 직면한 새로운 도전에 대응하기 위해서는 국가의 역할이 결정적이라고 강조한다. 특히 교육, 과학, 혁신 분야에 대한 국가 주도의 적극적 촉진이 필수적이라고 본다. 그가 말하는 지속가능한 시장경제, 혹은 '생태 자본주의(ecological capitalism)'로의 전환 과정에서, 국가는 다음과 같은 핵심 역할을 수행해야 한다(Fücks, 2013: 313).

- 자연 소비와 오염에 대한 비용부담 체계 확립
- 생태혁신 과정을 촉진하고 가속화할 제도 마련
- 민간의 고수준 투자 유도
- 자유경쟁을 보장하면서도 합리적인 생태규제 정책을 설계

픽스는 또한 기술 중심의 혁신만으로는 충분하지 않으며, 생태적으로 지속가능한 가치 사슬을 창출하는 노동자들의 '창의성'이 반드시 필요하다고 강조한다.

픽스에 따르면, 현대사회의 사회적·경제적 번영은 결국 새로운 형태의 분업과 기술화 위에 기반하여 지속될 수 있다. 또한 그는 '녹색 혁명'은 단순한 기술·경제의 문제에 그치지 않고, 반드시 라이프스타일 논쟁과 함께 병행되어야 한다고 본다(Fücks, 2013). 이러한 관점은 그가 제안하는 사회적·정치적 개혁 조치들에서도 드러난다.

- 숙련된 이민자 유입 확대를 위한 국경 개방
- 여성 고용률 제고
- 노동연령의 유연화
- 생산적 혁신 촉진

픽스는 이러한 조치들의 재정적 기반으로는 주로 연금 개혁과 정년 연장 등 노동력의 재상품화(Re-commodification) 전략이 필요하다고 주장한다(Fücks, 2013: 80).

종합하자면, 픽스의 입장은 지속가능성과 성장을 완전히 분리하려는 탈성장론적 접근과는 다르다. 그는 오히려 환경친화적이며 창의적인 '지능적 성장(intelligent growth)'이라는 새로운 성장 패러다임의 정당성과 실행 가능성에 주목한다.

생태 사회서비스 사회 전략은 독일 공공서비스노조(ver.di) 간부이자 아헨 공과대학교(RWTH Aachen University)의 경제학자인 노베르트 로이터(Nobert Reuter)가 제안한 개념이다. 그는 2011년부터 2013년까지 독일 연방의회에서 운영된 '성장, 번영 및 삶의 질에 관한 앙케트 위원회'에서 전문위원으로 활동했다. 로이터는 '생태 마르크스주의자'들과 달리, 현재 생태와 경제 영역에서 나타나는 병리 현상들을 보다 긍정적으로 바라본다. 그는 '생태 사회적 서비스 사회(Öko-soziale Dienstleistungsgesellschaft)'라는 개념을 강조하며, 오늘날의 고용 문제를 오히려 기회로 보고 성장, 생태, 분배의 조화를 적극적으로 추구해야 한다고 주장한다(Reuter, 2010).

로이터는 노동시장 문제에 대응하기 위한 전략으로 노동시간 단축, 서비스 부문 확대, GDP의 점진적 증가를 결합할 것을 제안한다. 경제성장의 양적 측면은 생태적 한계에 의해 제약받지만, 질적 성장은 여전히 가능하다고 본다. 그는 친환경 기술, 자원 절약형 발전, 디지털 중심의 새로운 경제 분야가 경제성장과 환경 파괴를 거의 완전히 분리할 수 있다고 본다. 로이터는 이처럼 새로운 조건을 갖춘 경제가 합리화의 큰 잠재력을 가지고 있다고 전망한다(Reuter, 2000: 400).

문제는 생태와 경제는 조화를 이룰 수 있지만, 생태와 고용은 여전히 충돌한다는 점이다. 로이터는 질적 성장만으로는 구조적 실업을 해결할 수 없으며, 총 노동시간의 재분배와 노동 구조의 재편 같은 추가 조치가 필요하다고 본다. 그는 더 많은 잠재적 노동자들이 노동시장에 참여할 수 있도록, 기존 노동자들이 노동시간을 줄여야 한다고 주장한다. 또한 로이터는 무급 노동도 유급 노동 못지않게 매력적으로 인식될 수 있도록 인식의 전환이 필요하다고 강조한다. 이러한 사회적 전환은 임금이 정체되거나 심지어 하락하더라도, 노동시간 단축에 대한 사회적 합의가 가능할 때만 실현될 수 있다고 본다. 그는 이를 뒷받침하기 위해 단시간 근로자들에 대한 연구를 인용하는데, 이 연구에 따르면 단시간 근로자들은 금전적 손실이 있더라도 자유 시간의 증가를 긍정적으로 평가하는 경향이 있다(Reuter, 2010: 97ff).

로이터는 이러한 개인적 라이프스타일 변화 외에도, 노동의 탈상품화를 위한 정책적 조치가 필요하다고 본다. 그의 제안은 강화된 사회보장제도와 자격 부여를 위한 제도적 지원에 초점을 맞추고 있다. 예를 들어, 저숙련노동자가 숙련노동자의 일부 업무를 대체할 수 있도록 하는 숙련화 정책이 시급하다고 주장한다. 이는 노동시간의 재분배뿐 아니라 '연성 기술(soft skills)'과 '경성 기술(hard skills)'의 공정한 배분을 위한 조치이기도 하다. 로이터는 새로운 일자리가 주로 공공서비스 부문에서 창출되어야 한다고 본다. 이 부문은 1차·2차 산업에 비해 지속적으로 수요가 증가하며, 생산성이 낮더라도 경기변동에 강한 안정성을 가진다는 점이 장점이다(같은 글: 96). 다만, 이러한 노동 재조직화 과정에 필요한 재정을 마련하기 위해서는 자산과 고소득층에 대한 과세 강화가 불가피하다고 본다. 따라서 로이터는, 자신이 제안한 메가트렌드(장기 구조변화)를 고려할 때, 고용문제 해결을 위한 적극적인 재분배 정책을 수행할 책임은 국가에 있다고 강조한다.

(2) 시장 중심 혼합경제의 축소 내지는 저성장 유형

시장 중심 혼합경제의 축소 또는 저성장 체제에 대한 논의에는 '가치 보존적 재전통화'와 '성장 비판적 개혁주의'라는 두 가지 담론이 존재한다. 이중 '가치 보존적 재전통화(wertkonservative Retraditionalisierung)'는 언론인이자 보수 성향의 사회과학자인 멘하르트 미겔(Menhard Miegel)이 제시한 비전이다. 그는 기후변화의 심각성과 시대적 변화에 근거해 임노동의 재조직화를 주장한다. 미겔은 경제의 팽창 이념이 사회도덕에 의해 제한되어야 한다고 본다. 소비는 지속가능해야 하고, 공유는 개인 소유를 대체해야 하며, 천연자원의 이용은 생태학적 지속가능성을 기본 원칙으로 삼아야 한다는 것이 그의 주장이다.

미겔은 유급 일자리를 축소하는 대신, 지적이고 의미 있는 육체노동에 대한 도덕적·상징적 재평가를 통해 삶의 '품위'를 회복하고자 한다. 다만, 그의 목표는 유급 노동 자체를 없애는 것이 아니라, 소득을 개인적·사회적·생태적으로 '합리적인 수준'으로 조정하는 것이다. 그는 이를 "사람들의 삶에서 유급 노동이 마땅히 있어야 할 자리를 되찾는 것"이라고 표현한다 (Miegel, 2012: 186ff.). 또한, 그는 효율성과 생산성이 충분히 향상되어 천연자원의 과잉 활용이 불가능해질 때만 유급 노동의 확대가 허용되어야 한다고 주장한다. 즉, 그는 기존 경제구조는 유지하되, 성장 중심의 경제 모델에는 반대한다. 미겔은 "사회적 부의 재분배나 제도적 개혁보다, 가치관의 변화가 우선되어야 한다"는 입장을 취한다. 이는 근대성에 대한 비관적 시각을 바탕으로 하며, 계몽주의의 실패를 선언하고, 현재의 위기를 경제적 문제라기보다 문화적 문제로 해석한다. 그는 '물질주의적 태도'를 극복하고, 도덕적 각성을 통해 희소한 자원을 신중히 사용하는 것이 진정한 번영이라고 강조한다.

그럼에도 불구하고, 미겔은 사회적 기준의 축소와 복지국가의 권리 제한은 불가피한 결과라고 본다. 그러나 이 주제에 대한 그의 입장은 일관되지 않고, 체계적인 분석보다는 문화적 비관주의와 보수주의에 머무는 경향을 보인다.

'성장 비판적 개혁주의'는 팀 잭슨(Jackson, 2009)과 피터 빅터(Victor, 2012) 등의 학자들이 대표하는 입장이다. 이들은 경제적·생태적 위기를 해결하기 위해 기존의 성장 모델이 아닌, '친환경 성장(greening of growth)' 또는 '성장 없는 안정화(stabilization without growth)'라는 대안을 제시한다. 잭슨은 특히 그린뉴딜 논의에서 나온 다양한 개혁 아이디어들을 포스트 성장 경제 개념에 통합시키며, 2008년 금융위기 이후 각국이 시행한 경기 부양책이 "너무 작고, 너무 늦었다"고 비판한다(Jackson, 2009: 113). 그는 한국의 저탄소녹색성장 정책을 예외적으로 높이 평가하며, 전체 경기부양 예산 중 친환경 투자가 80.5%에 달했다는 점을 강조한다.[12] 한편, 잭슨은 기존 인프라(예: 고속도로) 중심의 투자는 오히려 환경 목표를 달성하는 데 장애가 되므로, 경기 부양책의 중심이 반드시 친환경 분야에 있어야 한다고 주장한다. 그는 특히 녹색금융 상품, 생태세제 개혁, 그리고 임금노동보다 환경 소비에 과세를 집중하는 방식에 주목하며(같은 책: 116~117), 이러한 조치들이 단기적으로는 효과가 있을 수 있지만, 궁극적으로는 '성장' 중심의 사고에서 벗어나야 한다고 본다.

잭슨은 궁극적으로 이러한 모든 조치가 여전히 성장에 초점을 맞추고 있는 한 만족스러운 경로가 될 수 없다고 보고, 고용을 안정화할 수 있는 다른 방법으로 '다른 종류의 경제구조'가 필요하다고 주장한다(같은 책: 119). 이에 대한 대안으로 그는 생태 거시경제학이라는 새로운 유형의 경제학을 제시한다. 잭슨과 빅터의 연구는 체계적이지는 않지만, 생태경제학에 필요한 요소를 제공하고자 하는데, 그 출발점은 주어진 경제 조건 아래에서 경제성장이 실업에 대한 유일한 해답인지에 대한 질문이다. 잭슨은 아직 개발되지 않은 새로운 경제 이론에서 더 이상 "지속적인 소비 증가"가 아닌 방식으로 경제적 안정을 달성하는 모델을 찾고자 했다(같은 책: 122). 또한 자본축적이 중단되었을 때 기본 경제변수(예: 생산, 소비, 투자, 노동, 통화 공급, 등)가 어떻게 상호작용하며, 안정화될 수 있는지에 대한 구체적인 모델은 아직 존재하지 않는다는 것도 지적한다.

잭슨은 노동생산성 증가와 노동량 사이의 관계를 설명하기 위해 $Y=PL\times$

---

12 대침체 위기극복 방안으로 스마트 그리드 기술을 앞세운 이명박 정부의 저탄소녹색성장은 실제 실현 여부와는 무관하게 국제기구에서는 이구동성의 상찬을 받았고, 급기야 2012년 녹색기후기금(Green Cliamte Fund)을 송도에 유치하는 데 성공했다. 보수 정부라도 원전 회귀 외에 대안이 없는 윤석열 정부와 커다란 차이를 보인다.

L[13]이라는 간단한 생산함수를 사용한다(Jackson, 2009: 126f.). 이 식은 기술 진보로 인해 노동생산성(PL)이 증가할 경우, 총소득(Y)을 일정하게 유지하려면 노동량(L)을 줄여야 한다는 점을 보여 준다. 그렇지 않으면 실업이 발생하게 된다. 잭슨과 빅터는 이러한 연관성을 '생산성의 함정(productivity trap)'이라고 부른다. 이들은 "[다른 것들이 변하지 않으면] 노동생산성 향상은 어딘가의 누군가가 일자리를 잃는다는 것을 의미한다"(Jackson and Victor, 2011: 102)는 점을 강조한다. 만약 전통적인 경제성장만으로는 생산성의 함정에서 벗어날 수 없다면, 전혀 다른 해결책이 필요하다.

잭슨과 빅터는 사회적 임금노동의 총량(L)을 이해하기 위해 L=h×e×F(같은 글: 103)[14] 방정식을 사용한다. 이 식은 임금노동의 총량이 세 가지 변수에 따라 결정됨을 보여 준다.

- 연간 노동시간(h)─취업자가 1년에 일하는 평균 시간
- 고용률(e)─잠재적 노동력 중 실제 고용된 비율
- 잠재적 노동력(F)─일할 수 있는 인구의 총합

이 세 가지 요소는 모두 현실에서 고정되어 있지 않으며, 변화 가능성이 있는 변수이다. 즉, 임금노동의 총량(L)은 일정한 수준에서 조절 가능하며 탄력적이다. 예를 들어 이민 유입이나 인구 증가·감소는 잠재적 노동력(F)

---

13 Y는 총소득, PL은 노동생산성, L은 노동량을 의미한다. Victor(2008:156) 또한 비슷한 방정식을 사용하지만, 노동 잠재력 또는 인구 감소를 훨씬 더 명시적으로 다루고 있다. 한편, 두 저자는 생태 거시경제학적 관점에서 자원-흐름 일관성 모델(Stock-Flow Consistent Model)을 제시했다(Jackson et al., 2014).
14 L은 총노동, h는 연간 노동시간, e는 고용률, F는 잠재적 노동력을 의미한다.

에 영향을 준다. 또한 주당 또는 연간 평균 노동시간(h)의 감소는 기존의 임금노동을 더 많은 사람들에게 나누는 방식으로 실업률을 낮추는 데 기여할 수 있다. 이러한 논의는 성장 비판적 담론의 핵심 주제로 자리 잡고 있다. 특히 노동시간 단축은 대량 실업을 방지할 수 있는 효과적인 수단으로 간주되며, 포스트 성장 사회(post-growth society)에서 중요한 정책 방향 중 하나이다.

빅터(2008)는 이러한 원칙을 바탕으로 캐나다의 노동시간을 대폭 줄이는 포스트 성장 모델을 제안했다. 그는 4%의 실업률을 목표치로 설정했는데, 이 수치는 마찰적 실업(일시적인 구직 상태)으로 간주될 수 있어 사실상 완전 고용에 가까운 상태로 본다. 그러나 1950년대 이후 캐나다의 실업률은 꾸준한 경제성장에도 불구하고 항상 4% 이상의 높은 수준에 머물러 있었다. 이는 기존의 성장 모델로는 고용 안정성을 보장하기 어렵다는 점을 방증한다.

노동시간, 생산성, 경제성장의 재구성은 이 세 요소가 유연하고 상호작용하는 관계일 때 가능한 변화를 이해하는 데 핵심적이다. 빅터(2012)는 성장률이 거의 없거나 마이너스 성장을 전제로 한 탈성장 모델에서 특히 노동시간을 가장 유동적인 변수로 다룬다. 그는 2035년까지의 사회 발전을 모델링하면서 다섯 가지 지표를 사용했다.

- 1인당 GDP
- 온실가스 배출량
- 실업률
- 공공부채 대비 GDP 비율
- 빈곤율

이는 저성장 또는 탈성장 사회에서의 지속가능한 정책 시나리오를 예측하기 위한 것이다. 잭슨과 빅터는 노동시간 단축 외에도 노동 세계를 재편하기 위한 두 번째 핵심 조치로 경제의 부문별 전환(sectoral shift)을 제안한다(Jackson and Victor, 2011). 그들은 충분한 고용 창출을 위해 노동생산성이 낮고 생산성 향상이 더디거나 감소하는 산업, 온실가스 배출량이 상대적으로 낮고 고용 집약도가 상대적으로 높은 산업 부문에서의 전환이 필수적이라고 본다. 이 조건에 가장 부합하는 산업 부문은 주로 지역 개인 서비스, 공공 부문 및 교역 부문이다(Jackson et al., 2014: 20). 잭슨과 빅터는 이러한 부문별 전환을 위한 재원은 여전히 생산성 향상과 경쟁력을 중시하는 수출 부문에서 조달해야 한다고 본다(Jackson and Victor, 2011: 105). 다만, 그들은 이 모든 변화가 급진적인 단절이 아니라, 현실적인 점진적 전환이어야 하며, 즉각적으로 실행 가능한 정책으로 추진되어야 한다고 강조한다.

한편, 잭슨과 빅터는 포스트 성장 사회에서 (임금)노동의 조직화에 대한 구체적인 내용을 거의 다루지 않는다. 이들의 접근은 생산과 소비의 기존 방식에 대한 비판은 제기하지만, 시장 사회 자체의 원칙에는 의문을 제기하지 않는다. 이 점에서 바우하르트(Bauhardt, 2014: 66)는 "포스트 성장 사회가 기존의 생산과 소비 패턴에 의문을 제기하지만, 시장 사회라는 체계 자체를 비판하지는 않는다"고 지적한다. 실제로 잭슨과 빅터는 자본주의에 대한 직접적 비판이나 대안경제 체제의 제시 없이, 국가가 개입하는 녹색경제 모델을 중심으로 한 축소된 개혁적 시장경제의 전망을 보여 줄 뿐이다.

이러한 맥락에서, 임금노동의 지배적 구조는 크게 흔들리지 않으며, 노동의 사회적 조직 원리에 대한 근본적인 재설계는 결여되어 있다. 두 사람 모두 노동시간 단축을 통해 새로 확보된 시간에 대해서니는 모호한 입장을 취한다. 그 결과, 독자는 대체로 단순히 사람들이 "늘어난 여가 시간"을 갖게 될 것이라는 막연한 인상을 받게 된다(Jackson, 2009b: 134).이는 일의 의미 변화, 돌봄, 자원봉사, 공동체 활동 등 비시장적 노동에 대한 비전 부재, 소득 보장과 분배 구조의 재설계 문제가 충분히 논의되지 않았다는 비판으로 이어질 수 있다.

(3) 참여와 계획 기반 혼합경제의 선택적 성장

참여와 계획 기반 혼합경제의 선택적 성장 유형에는 '생태 마르크스주의'와 '적녹 경제민주주의'라는 두 가지 주요 담론이 존재한다. 그중 포스터 등이 주장하는 마르크스주의 비전은 "사회주의적이지 않은 진정한 생태 혁명은 있을 수 없으며, 생태적이지 않은 진정한 사회주의 혁명도 있을 수 없다"(Foster et al., 2010: 441)는 신념을 바탕으로 한다. 이들은 생태 위기의 원인은 자본주의 운동 법칙의 핵심, 즉 자본주의 사회 내부와 외부의 수탈 경향에 있으며, 따라서 오랫동안 희망해 온 사회혁명뿐만 아니라 생태 혁명이 필요하다고 주장한다(같은 책: 436, Dörre, 2011: 118f.). 포스터 등은 특히 생태 위기의 영향을 가장 먼저, 그리고 가장 심하게 받을 '주변부 국가들'에 주목한다. 이들은 이러한 국가들에서 생태 및 사회 혁명의 '역사적 주체'가 등장할 가능성이 높다고 본다(Foster et al., 2010: 438ff.).

그런 맥락에서, 포스터와 그의 동료들은 베네수엘라의 '볼리바르 혁명'과 라틴 아메리카 좌파 정부들을 희망적인 사례로 바라본다. 이들은 이들 국가가 기후에 해로운 자원(석유, 가스)의 수출을 통해 일정한 성장률을 유지한다 하더라도, 그것이 성장의 질이나 방향성에 있어 본질적인 비판 지점은 아니라고 본다. 즉, 성장률 자체의 감소 여부보다는, 그 사회가 생태 위기의 제국주의적 구조에 어떻게 맞서고, 탈자본주의적 전환을 시도하느냐가 더 중요하다고 보는 입장이다.[15]

포스터 등에 따르면 특히 베네수엘라는 21세기 사회주의로의 전환 조짐을 보이고 있는데, 이는 사회적 불평등과 환경 격변을 동시에 해결하여 궁극적으로 "지속가능한 사회-물질대사 재생산 시스템"으로 나아가는 것을 목표로 한다. 이는 사회적 소유권, 노동자의 통제에 따른 사회적 생산, 공동의 욕구 충족이라는 우고 차베스의 "사회주의의 기본 삼각형" 프로그램을 의미한다.[16] 생태 사회주의의 관점에서, 이들은 자연과 인간의 관계를 재정립하는 세 가지 원칙을 강조한다. 이른바 '생태학의 기본 삼각형'이다. 여기에는 ① 자연의 소유가 아닌 사회적 이용, ② 생산자에 의한 인간과 자연 간 물질대사의 합리적 조절, ③ 현재와 미래 세대의 공동필요 충족이라는 원칙이 포함된다.

포스터 등은 이러한 사회주의의 핵심 원칙을 실현하기 위해, 자기조직화, 교육 확대, 노동자 평의회의 창설 등 다양한 조치가 이루어졌다고 평가한다. 그러나 생태적 지속가능성 측면에서는 실질적인 진전이 거의 없었다고 지적한다. 특히 석유 수출에 의존하는 베네수엘라의 축적 모델은 '신추출주의'의 한 형태로, 친환경 목표와 충돌한다. 이들이 제기하는 핵심 질문은 다음과 같다. "사회주의 정부는 석유 수익을 무엇을 위해 사용하는가?"(같은 책: 416~420).

결국 이는 경제 전환의 문제로 이어진다. 차베스가 이끈 변화는 농업 부문을 넘어서, 자산의 사회화와 기업에 대한 사회적 통제로 확대되었다. 노

---

15 포스터 등은 세계 제국주의 국가들과 관련하여 거시경제 생산량이 정체되거나 심지어 감소하는 것이 필요하다고 강조한다(같은 책: 396).

16 차베스와 사회주의 정당 PSUV는 그들의 강령에서 이스트반 메사로스(István Mészáros)의 생태주의적 사상을 수용한다.

동자 협동조합과 자치기구가 설립되며 점진적인 전환이 진행되었고, 노동자 평의회는 생산에 대한 사회적 통제를 실현하는 주요 수단이 되었다. 다만 이 통제가 거시경제 수준까지 확대될 수 있을지는 불확실하다. 그럼에도 불구하고, 노동의 계획과 실행 권한이 노동자에게 넘어갈수록 노동력의 상품화는 줄어든다. 이러한 이유로 포스터 등은 '볼리바르 혁명'을 긍정적으로 평가한다.

'적녹 경제민주주의' 담론은 독일 에나대학교 사회학자 클라우스 되레(Klaus Dörre)가 대표한다. 되레는 그린뉴딜이 재분배적 성격을 통해 사회적 생산과 소비의 자원 효율을 높이고 소득 불평등을 완화할 수는 있지만, 전통적인 케인스주의 전략만으로는 자본주의의 성장 압박에서 벗어날 수 없다고 본다.

되레가 제안하는 사회주의적 전환 전략은 민간경제 부문의 민주화, 주요 대기업의 사회적 소유, 공공서비스의 확대 및 강화와 같은 요소에 초점을 맞춘다. 이때 경제는 사적 이윤 추구가 아니라, 인적 노동 중심의 구조로 재편되어야 한다. 자본재 투입은 최소화하면서도 낮은 탄소배출로 생산하고, 건강·의료·교육·훈련 등 인간의 기본적 필요를 직접 충족하는 방식이다. 이러한 부문은 생태계에 미치는 부정적 영향이 거의 없다. 되레는 경제민주주의의 전면적 도입을 통해 임금노동자의 제도적 권한을 강화해야 하며, 특히 금융 부문의 사회화를 통해 투자 결정권을 민주적으로 통제할 필요가 있다고 주장한다. 이는 사회적·생태적 지속가능성을 실현하기 위한 핵심 조건이다(Dörre, 2011).

되레의 주장은 양면성을 갖는다. 한편으로 그는 세계화된 자본주의가 수탈의 동력이며, 경제적·생태적 이중 위기의 핵심 원인이라고 명확히 지적한다. 다른 한편으로는 공공서비스의 확대, 경제민주주의, 금융 부문의 사회화와 같은 개념을 통해 고전적인 '개혁주의' 접근을 취한다. 그는 자본주의 체제 내에서 바람직한 규제는 민주적 연대 세력의 형성을 통해 가능하다고 보며, 동시에 이러한 연대 세력이 자본의 헤게모니를 넘어서는 동력이 될 수 있다고 본다. 되레는 새로운 경제 시스템이 구식의 사회주의 계획경제로는 실현될 수 없으며, 장기적인 역사적 과정을 통해 점진적으로 형성되어야 한다고 주장한다. 그 핵심은 자본의 가치증식과 그에 따른 성장 집착에서 벗어나는 데 있다.

되레는 로이터와 마찬가지로, 노동 집약적인 자본의 효율화 시도에 반대하며, 환경친화적이고 공공적 성격이 강한 서비스—예컨대 영양, 교육, 보건, 돌봄 노동—의 지속적 확대를 강조한다. 그는 미래의 노동사회에 대비해 양성평등한 노동시간 단축과 유급 시민노동을 제안하며, 이를 에너지·금융 등 핵심 산업의 공동 결정과 사회적 통제와 결합해야 한다고 본다. 이를 통해 사회 전체의 사회생태적 구조조정을 추진할 수 있다는 것이다.

여기서 두 가지 핵심 쟁점이 분명해진다.

첫째, 되레는 공공서비스와 경제민주주의 강화를 위한 조세 기반의 재정 확대를 제안하며, 이는 기존 공공부문을 확장하는 방향이다. 이 과정은 생태적 위험을 줄이고, 경제-생태적 이중 위기로 인한 불안정성을 완화하며, 궁극적으로 자본 가치증식 중심의 성장 논리를 단계적으로 해체하기 위한 과도기 전략이다.

둘째, 그는 전환기 이후의 경제 시스템 역시 여전히 근대적 노동사회의 성격을 갖는다고 본다. 즉, 분업과 기능적 분화, 유급 노동이 여전히 존재하는 체제이다. 다만 여기서는 유급 노동과 돌봄 노동이 양성평등하게 분배되어야 하며, 노동의 사회적 가치 또한 새롭게 정의되어야 한다.

(4) 참여와 계획 기반 혼합경제의 축소 내지는 저성장 유형

참여와 계획에 기반한 저성장 혼합경제 모델에는 대표적으로 '생태 사회주의'와 '생태 페미니즘'이 포함된다. 이 중 생태 사회주의 비전은 알트파터 (Altvater, 2010)가 대표적으로 제시한다. 그는 '태양 사회주의(solar socialism)'의 역할 모델과 초기 형태를, 국가와 사적 소유를 넘어선 집단적·협동적·참여적 생산관계에서 찾는다(Altvater, 2010: 238~247).

이미 세계 여러 지역에서는 노동자들이 스스로를 민주적으로 관리하고, 착취를 넘어선 소득을 확보하는 연대 기반 경제조직이 운영되고 있다. 알트파터는 이 같은 협동조합 기반의 경제 모델이, 적어도 중기적으로는 상품교환이 유지되면서도 기업 간 경쟁이 계획을 통해 약화되는 시장경제 내부의 대안적 형태로 확산될 수 있다고 본다. 그는 또 하나의 가능성으로 커먼스(commons), 즉 다양한 수준에서 접근 가능한 공유 자원의 확대를 강조한다. 이는 자본의 가치증식을 거부하는 사회운동과 결합되어야 하며, 이를 통해 포스트 자본주의 생산방식이 구상되고 실천될 수 있다고 주장한다. 이러한 커먼스 운동의 대상에는 상수도, 병원, 대기오염, 생물 유전자 복제 문제, 그리고 이산화탄소 배출권 인증과 같은 공공적 자원이 포함된다.

알트파터는 사회주의적 관점에서, 금융시장의 생산 지배력을 약화시키기 위해 대규모 금융기관의 사회화가 필요하다고 주장한다. 이때 국가는 정치적 협상의 장으로서 중요한 역할을 맡아야 한다. 그러나 그러한 역할을 수행하게 하려면, 사회운동이 국가가 전략적 생태 투자를 실행하도록 압력을 형성해야 한다. 대표적인 예는 에너지 시스템을 화석연료에서 재생 가능 에너지로 전면 전환하는 것이다. 알트파터는 풍력, 태양광, 지열 에너지가 석유·석탄·가스·우라늄과 같은 고집적 에너지원과는 근본적으로 다르기 때문에, '태양 사회주의'의 지속가능한 에너지 체계는 경제성장의 둔화 또는 역전을 전제로 해야 한다고 본다. 이 체제에서는 생산이 평등주의적 소유 구조 아래 분업에 기반하며, 가치 창출은 중소기업 중심으로 이루어져야 한다. 동시에 분산형 태양 에너지 시스템은 경제활동과 물질대사의 지역화를 촉진하고, 지역 경제 클러스터 형성에 기여해야 한다. 다만, 알트파터는 미래 '태양 사회주의'에서 유급 노동의 구조와 범위에 대해 구체적인 구상을 명확히 제시하고 있지는 않다. 그는 대신 최저임금, 시간 주권, 기본소득, 노동시간 단축, 공동 결정 등과 같은 강력한 탈상품화 전략과 사회정책 수단을 강조한다(같은 책: 245).

알트파터의 생태 사회주의는 국가의 역할을 중시하는 고전적 사회민주주의 전환 전략을 떠올리게 한다. 태양 에너지 기반의 제한된 생산성은, 필요 노동시간을 단축하고 이를 사회적으로 재분배하는 데 사용될 수 있다. 동시에, 사기업의 소유권을 협동조합 또는 참여형 비영리 조직으로 이전하는 방식은 명백한 반자본주의적 전환이며, 이는 노동자에게 개발, 투자, 생산, 작업 조직에 대한 동등한 발언권을 부여하게 된다. 이러한 변화는 임금노동자가 노동력의 상품화로부터 부분적으로 해방되는 조건을 만들며, 알트파터의 전략은 결과적으로 노동의 탈상품화, 나아가 인간존재 자체의 해방을 지향하는 것으로 이해될 수 있다. 그러나 현실적으로는, 자본주의 체제 내의 탈상품화 전략과 사회주의 계획하의 해방적 탈상품화가 어떻게 전환·연결될 수 있는지 아직 불투명하다.

포스트 성장 담론에서 생태 페미니즘의 비전과 전망을 제시하는 대표적 이론가는 아델하이트 비제커(Adelheid Biesecker, 2009)이다. 그녀는 다양한 생산성 개념을 분석하며, 기존의 "모든 생활 기반과 분리된 경제"에 대한 획일적 관점과 자본주의적 합리성을 비판한다. 비제커는 우리가 필요로 하는 새로운 경제는 생활의 (재)생산성과 '경제 전체'를 중심 가치로 삼아야 한다고 주장한다(같은 글: 38). 이는 곧 시장경제를 인간의 필요와 생태계의 리듬에 맞게 재조정해야 한다는 뜻이다. 지속가능한 경제란 단순히 생산과 소비만의 문제가 아니라, 사회적 영역과 생태적 영역을 동등하게 포함하는 전체적 구조를 지향해야 한다. 이를 위해서는 자연과 인간의 필요를 무시하는 자본주의적 합리성을 넘어, 새로운 이성의 기준으로 대체할 필요가 있다(같은 글: 39).

이 새로운 기준은 예방적 경제(preventive economy) 원칙에서 구체화된다. 비제커에 따르면, 경제활동은 모든 이해관계자의 요구에서 출발해야 하며(같은 글: 38), 협력이 그 과정을 이끌고, 복지 목표는 담론을 통한 사회적 합의 과정을 통해 결정되어야 한다. 예방적 경제가 지향하는 궁극적 목표는 기존의 분리와 위계의 구조를 극복하는 것이다. 다시 말해, 자연과 사회의 생산과정을 통합하고, 그 안에서 사회적 자연 관계와 성별 관계가 지속가능성을 담보하는 새로운 규제 질서를 만들어 내는 것이다(같은 글: 40f.). 이러한 포괄적 지속가능성은 실제로 물질적·기술적 측면에서도 실현 가능하다. 예를 들어, 재생 가능 에너지로의 전환, 폐기물의 환경 무해화를 전제로 한 친환경적 제품과 기술 설계가 그것이다.

이러한 경제 개념은 단순히 시장과 가격 메커니즘만으로 통제될 수 없다는 점이 분명하다. 물론 재화의 생산과 분배는 여전히 가격을 통해 매개되어야 하지만, 그 가격은 단순한 희소성에 기반하는 것이 아니라, 민주적 투표와 사회적 담론, 그리고 생태적 비용까지 반영해야 한다. 문제는, 민주적 계획과 가격 체계가 어떻게 조화롭게 중재될 수 있는지에 대한 구체적 메커니즘이 여전히 불투명하다는 것이다.

알트파터와 마찬가지로, 비제커 역시 협동조합과 같은 사회적 이니셔티브, 노동시간 단축, 금융시장 개혁, 재생 에너지 확대 등과 같은 정치적 제안을 예방적 경제로 전환하기 위한 출발점으로 본다(같은 글: 42~46). 비제커에 게 있어 노동의 사회적 조직을 재구성하는 문제는 핵심적인 관심사이다. 그녀는 노동을 단순히 유급 고용노동으로 한정하지 않는다. 가정 내 무보수 노동, 가족 및 시민사회 내 돌봄 노동까지 포함하는 포괄적 노동 개념을 제시하며, 이 개념은 페미니즘 노동 논쟁과 깊게 연결된다. 특히 그녀는 돌봄과 자급자족 활동의 (재)생산성이 사회복지에 필수적으로 기여한다는 인식이 확산됨에 따라, 이러한 활동을 위한 시간, 공간, 물질적 기반이 제도적으로 보장되어야 한다고 강조한다. 이러한 관점에서는 실업이라는 개념 자체가 크게 의미를 갖지 않는다. 왜냐하면 사람들의 다양한 욕구를 충족시키는 활동 분야가 충분한 무보수 및 유급 노동을 자연스럽게 포괄하기 때문이다.

비제커는 자신의 구상을 현실화하기 위해, 노동정책에서 익숙한 주장과 제도적 수단을 적극적으로 활용한다. 우선, 민간과 공공부문 모두에서 여성이 양질의 일자리에 접근할 수 있도록 정치적 인센티브를 제공해야 하며, 이를 위해서는 보육을 포함한 공공 돌봄 인프라의 확충이 필수적이다. 또한, 노동자들이 업무 외의 활동에도 충분한 시간을 할애할 수 있는 환경을 조성해야 한다. 이를 위해 다음과 같은 조건들이 필요하다.

- 생활이 가능한 수준의 임금
- 유연한 근로시간 단축 옵션
- 무조건적 기본소득

더불어 돌봄 경제의 재구성 역시 핵심 과제이다. 구체적으로는, 남성과 여성이 교육, 돌봄, 가사 노동에 동등하게 참여해야 하며, 이는 돌봄 노동의 성별 재분배를 의미한다(같은 글: 42f.).

표 1-1 포스트 성장 사회 담론의 지형

담론 영역	시대 진단 - 생태	시대 진단 - 경제	시대 진단 - 노동	대안경제	대안노동
I.1. 생태 자유주의적 근대화	성장 감축 - 중단기적	근대 자본주의 - 녹색산업화	재상품화, 부분적 불완전 고용	자본주의 현대화 - 녹색산업 사회	재상품화, 친환경산업 노동
I.2. 생태 사회 서비스 사회	미래전망 부재	근대 자본주의 - 서비스 사회로의 이행	재상품화, 불완전고용, 실질임금 정체	자본주의 현대화, 공공서비스 강화	탈상품화, 적정한 근무 시간 단축, 서비스 노동의 인간화
II.1. 가치 보수적 재전통화	자원 및 성장감축 문제	의도하지 않은 이중 전환	재상품화, 실질임금 감축	자본주의 이중 전환, 전통부문 확장	재상품화 및 탈상품화, 유급 생계노동의 평가절하
II.2. 성장 비판적 개혁주의	중단기적으로 자원 및 성장 감축	근대 자본주의 - 생태적으로 유발된 위기	저고용	근대 자본주의 - 위축된 국민경제	탈상품화, 노동시간 대폭 단축, 노동의 서비스화
III.1. 생태 마르스크주의	중단기적으로 자원 및 성장 감축	근대 자본주의 - 경제 위기의 심화	특별한 언급 없음	사회주의적 이중 전환, 글로벌 남부의 발전	사회주의적, 탈상품화
III.2. 적녹 경제민주주의	중단기적으로 자원 및 성장 감축	근대 자본주의 - 경제 위기의 심화	재상품화(프레카리아트화), 저고용	사회주의적 근대, 경제민주주의	탈상품화, 적절한 노동 시간 단축, 공공서비스 확대
IV.1. 생태 사회주의	중기적으로 자원 및 성장 감축, 식량 부족	근대 자본주의 - 경제 위기의 심화	재상품화, 퇴행적 탈상품화(비공식화), 저고용	사회주의, 분권, 근대화 및 연대적 지역 경제	탈상품화 노동시간의 급격한 단축
IV.2. 생태 페미니즘과 돌봄 경제	자원 및 성장 감축, 식량 부족	근대 자본주의 - 경제 위기의 심화, 경제의 위계적 구조	저고용, 재생산능력의 전유	사회주의, 분권, 양성평등한 전체 경제	양성평등한 탈상품화, 탈상품화, 강력한 노동 시간 단축, 비생산적 무급 노동의 재분배

자료: 필자 재구성.

비제커의 예방적 경제 비전은, 노동의 사회적 조직을 양성평등하게 재구성하고, 돌봄 경제의 (재)생산성을 중시한다. 그녀의 노동정책 제안은 무엇보다도 노동의 탈상품화를 중심에 두고 있다.

이상 4개의 담론 영역, 그리고 각 담론 영역 내 포함된 경쟁적 실천 전략 8개를 요약하면 표 1-1과 같이 정리해 볼 수 있다. 포스트 성장 담론에서 생태 위기와 고용의 문제를 해결하기 위해 다양한 해법이 존재한다는 것은 포스트 성장론이 여전히 논쟁적이라는 것을 방증하는 동시에, 이와 같은 새로운 해법은 단순히 이론적 전망과 비전에 근거하는 것이 아니라 사회적 행위자의 실천 속에서 발전하고 있음을 암시한다.

5. 포스트 성장 담론의 평가: 경제와 노동의 재구성을 위한 출발점

노동사회학자 루츠(Lutz, 1989)는 산업과 노동의 변화를 현대화, 재전통화, 이중화라는 세 가지 개념으로 구분한다. 이 구분은 포스트 성장 담론에서 경제와 노동의 관계를 평가하는 데도 유효하다. 특히 이중화 개념은, 한편으로는 고도로 분업화된 현대적·첨단기술 부문, 다른 한편으로는 노동 집약적 생산공정과 지역 시장, 생계 경제가 결합된 전통 부문으로 양분되는 노동조직의 양상을 설명한다. 포스트 성장 담론에서 이 개념은 여전히 유의미하다. 왜냐하면 신구 경제영역이 산업의 이중 전환을 통해 혼재되어 있기 때문이다.

루츠의 틀을 기준으로 앞서 살펴본 포스트 성장 담론의 입장들을 정리해 보면, 담론 I과 III은 산업사회의 근대화 경로가 지속될 것이라는 전제를 공유한다. 이들은 현재의 경제구조, 즉 ① 고도로 분화된 사회적 분업, ② 초국적 가치 사슬 내 생산 단위의 전문화, ③ 높은 노동생산성을 지닌 기술 및 작업조직 구조에 대해 근본적인 의문을 제기하지 않는다. 이러한 산업구조에서 제조업은 고도로 기계화되고 자본 집약적이며, 지속적인 합리화가 이루어진다. 동시에 이 구조는 광범위한 유급노동 기회를 제공하고, 물질적 재생산을 보장하는 것으로 간주된다. 이 때문에 현재의 경제체제가 향후 닥쳐올 사회적·생태적 문제를 해결하기 위한 합리적 기반이 될 수 있다고 평가받는다.

반면, 담론 II와 IV는 초지역적 경제 상호 의존성의 축소, 사회적 분업의 감소, 그리고 전반적인 노동생산성 하향 조정이 생태 및 경제 위기를 극복하기 위한 필수 조건이라고 본다. 이 입장은 운송, 자원, 자본 집약적 생산 공정을 피함으로써 자연 자원의 소비와 폐기물의 매립을 줄이는 것을 목표로 한다. 대안으로는, 지역경제 순환, 저기술 기반의 소규모·극소규모 자급자족형 생산 단위가 제시된다. 이러한 구조는 특히 개인 서비스, 수리업, 단순 가공 소비재 생산과 같은 분야에서 실현 가능하다. 이는 산업 전반의 부분적 재전통화를 의미하며, 기존의 현대화된 산업 부문과 공존하는 전통 부문의 재편을 지향한다.

이러한 모델에서는 감소한 임금 소득을 비화폐적 소득으로 보완하는 방식이 중요해진다. 예를 들어, ① 가정 내 자급 농산물 생산, ② 지역 단위 협동조합 기반의 농업 활동, ③ 중소기업을 통한 자립적 생산 활동 등이 이에 해당한다. 결과적으로, 이러한 구조는 현대적 산업 부문과 지역 기반의 자급 경제가 병존하는, 이원화된 포스트 성장 경제 모델의 기반을 형성한다.

경제의 현대화를 지지하는 입장들은 공통점과 차이점을 모두 지닌다. 이들은 적어도 중기적 관점에서 (사회)생태적 경제와 삶의 방식으로의 전환을 지지하며, 그 경로로서 질적 성장 또는 선택적 성장을 선호한다. 공통적으로는 경제성장과 자원 소비의 탈동조화가 가능하다는 전제를 암묵적으로 공유하고 있다. 예를 들어, 되레, 로이터, 부분적으로 잭슨과 빅터는 자원 집약적 생산방식의 축소와 3차 산업(서비스 부문)의 생태적 잠재력을 강조한다. 이들의 생태 친화적 사회경제 이론은 서비스 기반 경제가 한편으로는 자원 투입과 오염물질 배출을 줄이고, 다른 한편으로는 불완전고용 문제를 완화할 수 있다고 본다.

한편, 대안적 노동사회에 대한 전망에서도 포스트 성장 담론 내에서는 공통성과 차이점이 두드러진다. 핵심 비교 요소로는 노동생산성 수준, 업무량, 노동시간, 노동 조직화 방식, 업무 형태 등이 있다. 이 중에서도 노동시간 단축, 특히 주당 30~40시간 노동 요구는 광범위한 지지를 받고 있으며, 이로 인해 '노동시간 주권'은 포스트 성장 담론의 핵심 주장 중 하나로 간주된다. 잭슨과 빅터, 그리고 알트파터는 국민총생산(GNP), 노동량, 노동생산성 간의 상호 관계에 대한 가장 분석적인 설명을 제시한다. 이들의 주장은 포스트 성장 사회에서 적절한 노동량이 무엇인지에 대해 명확한 방향성을 제시하며, 노동의 구조적 재구성 논의에 중요한 이론적 기초를 제공한다

노동, 자본, 에너지를 대체 가능한 생산요소로 가정할 경우, 거시경제적 생산성 수준은 필요한 사회적 노동량과 반비례 관계에 있다. 이 논리를 포스트 성장 경제에 적용하면, 생산성이 낮은 농업이나 중소기업 중심의 제조업을 재건하는 데는 그만큼 더 많은 노동 투입이 요구된다는 결론에 도달하게 된다. 만약 성숙한 경제에서 국민총생산을 현재 수준으로 유지하려 한다면, 일자리 수는 증가할 수 있지만, 동시에 평균 노동시간이 길어질 가능성도 존재한다. 이는 노동의 양, 생산성, 노동시간, 노동 수요 사이에 역동적이고 상호 의존적인 관계가 존재함을 보여 준다. 결국, 이러한 관계는 포스트 성장 경제에서 미래의 일자리에 복합적이고 다양한 영향을 미칠 수밖에 없

으며, 단순히 일자리 수만이 아니라 노동의 질과 조직 방식 또한 함께 고려되어야 함을 시사한다.

생태적으로 양립 가능한 성장 모델을 전제로 한 현대화 전략에서는, 노동의 질과 양에 대한 다양한 입장이 제시된다. 담론 I과 III은 모두 분업과 높은 생산성에 기반한 경제를 전제로 하지만, 그 차이는 정치경제적 상상력의 틀에 있다. 담론 I은 자본주의 체제 내에서, 담론 III은 사회주의적 생산관계 내에서 환경적·사회적으로 지속가능한 노동사회를 구상한다. 예를 들어, 픽스는 분업화된 노동시장 문제에 대응하기 위해 정년 연장, 연금 삭감 등 부분적 재상품화 조치를 제안한다. 반면, 로이터는 서비스 부문이 '좋은 일자리'의 새로운 원천이 될 수 있으며, 이 부문에서의 탈상품화된 노동의 증가가 필요하다고 본다. 이러한 입장들에서는 노동의 세계를 공공 정책의 적극적 설계 대상으로 본다. 즉, 재정 지원, 노동시간의 대폭 단축, 가용 노동력의 재분배 등을 통해, 서비스 기반 노동사회 안에서 유효 수요의 증대와 완전고용을 실현하려는 전략이다.

한편, 담론 III의 사회주의 모델 역시 유급 노동과 분업에 기반한 경제 시스템을 전제한다. 그러나 경제 민주화, 협동조합의 참여 확대, 공공 인프라의 사회적 소유 확대가 함께 진행될수록, 노동은 상품으로서의 성격을 점점 상실하게 된다. 이는 곧 노동이 시장 논리(수요-공급)에서 벗어나, 사회주의적 방식으로 탈상품화된다는 의미이다. 여기서 핵심 쟁점은 향후 노동자들이 얼마나 많은 권한과 영향력을 가지게 될 것인지이다. 이는 단순한 고용 문제를 넘어서, 생산과정에 대한 민주적 통제권과 참여 범위, 즉 노동의 정치적 재구성 문제로 이어진다.

반면, 탈성장을 전제로 한 담론 II와 IV는 노동에 대한 가정을 경제 시스템의 이중구조에 기반하고 있다. 이 입장에서는 고도로 분업화된 고생산성 부문과 저생산성 지역 경제 및 자급자족 부문이 상호 보완적 역할을 하게 된다. 후자는 전통적으로 비공식 경제나 생계 경제로 분류되며, 이미 존재하는 지역 기반의 전통 부문을 포함한다. 이때 핵심 과제는 이러한 저생산성 부문이 빈곤층을 위한 슬럼 경제로 낙인찍히지 않고, 경제적 격차가 새로운 사회적 불평등으로 고착되지 않도록 설계하는 것이다. 실제로 현대사회에서 많은 노동자들은 소득의 일부를 유급 임금노동을 통해 얻고, 나머지는 비공식적·비화폐적 소득 활동(예: 자급자족, 돌봄, 지역 교환 등)을 통해 충당하고 있다. 따라서 이러한 현실을 반영한 다양한 소득 원천을 전제로 한 전략이 필요하다는 것이 담론 II과 IV의 기본 입장이다.

전통적 부문의 노동조직은 다양한 사회적 형태와 분배 방식으로 구성된다. 이 부문에는 농업, 제조업, 기타 서비스 활동이 포함되며, 이들 활동은 일정 수준의 기술과 실용적 교육을 요구한다. 이 과정에서 손노동과 지식노동이 결합된 노동 과정이 핵심적이다. 이러한 노동은 협동조합, 개인 및 가족 소유형태 등 다양한 방식으로 수행될 수 있으며, 재화 생산뿐만 아니라 공익적 가치 창출을 목표로 할 수도 있다. 예를 들어, 미겔은 전통적 부문에서의 노동을 가족 단위의 공급과 소유에 기반해 설명하며, 이는 가족의 필요와 지역 시장수요를 동시에 충족시키는 구조이다. 그러나 이러한 경제활동이 반드시 복지 향상으로 이어지지는 않는다는 점은 중요한 한계로 지적된다.

지역 경제 측면에서 비제커와 알트파터는 고용 보장에 대해 다소 현상 유지적 입장을 취한다. 이들은 각각 '예방 경제'와 '태양열 사회주의'를 통해 임금수준 보장, 노동시간 단축, 무조건적 기본소득 도입, 공동 결정권 확대 등의 근본적인 탈상품화 정책을 제안한다. 특히 알트파터는 생산수단 소유의 사회적 이전을 통해, 노동력이 더 이상 타인의 이윤을 위한 상품이 아니라 생산자의 직접적 통제하에 놓이도록 하는 사회주의적 이상을 강조한다. 이는 곧 노동의 탈상품화로 이어진다. 물론, 이러한 지역 경제는 재생 에너지 시스템으로의 전환이라는 조건 때문에 생산성의 물리적 한계에 직면할 수밖에 없다. 그러나 이 같은 전환이 곧 과거의 전통적 생산력 수준으로의 회귀를 의미하는 것은 아니다. 오히려 이는 다른 가치 구조와 조직 원리에 기반한 새로운 형태의 생산성과 노동조직을 모색하는 방향으로 이해되어야 한다.

잭슨과 빅터의 포스트 성장 경제 논의는 근대화론적 접근과 유사한 지점을 가진다. 이들은 완전고용 달성을 위해서 사회적 노동의 생산성이 후퇴해서는 안 된다고 본다. 이는 생산성 향상을 전제로 한 근대화 모델의 전통과 맞닿아 있다. 그러나 잭슨과 빅터는 노동시간의 전반적인 단축을 통한 노동 재분배를 통해, 지속가능성을 고려한 고용구조 개혁을 지지한다. 특히 그들은 탄소배출이 적고, 생산성이 낮은 부문에서 일자리 창출을 우선시해야 한다고 주장한다. 이는 양적으로 덜 효율적인 부문에 질적인 고용 가치를 부여하는 전략이다.

한편, 알트파터의 포스트 성장 경제 구상은 페미니스트 경제 비판의 유효성을 다시 확인시켜 준다. 예컨대, 비제커가 지적한 '분리의 구조', 즉 가정이나 공공기관에서 수행되는 재생산노동이 비가시화되고, 동시에 사회적으로 당연시되는 구조는 알트파터의 논의 속에서도 드러난다. 이러한 재생산 부문은 대부분 분배에 대한 개념적 사고나 정책적 고려에서 배제되어 있으며, 이는 이중경제 논의뿐 아니라 일부 근대화 흐름에서도 거의 다루어지지 않고 있다. 반면, 비제커는 돌봄 노동의 시간적 가치에 대한 평가와 성별 간 공정한 분배를 주장하며, 이러한 원칙은 양성평등한 고용구조에 반드시 반영되어야 한다고 강조한다. 그녀의 관점은 노동의 사회적 재구성과 탈상품화라는 포스트 성장 담론의 핵심 목표와도 연결된다.

6. 결론에 대신하여
포스트 성장 사회의 전망: 노동사회와 계급 정치의 재구성

저성장과 기후 위기라는 전례 없는 자본주의의 위기 속에서, 포스트 성장 담론은 새로운 사회경제적 대안 패러다임을 모색하는 데 중요한 역할을 하고 있다. 대침체 이후 자본주의는 디지털 전환과 탈탄소화(그린 전환)를 통해 금융자본주의의 위기를 돌파하려 했지만, 이 전략은 오히려 글로벌 불평등, 생태 위기, 고용 불안정을 심화시키는 역설을 낳았다. 이로 인해 포스트 성장 담론은 점차 설득력을 얻고 있다. 그러나 앞서 살펴본 것처럼, 포스트 성장 논의는 여전히 담론적 수준에 머무르고 있으며, 특히 이 글에서 주목한 '경제와 노동의 관계'는 주요하게 다루어지지 않고 있다. 국내에서도 '정의로운 전환'이나 탈성장·포스트 성장 논의는 주로 기후변화 운동에 국한되고 있으며(홍덕화 외, 2023), 노동문제는 주로 노동자 인식 전환과 탈탄소화에 따른 고용보장 논의에 머물러 있는 실정이다(김선철 외, 2024).

하지만 포스트 성장 담론의 핵심 배경인 저성장과 기후 위기는 노동사회 전체에 강도 높은 충격을 예고한다. 이제 더 이상 경제성장과 고용 창출, 삶의 질 향상을 당연하게 기대할 수 없는 시대에 접어든 것이다. 이미 성장 사회에 대한 신화가 무너지고 있으며, 심지어 자본주의 국제기구들조차 그 한계를 인정하는 상황이다. 디지털 전환은 이러한 변화의 시작을 보여 주는 사례이다(임운택, 2023). 포스트 성장 시대로의 전환은 단순히 성장과 분배의 순환 논리가 작동하지 않는다는 것을 넘어, 노동의 조직화 방식, 사회제도의 구조, 민주주의의 기반 자체에까지 영향을 미친다. 과거 포디즘적 축적 체제 아래에서 조직된 노동이 민주주의와 복지국가 형성에 핵심적 역할을 했다는 점을 생각하면, 이러한 변화가 지니는 의미를 어렵지 않게 짐작할 수 있다.

이 글에서는 포스트 성장 사회를 둘러싼 담론 중에서도 특히 경제와 노동의 문제를 집중적으로 분석했다. 표 1-1에서 살펴본 것처럼, 대안경제를 둘러싼 이론적 지형과 갈등의 구도는 단순하지 않다. 국가별 사회경제적, 정치적 상황에 따라 입장이 갈리고, 이론적 관점에 따라 경제와 노동의 미래를 보는 시각 역시 상이하다.

그럼에도 불구하고 앞서 분석한 담론 지형을 바탕으로 포스트 성장 사회의 대안과 비전을 구체화하기 위해서는 다음의 네 가지 영역에서 이론적·실천적 진전이 핵심적이다.

첫째, 지속가능한 생산을 위한 정치경제 패러다임과 사회 이론의 재구성이 필요하다.

포스트 성장 사회로의 이행은 단순한 경제의 규모 축소(downsizing)로 해결될 문제가 아니다. 이는 임노동과 물질대사의 관계, 유급 노동의 총량, 소비와 생산 간의 관계 등 생산양식 전반에 걸친 구조적 전환을 요구한다. 사회적 합의를 통한 '강한 지속가능성' 실현이 중요하지만, 유럽의 탄소국경조정제도처럼 외부의 정책적 요인이 빠르게 이행을 압박할 수 있다.

둘째, 탄소산업 부문의 고용 안정과 탈탄소화 전략이 필수적이다. 트럼프의 'MAGA 전략'이나 국내 보수진영의 원전 선호처럼, 정치와 자본의 이해관계에 따라 화석 에너지 사용이 연장될 수는 있지만, 탈탄소화의 흐름 자체를 거스를 수는 없다. 화석연료 기반 산업에서의 고용 보장은 단순한 보상이 아니라, 산업 자체의 전환과 직무 전환으로 이어져야 한다. 산업 전환

시에 자본은 언제나 '탈출(exit)'을 선택할 수 있지만, 노동자에게는 돌아갈 곳이 없다. 노동조합의 전략적 대응 없이 이 문제를 방치한다면, 정치적 파국은 피할 수 없다.

셋째, 지역회복 전략과 참여적 의사결정 구조의 강화가 필요하다. 포스트 성장 담론에는 다양한 이견이 존재하지만, 공통적으로 대부분 지역 경제의 중요성에는 공감하고 있다. 과거 신자유주의적 분권 책임과 권한을 지역에 일방적으로 전가했을 뿐이지만, 오늘날에는 글로벌 시장경제의 불안정성과 국가 주도의 산업구조 정책에 대한 보완책으로 지역사회의 회복력이 부각되고 있다. 특히 수출의존도가 높은 한국의 경우, 국제무역 분쟁이 격화될수록 그 피해가 지역에 집중된다. 지역에 저임금 하청 업체들이 밀집해 있기 때문이다. 한미 FTA에서 보듯 무엇보다 트럼프 2기 행정부의 관세정책을 통상 정책이라는 미봉책으로 피해 가는 것은 불가능하다. 통상 협상의 최종 승자는 항상 수출 중심의 대기업에게 돌아갔고, 그 결과는 대기업과 노조의 은밀한 공생, 하청 업체 노동자의 임금 착취, 불안정노동의 확산이었다. 이제 또다시 통상 협상으로 경제를 살리겠다는 전략은 '탄탈로스의 형벌'에 불과하다. 수출 주도적 경제로부터 내수를 강화하고, 지속가능한 지역 사회를 만들어 가는 적극적인 '전환' 정책으로 이를 돌파할 수 있는 계기로 삼아야 한다. 산업 전환에 따른 구조조정의 공간은 지역이다. 이때 지역 경제의 회복과 강화는 경제의 자급자족을 뜻하지 않는다. 오히려 지역의 자원을 생태적으로 활용하고, 노동과 결합해 지속가능한 사회경제 단위를 구축하는 것을 의미한다. 수출의존도가 높은 한국의 경우, 국제무역 분쟁이 격화될수록 그 피해는 지역이 고스란히 감당하게 된다. 지역을 포기하고 지방소멸을 현실로 받아들이기보다, 지역의 회복력을 강화할 전략이 절실하다. 지역에서 양질의 일자리를 창출하고, 자원을 효율적으로 활용하며, 탈상품화된 노동을 재배치하는 방식으로 회복 기반을 마련해야 한다. 이를 위해 지역 시민사회뿐 아니라 노동조합의 참여와 역할이 중요하다. 지역 회복력은 결국 경제와 고용의 문제이기 때문이다.

넷째, 전환의 정치는 전통적 계급 정치의 지형을 흔들고 있으므로, 새로운 계급 정치의 연대가 필요하다. 탈탄소화와 그린경제 전환 과정에서 보듯 산업 전환으로 위기에 내몰리는 전통적인 제조업 노동자들은 시민사회보다 더 보수적인 태도를 보일 수밖에 없다. 특히 잃을 것이 더 많은 조직화된 노동조합은 더 큰 저항감을 가질 수 있다. 반면, 기후정의 운동에 참여하거나 호의적인 시민은 대체로 학생이나 지식인 계층으로, 노동계와 이해관계가 상충하는 경우가 적지 않다. 이러한 상황에서 노동계의 무성의한 전환 동의나 일회성 시위로는 계급 연대를 기대하기 어렵다. 20세기 산업자본주의 체제에서 정당성을 가졌던 계급 정치의 기반이 흔들리는 지금, 노동조합은 생태 운동과 함께 새로운 계급 정치를 모색할 필요가 있다. 한편으로는 일터에서 가속화되는 이중 전환에 맞서 생산방식과 작업 조직을 능동적으로 바꾸어 가는 실천적 전략, 다른 한편으로는 사업장 외부의 삶의 공간(지역)에서 기후 정의와 연대할 수 있는 정치적 상상력을 준비해야만 전환 시대에 조응하는 새로운 계급 정치의 지형을 구축해 낼 수 있을 것이다.

참고문헌

고르스, 앙드레(Andre Gorz). 2015. 『에콜로지카: 붕괴직전에 이른 자본주의의 대안을 찾아서』. 임희근·정해용 옮김. 갈라파고스: 서울.

김선철·유승민·이창근. 2024. 『기후 위기와 정의로운 전환: 노동자기후정의 실천안내서』. 민주노총: 서울.

달리사, 자코모(Giacomo D'Alisa)·데마리아, 페데리코(Federico Demaria)·칼리스, 요르고스(Giorgos Kallis) 엮음. 2018. 『탈성장 개념어 사전』. 강이현 옮김. 그물코: 홍동면.

데일리, 허먼(Herman Daly). 2016. 『성장을 넘어서』. 박형준 옮김. 열린책들: 서울.

라튀슈, 세르주(Serge Latouche). 2014. 『탈성장 사회: 소비사회로부터의 탈출』. 양상모 옮김. 오래된 생각: 서울.

리오타르, 장프랑수아(JeanFrancois Lyotard). 2018. 『포스트모던의 조건』. 유정완 옮김. 민음사: 서울.

리프킨, 제러미(Jeremy Rifkin). 2005. 『노동의 종말』. 이영호 옮김. 민음사: 서울.

메도즈, 도넬라 H.(Donella H. Meadows)·메도즈, 데니즈(Denis Meadows)·랜더스, 요르겐(Jorgen Randers). 2021. 『성장의 한계』. 김병순 옮김. 갈라파고스: 서울.

미즈, 마리아(Maria Mies)·시바, 반다나(Vandana Shiva). 2020. 『에코페미니즘』. 손덕수·이난아 옮김. 창비: 서울.

벨, 다니엘(Daniel Bell). 2006. 『탈산업사회의 도래』. 박형신·김원동 옮김. 아케넷: 서울.

브란드, 울리히(Ulrich Brand)·비센, 마르쿠스(Markus Wissen). 2020. 『제국적 생활양식을 넘어서』. 이신철 옮김. 에코리브르: 서울.

슈멜처, 마티아스(Matthias Schmelzer)·베터, 안드레아(Andrea Vetter)·반신티안, 아론(Aaron Vansintjan). 2023. 『미래는 탈성장: 자본주의 너머의 세계로 가는 안내서』. 김현우·이보아 옮김. 나름북스: 서울.

이병천. 2022. "기후정의와 사회정의. 어떤 전환전략인가?: 탈성장 접근과 포스트 성장 접근." ≪시민과 세계≫, vol.41, 237~260쪽.

임운택. 2023. "디지털화에 따른 노동의 양극화와 사회적 불평등: 사회학적 전망과 과제." ≪사회와 이론≫, 제45집, 7~46쪽.

임운택·김민정·강민형 외. 2024. 『사회생태전환의 정치』. 두번째테제: 서울.

잉글하트, 로널드(Ronald Inglehart). 2023. 『조용한 혁명: 탈물질주의 가치의 출현과 정치 지형의 변화』. 박형신 옮김. 한울아카데미: 파주.

잭슨, 팀(Tim Jackson). 2022. 『포스트 성장 시대는 이렇게 온다』. 우석영·장석준 옮김. 산현글방: 서울.

한국은행. 2024. 『2020년 고용표』. 한국은행.

홍덕화·구도완·김수진·김지혜·박순열. 2023. 『기후 위기: 전환의 길목에서』. 도서출판 풀씨: 제주.

Altvater, Elmar. 2010. *Der große Krach: oder die Jahrhundertkrise von Wirtschaft und Finanzen, von Politik und Natur.* Westfälisches Dampfboot: Münster.

Anand, R., S. Mishra, and S. J. Peiris. 2013. *Inclusive Growth: Measurement and Determinants,*

International Monetary Fund (eds.), IMF-Working Papers, No.13-135.

Arendt, Hanna. 1960. *Vita activa oder Vom tätigen Leben.* Kohlhammer: Stuttgart.

Bauhardt, Christine. "Solutions to the Crisis? The Green New Deal, Degrowth, and the Solidarity Economy: Alternatives to the capitalist growth economy from an ecofeminist economics perspective." *Ecological Economics*, 102: 60~68.

Beck, Ulrich and Peter Flixberger. 1999. "Schöne neue Arbeitswelt. Vision. Weltbü rgergesellscahft." in Schmidt, Gert et al.(eds.). *Materialien zur Industriesoziologie. Sonderheft 24 dse KZfSS.* Westdeutscher Verlag: Opladen. pp.87~117.

Berger, Johannes and Claus Offe. 1984. Die Zukunt des Arbeitsmarktes. Zur Ergänzungsbedü rftigkeit eines versagneden Allokationsprinzips.

Biesecker, Adelheid. 2009. "Vorsorgende Wirtschaften als Alternative." Gabriele Michalitsch, Sabine Reiner, and Adelheid Biesecker.(eds.). *Antworten aus der feministischen Ökonomie auf die globale Wirtschats—und Finanzkrise.* Tagungsdokumentation der Friedrich-Ebert-Stiftung. Bonn: Friedrich-Ebert-Stiftung. Arbeitsbereich Frauen—und Geschlechterforschung. pp.32~48.

Blewitt, John and Cunningham Ray. 2014. *The Post-Growth Project. How the End of Eocnomic Growth Could Bring a Fairer and Happier Society.* Greenhouse: London.

Bosch, Gerhard. 1998. *Zukunft der Erwerbsarbeit: Strategine für Arbeit und Umwelt.* Campus: Frankfurt am Main.

Brand, Ulrich. *Post-Wachstum und Gegen-Hegemonie: Klimastreiks und Alternativen zur imperialen Lebensweise.* VSA: Hamburg.

Canadell, Pep, Corinne le Quéré, Glen Peters, Pierre Friedlingstein, Robbie Andrew, Rob Jackson. 2021. "Global emmissions almost back to pre-pandemic levels after unprecedented droop in 2020, new alaysis shows." *the Conversation* 2021.Nov.4.
https://theconversation.com/global-emissions-almost-back-to-pre-pandemic-levels-after-unpre cedented-drop-in-2020-new-analysis-shows-170866(검색일 2024.4.10)

Carbon Brief. 2021. "These are the countries historically responsibile for climate emergency." 2021.Oct. 5.
https://www.cnbc.com/2021/10/05/climate-these-countries-are-historically-responsible-for-cli mate-change.html?&qsearchterm=Historical%20responsibility%20for%20climate%20change%2 0is%20at%20the%20heart%20of%20debates%20over%20climate%20justice(검색일 2024.1.10)

Daly, H. 1997. *Beyond Growth: The Economics of Sustainable Development.* Boston.

Diefenbacher, Hans. 2013. "Wege aus der Wachstumsgesellschaft - Die Bedeutung einer Verä nderung der Rolle von Wachstum und Arbeitnehmer Postwachstumsgesellschaft." Harald Welyer and Klaus Wiegandt(eds.). *Wege aus der Wachstumsgesellschaft.* Fischer-Taschen-buch Verlag: Frankfurt am Main. pp.158~180.

Dörmer, Astrod and Daniel Schärfer. 2019. "Blackrock-CEO Larry Fink: 'Der Kapitalismus ist zu weit gegangen'." *Handelsblatt*, 2019.4.18.

https://www.handelsblatt.com/unternehmen/management/sinnsuche-der-wirtschaft-blackroc k-ceo-larry-fink-der-kapitalismus-ist-zu-weit-gegangen/24225508.html(검색일 2020.12.10)

Dörre, Klaus. 2011. "Grüner Kapitalismus—Ein Ausweg aus der Krise?" *Transit. Europäische Revue*, 41: 117~135.

Dörre, Klaus. 2013. "Kapitalismus im Wachstumsdilemma. Die Verdrängung der ökologischen Krisendimension und ihre Folgen." *WSI Mitteilungen*, No.2: 149~151.

Dörre, Klaus. 2017. "Nach dem schnellen Wachstum; Große Transformation und Öffentliche Soziologie." K. Dörre, B. Aulenbacher, M. Burawoy, J.Sittel(eds.). *Öffentliche Soziologie— Wissenshcaft im Dialog mit der Gesellschaft.* Campus: Frankfurt am Main/ New York., pp.33~67.

Dörre, Klaus, Harmut Rosa, Karina Becker, Sophie Bose, Benjamin Seyd(eds.). 2019. *Große Transformation? Zur Zukunft moderner Gesellschaft.* Spinger VS: Wiesbaden.

European Environment Agency. 2023. *Environmental Statement 2022.* EEA Report 05/2023.

Ferguson, Peter. 2019. *Post-growth Politics. A Critical Theoretical and Policy Framework for Decarbonisation.* Springer: Cham.

Foster, John Bellarmy, Brett Clar, and Richard York. 2010. *The ecological rift: capitalism's war on the earth.* New York. Monthly Review Press.

Fücks, Ralf. 2013. "Intelligent wachsen. Die grüne Revolution." *WSI MItteilungen*, 67: 560~561.

GEF(Green European Foundation). 2013. *A Post-Growth Society for the 21st Century.* Institut du développement durable et des relations internationales. https://gef.eu/publication/post-growth-society-21st-century-executive-summary/(검색일 2020.11.12)

Georgescu-Roegen, N. 1971. *The Entropy Law and the Economic Process.* Harvard University Press: Cambridge, MA.

Georgescu-Roegen, N. 2019(1991). "Thermodynamics and We, the Humans." *Bioeconomics Review,* Vol.2(2): 12~25.

Giarnini, Orio and Patrick M. Leidtke. 1998. *Wie wir arbetiten werden: der neue Bereichtr an den Club of Rome.* Hoffmann und Cape: Hamburg.

Grabbe, Heather, Janez Potočnik, and Sandrine Dixson-Declève. 2022. International System Change Compass. The Global Implications of Achieveing the European Green Deal. SYSTEM-IQ/The Club of Rome/Open Society European Policy Institute.

Hickel, Jason, Daniel W. O'Neill, Andrew L. fanning, Huzaifa Zoomkawala. 2022. "National responsibilitz for ecological breakdown: a fair-shares assessment of resource use, 1970-2017." *The Lancet Planetary Health*, vol.6(4): e641-642.

Hickel, Jason and Giorgos Kallis. 2019. "Is Green Growth Possible?" *New Political Economy*, 25(4): 469~486.

Hock, Martin. 2019. "Eine fundamentale Umwälzung des Finanzmärkte?" *Frankfurter Allgemeine Zeitung*, 2019.4.5.
https://www.faz.net/aktuell/finanzen/finanzmarkt/eine-fundamentale-umwaelzung-der-finanz maerkte-16124832.html(검색일 2020.12.10)

IPBES. 2019. *Summary for policymakers of the global assessment report on biodiversity and ecosystem services of the Intergovernmental Science-Policy Platform on Biodiversity and Ecosystem Services.*
https://www.ipbes.net/news/ipbes-global-assessment-summary-policymakers.pdf(검색일 2024.9.1)

IPCC(Intergovernmental Panel on Climate Change). 2018. "Summary for Policymakers." in Global Warming of 1.5℃. An IPCC Special Report on the impacts of global warming of 1.5℃ above pre-industrial levels and related global greenhouse gas emission pathways, in the context of strengthening the global response to the threat of climate change, sustainable development, and efforts to eradicate poverty.
https://www.ipcc.ch/sr15/(검색일 2024.1.10)

IPCC(Intergovernmental Panel on Climate Change). 2019. "Summary for Policymakers." in Climate Change and Land: an IPCC special report on climate change, desertifcation, land degradation, sustainable land management, food security, and greenhouse gas fluxes in terrestrial ecosystems.
https://www.ipcc.ch/site/assets/uploads/sites/4/2019/12/02_Summary-for-Policymakers_SPM. pdf(검색일 20224.1.10)

IPCC(Intergovernmental Panel on Climate Change). 2021. Climate Change 2021. *The Physical Science Basis. Working Groop 1 Contribution to the Sixth Assessment Report of the Intergovernmental Panel on Climate Change.* IPCC www.ipcc.ch.

Jackson, Tim. 2009. *Prosperity without growth. The Transition to a sustainable economy.* Sustainable Development Commission.

Jackson, Tim, Ben Drake, Peter A. Victor, Kurt Kratena, and Mark Sommer. 2014. *Foundations for an Ecological Macroeconomics: literature review and model development.* European Euni-on.

Jackson, Tim and Peter Victor. 2011. "Productivity and work in the 'green economy': Some theoretical reflections and empirical tests." *Environmental Innovation and Societal Transitions,* 1: 101~108.

Kallis, Girogos. 2018. *Degrowth.* Columbia University Press: NY.

Kallis, Girogos, Christian Kerschner, and Joan Martinez-Alier. 2012. "The economics of degrow-th." *Ecological Economics,* 84: 172~180.

Koepp, Robert, Franziska Schunke, Christoph Köhler, Steffen Liebig, and Stefen Schröder. 2015. *Arbeit in der Postwachstumsgesellschaft. Diagnosen, Prognosen und Gegenentwürfe.* Working Paper 6/2015. Jena.

Land, Rainer. 2011. "Ökologische Wirtschaftsentwicklung und soziale Teilhabe." *Berliner Debatte Initial*, 22: 58~65.

Lange, Bastian, Martina Hülz, Benedikt Schmid, and Christain Schulz(eds.). 2022. *Post-Growth Geographies. Sptial Relations of Diverse and Alternative Economies.* Transcript: Bielefeld.

Lessenich, Stephan and Klaus Dörre. 2014. "Grenzen des Wachstums—Grenzen des Kapitalismus?" *WSI-Mitteilungen*, 67(7): 562~563.

Luks, Fred. 2011. *Die Zukunft des Wachstums. Theroiegeschichte, Nachhaltigkeit und die Perspektiven einer neuen Wirtschaft.* Metropolis: Marburg.

Mahnkopf, Birgit. 2012. "Wachstumskritik als Kapitalismuskritik." Klaus Dörre, Dieter Sauer, and Wolker Wittke(eds.). *Kapitalismustheorie und Arbeit. Neue Ansätze soziologischer Kritik.* Campus: Frankfurt am Main. pp.389~409.

Mahnkopf, Birgit. 2014. "Peak Capitalism? Wachstumsgrenzen des Kapitalismus." *WSI Mitteilungen*, 67: 505~512.

Miegel, Menhard. 2012. *Exit: Wohlstand ohne Wachstum.* Propyläen: Berlin.

Mucara, Barbara. 2012. "Towards a fair degrowth-society: justice and right to a good life beyond growth." *Futures*, 44: 535~545.

Mucara, Barbara and Ralf Döring. 2018. "From (strong) sustainability to degrowth: a philosophical reconstruction." Jeremy L. Caradonna(ed.). *Routledge Handbook of the History of Sustainability.* Routledge: London, pp.339~362.

Peach, Niko. 2012. *Befreiung vom Überfluß: auf dem Weg in die Postwachstumsökonomie.* Oekom-Verlag: München.

Reuter, Norbert. 2010. "Der Arbeitsmarkt im Spannungfeld von Wachstum, Ökologie und Verteilung." Seidle und Angelika Zahrnt(eds.). *Postwachstumsgesellschaft: Konzepte für die Zukunft, Ökologie und Writschaftsforschung.* Metropolis: Marburg. pp.85~102.

Rockström, Johan. 2015. Bounding the Planetary Future: Why we need a Great Transition. A Great Transition Initiative. 2015. April.
https://greattransition.org/publication/bounding-the-planetary-future-why-we-need-a-great-transition(검색일 2024.1.10)

Salvini, Federico, António Ferreira and Kim Carlotta von Schönfeld(eds.). 2022. *Post-Growth Planning. Cities bezond the Market Economy.* Routledge: New York.

Schmelzer, Matthias and Alexsis Passadakis. 2011. *Postwachstum, Krise, ökologische Grenzen und Soziale Rechte.* AttacBasis Texte 36. Hamburg: VSA.

Seidl, Irmi and Angelika Zahrnt. 2010. *Postwachstumsgesellschaft.* Metropolis: Marburg.

UNEP. 2019. *Global Chemicals Outlook II: summary for policymakers.*
https://papersmart.unon.org/resolution/uploads/k1900123.pdf#overlay-context=pre-session-unea-4(검색일 2024.1.10)

United Nations. 1987. *Report of the Commission on Environment and Development: Our Common Future.* New York: UN.

United Nations. 2021. Full NDC Synthesis Report: Some Progress, but Still a Big Concern. https://unfccc.int/news/full-ndc-synthesis-report-some-progress-but-still-a-big-concern?gad_source=1&gclid=Cj0KCQjwvpy5BhDTARIsAHSilym1MmmDWOh7xiKuMKKTcWcR2urFV49Jrwa9eKMIOF2Es_YdKw4_qNUaAqnREALw_wcB(검색일 2024.1.10)

UNTCAD. 2024. Global Growth stagnates at 2.7%, too weak to curb inequality, climate chagne and discontent. https://unctad.org/news/global-growth-stagnates-27-too-weak-curb-inequality-climate-change-and-discontent(검색일 2024.10.29)

van den Bergh, Jeroen C. J. M. and Giorgos Kallis. 2012. "Growth, A-Growth or Degrowth to stay within Planetary Boundaries?" *Journal of Economic Issues*, 46(4): 909~920.

Victor, Peter A. 2008. *Managing without growth: slower by design, not desaster.* Elgar: Cheltenham.

WBGU(Wissenschaftliche Beirat der Bundesregierung Globale Umweltveränderungen). 2011. *Welt im Wandel. Gesellschaftsvertrag für eine Große Transformation.* Berlin. WBGU.

2 디지털과 그린 전환, 그리고 노동시장의 공간적 양극화

주무현

1. 포스트 성장과 노동시장

포스트 성장 시대는 GDP 같은 전통적 성장 지표에서 넘어서 건강, 교육, 사회적 평등과 환경 지속성 등 웰빙(Well-being)을 중심 가치로 삼아야 한다 (Jackson, 2009, 2021). '성장 없는 번영'은 경제규모 확대가 아닌 지속가능성, 사회적 형평성과 지역 회복력(local resiliency)을 중심에 둔 성장 이념의 전환을 의미한다(Jackson and Victor, 2020; Victor, 2008; Kaliis et al., 2012). 이산화탄소 배출량이 많은 탄소집약 산업과 화석 에너지 기반 모빌리티 및 발전 산업의 탈탄소화는 포스트 성장의 핵심 과제이다. 가까운 미래에 한국 경제는 과거의 낡은 성장 관념에서 벗어나 지구적 한계에서 지속가능한 포스트 성장 패러다임으로 전환해야 한다. 디지털화와 탈탄소화는 포스트 성장 사회로의 진입을 가속하지만, 동시에 노동시장의 불평등을 심화시킬 가능성도 크다. 여기서는 디지털과 탈탄소화 등 쌍둥이 전환에 따른 노동시장의 공간적 양극화 현상을 진단하고, 그것에 따른 사회적 불평등을 완화할 정책 대안이 모색된다.

포스트 성장 사회의 복합 위기를 새로운 기회로 만들기 위해서는 혁신 생태계 구축이 필수적이다. 산업의 디지털화가 생산성 증대를 통해 거시경제 회복과 지역 경제의 복원력을 높이는 핵심 경로라는 데는 공감대가 형성되어 있다. 다가올 탈탄소화 시대에는 생산 활동과 일상생활에서 발생하는 온실가스 배출량을 줄이지 않으면 안 된다. 그러나 그린 전환이 주력 산업과 사회적 결속력에 직접 연결된다는 점은 충분히 인식되지 못하고 있다. 디지털 기술의 발전이 특정 집단이나 특정 지역에 집중됨에 따라 노동시장의 분절화 현상이 더욱 뚜렷해지고 있다. 소득 및 숙련 분포의 상단과 하단이 양적으로 확대하는 반면, 중간 숙련직업 집단은 공동화되고 있다(Autor, 2015). 그러나 포스트 성장 사회에서도 반복되고 있는 노동시장의 불평등 구조를 해소하려는 해결책이 아직 뚜렷하게 제시되고 있지 않다.

포스트 성장 사회에서 탈탄소화는 국가 주도의 정책적 개입이 필수이다. 이에 따라 정책집행 과정에서 저숙련 취약계층 노동자의 기회 상실이 정치적 반발로 이어지고 있다. 그 때문에 정책 추진 및 집행 과정에서 취업 취약계층이나 저숙련노동자의 '기회 상실'은 정치 이슈로 발전하고 있다. 예컨대 프랑스의 '노란 조끼' 운동은 연료세 인상에 대한 반발에서 비롯되었고, 미국 러스트 벨트(Rust-belt) 지역 저숙련 백인 노동자의 트럼프 지지도 이와 유사한 사회적 불만의 표출이다.[1] 전통적 제조업 소멸에 따른 경제적 침체

---

1 흔히 '녹슨 지대'로 번역되는 러스트 벨트는 미국 중서부 지역과 북동부 지역 일부를 표현하는 것이다. 과거 미국 자동차 산업 중심지인 디트로이트를 비롯해 철강 산업의 피츠버그, 필라델피아, 볼티모어, 멤피스 등 전통적 제조업 집적 지역이 쇠퇴하면서 생겨난 말이다.

와 기회 부족 등은 전 세계적으로 쇠퇴하고 낙후된 지역의 거대한 불만의 근원이다. 이들 지역은 발전 가능성에 대한 불신과 미래 상실감 속에서 '중요하지 않은 장소'로 이미 전락했고, 사회적 반란과 저항을 택하고 있다 (Rodríguez-Pose, 2018).

탄소집약 산업의 이산화탄소 배출량 규제는 정부의 실패와는 다른 양상으로 전개한다. 탈탄소화 정책은 그린 불만(Green Discontents)을 증가시키고, 이것이 지역 간 경제적 불평등과 정치적 갈등의 주요 원인으로 작용하고 있다. 트럼프 1기 미국 대통령 선거에서 확인했듯이 기후 정책이 특정 지역의 사회적 불만과 정치적 극단주의를 낳았다(Rodríguez-Pose, 2018). 전 세계적으로 석탄 및 화석연료 기반 산업에 의존하는 지역, 전통적 제조업 중심지, 농업 및 관광 의존지역 등이 더 큰 경제적 타격을 받고 있다. 한국에서 제조업 중심 지역의 그린 전환은 노동시장의 지역 간·지역 내 불평등을 양산하게 될 것으로 전망된다. 쌍둥이 전환 시대의 경제적 불평등은 낙수효과(trickle down)에 기대는 낡은 성장 논리에서 벗어나 지역 경제의 웰빙을 추구하는 장소기반 정책(place-base policy)으로 이행이 필요하다.

수도권의 과밀화와 비수도권의 인구 및 일자리 과소화는 이미 지역 노동시장의 구조적 분절을 반영한다. 수도권은 정보 통신 등 지식기반산업의 상대적 고임금 일자리가 집중된 지역이다. 반면, 비수도권은 1970년대 국가주도로 육성된 중화학공업 중심의 산업구조를 유지하고 있다. 탄소집약 산업이 밀집한 지역에서는 산업전환 과정에서 생산직 남성 노동자의 고임금 일자리가 크게 위협받고 있다. 자동차, 철강, 석유화학 등에서는 고령화 및 자동화로 인해 이들이 떠난 일자리를 이주 노동자나 중·저숙련 인력이 대신하고 있다. 특히 대기업 중심의 조직노동자가 퇴직하고 난 빈 일자리(vacant jobs)는 자동화되고 있다. 이들 산업 가치사슬 체계의 하층에 위치하는 중소

기업의 저숙련-저임금 일자리는 인력이 항상 부족해 외국인 노동력으로 대체된 지 오래이다. 비수도권 청년에게는 처음부터 좋은 일자리를 선택할 기회조차 없었던 것인지도 모른다. 청년 인구의 수도권 유출을 막기 위한 '좋은 일자리' 창출 전략은 필요하지만, 실효성 있는 정책은 여전히 부재하다.

경제지리학적 관점에서 탈탄소화 조치가 공간적 차원에서 차별적으로 작동한 결과, 지역 노동시장은 저숙련의 함정(low-skill equilibrium)에 빠질 위험에 직면하고 있다(OECD, 2019a).[2] 인구 감소와 저성장 등 복합적 위기 속에서 쌍둥이 전환이 동시에 진행되는 포스트 성장 시대에 접어든 한국은 공간적·경제적 격차가 확대하고 있다. 특히 노동시장의 수도권-비수도권 및 도시-농촌 사이의 서열화 현상이 굳어지고, 일자리 안정성이나 임금 측면에서도 지역 간 불균형이 심화하고 있다. 산업단지 조성이나 외부기업 유치와 같은 전통적 성장 전략은 노동시장의 공간적 불균형을 해결하지 못해 장소 기반의 새로운 정책 전환이 요구된다. 그러나 포스트 성장 시대 노동시장의 지역 간 불평등을 해소할 정책 수단과 지역 경제의 진화 경로 분기(bifurcation)에 대한 담론은 없다. 우리는 디지털화와 그린 전환에 따른 노동시장의 지역 간 양극화 양상을 논리적으로 검토하고, 경험적 실증 자료를 통해 증거 기반의 대안(evidence-based alternatives)을 모색한다.

---

2 노동시장이 저숙련 함정에 빠지면, 고숙련 기반 고부가가치 제품 생산 및 서비스 경제로 전환이 사실상 불가능하다. 저숙련 함정은 노사 관계에 의해 주로 발생하는 측면이 있다는 것에 대해서는 후술할 것이다.

2. 디지털 전환과 노동시장 양극화

1) 포스트 성장과 디지털 경제

정보통신기술(ICT)을 기반으로 한 디지털 경제는 단순한 기술 변화에 그치지 않고, 사회 전반에 걸친 구조적 전환을 수반하며 인간의 삶 전반에 점진적으로 뿌리내리는 진화적·내재적 과정(evolutionary and embedded process)으로 이해된다. 디지털 기술 진보는 생산성 향상, 새로운 시장 접근, 산업 및 일자리 창출, 서비스의 질적 개선 등으로 경제 및 사회 전반에 걸쳐 영향을 미친다. 산업혁명은 인간 손노동의 기계 노동으로 이전, 자연력(축력, 풍력과 수력)에서 증기기관으로 전환, 공장제 수공업에서 기계제 대공업으로 전환 등 생산 시스템 전반에 걸친 혁명이 과거 시대와 질적으로 다른 생산량 증대를 가져와 인간 삶의 풍족함을 낳았다. 반면, 디지털화 또는 디지털 경제는 두뇌 노동의 전산화 및 기계화를 통해 AI 정보기술이 생산성을 획기적으로 증대시키면서 대량생산 체제가 맞춤형 무한 반복생산의 시대로 진입했다.

인류의 재앙이었던 코로나19 팬데믹 과정과 그 이후 디지털 기술 진보는 인간의 삶 전반을 극적으로 변화시키고, 디지털 경제의 발전 속도를 한층 더 높이는 계기가 되었다.[3] 팬데믹 시기 지식기반산업 중심으로 원격근무는 디지털 경제의 근로방식 변화를 상징적으로 보여 준다. 사회적 거리 두기로 온라인 쇼핑과 디지털 서비스 이용이 증가했다. 그 결과 전자 상거래, 디지

---

3 코로나19 팬데믹 시기 디지털 경제로의 전환과 가속화 현상은 *OECD Digital Economy Outlook 2024: Embracing the Technology Frontier*를 참고했다.

털 엔터테인먼트와 스트리밍 서비스도 크게 성장했다. IT 인프라 강화와 디지털 기술에 대한 기업과 국가의 투자 규모는 향후 경제성장의 지표로 인식되고 있다. 이처럼 디지털 도구와 온라인 플랫폼 사용이 급증하고, 클라우드 컴퓨팅과 사이버 보안에 대한 수요가 확대하면서 정보통신기술 관련 산업이 급성장하고 있다. AI 기술은 디지털 전환의 정점으로 국가 경쟁력의 지표가 되었다.

포스트 성장 시대를 맞아, 전통적인 성장 중심의 경제 담론에서 벗어나 '탈성장', 정의로운 전환, 지속가능성과 같은 새로운 사회적·경제적 가치 질서를 모색하는 데 있어 디지털 기술 진보에 대한 평가와 역할은 결코 부차적인 문제가 아니다. 디지털화는 기존의 중앙 집중형 성장 모델을 넘어, 협력적이고 분산적인 지역 경제로의 전환을 가능케 하는 핵심 기술로 기능할 수 있다. 예컨대, 플랫폼 기반의 디지털 공유 경제는 공동체 중심의 분산형 경제를 실현할 수 있는 대표적인 사례로 평가된다.

디지털화와 자동화는 노동과정과 생산방식의 혁신을 통해 새로운 형태의 일자리를 창출하고, 노동의 의미와 질을 근본적으로 전환함으로써 공정한 재분배와 정의로운 전환을 촉진할 수 있는 잠재력을 지닌다. 자동화 기술과 AI는 반복적이고 일상적인 노동을 대체함으로써 노동시간을 줄이고, 개인이 여가와 자아실현에 집중할 수 있는 물질적 기반을 제공한다. 그러나 디지털 기술의 발전은 고용 형태의 다양화와 비정형 노동 확산이라는 이면을 갖고 있으며, 이 때문에 노동의 불안정성이 커지고 임금격차 또한 심화한다. 우리의 문제의식은 바로 이러한 이중적 현실 속에서, 디지털화와 자동화가 중간 숙련 노동자의 일자리를 소멸시키며 노동시장 양극화를 촉진하고 있는 현상을 실증적으로 분석하고, 그에 따른 노동과 고용 전반의 구조적 도전을 해결할 방안을 모색하는 데 있다.

표 2-1 기술진보 유형과 노동 및 고용에 대한 도전 과제

기술진보 유형	핵심 변화	주요 수단	노동 및 고용에 대한 도전 과제
자동화 (Automaton)	인간 손노동의 기계화	로봇(Robotics), 드론(Drones)	직무 양극화 새로운 업무조직 방식 새로운 숙련(New Skill) 　수요 증대
디지털화 (Digitalization)	디지털 기반 생산 프로세스	사물인터넷(IoT), 가상/증강 현실, 3D 프린팅	일자리 파편화(Fragmentation 　of jobs) 불안정한 고용계약 형태 프라이버시 침해(Infringement 　of privacy)
플랫폼 노동 (Platforms Work)	공급과 수요를 조정 및 연결하는 역할 (조정 및 중개)	운송, 배송, 온라인 서비스	새로운 형태의 노동조직 일자리 파편화 불분명한 고용 지위

자료: Eurofound(2021: 4).

2) 중간 숙련 일자리 공동화

자동화는 생산 및 유통 과정에서 인간의 반복적 일상 업무를 디지털 기반 기계와 알고리즘이 대체하는 것으로 로봇화, 자동화 설비, 알고리즘 기반 생산 시스템 등이 대표적인 사례이다. 생산공정의 디지털화는 센서와 장치를 이용하여 물리적 생산과정을 디지털 정보로 전환하거나, 디지털 정보를 다시 물리적 과정으로 변환하는 과정이다. 예컨대 디지털 정보의 처리, 저장, 통신 기능 향상(사물인터넷, 3D 프린팅과 증강현실) 등이 그것이다. 그리고 플랫폼 노동과 플랫폼 조정 활동은 디지털 네트워크 기반 알고리즘이 경제적 거래를 조정하고 중개하는 것으로 온라인 플랫폼이나 앱을 통한 노동 수요와 공급을 매칭하는 것이다. 배달 플랫폼, 차량 호출 서비스, 프리랜서 플랫폼 등이 대표적 사례이다. 자동화는 일상적인 노동이나 단순 반복적 육체노동, 중력 및 근육노동, 위험에 과도하게 노출되어 있는 작업의 성격(nature of task)을 변화시키는 것이다. 반면, 디지털화는 작업환경 및 작업 공정을 변화시켜 근로조건에 실질적으로 영향을 준다. 손노동에서 기계 노동으로 전환하는 것과 생성형 AI는 정신노동의 탈숙련화(deskilling)를 심화시킨다.

이처럼 생산방식과 노동과정의 디지털화는 숙련 수준과 직무 특성에 따라 고용과 직업 구조에 복합적인 변화를 초래하고 있다. 이러한 변화의 핵심 내용을 포괄적으로 파악하고 유형화하는 작업이 필요하다. 특히 일하는 방식과 숙련의 변화를 분석하기 위해서는 직무를 일상적(routine) 업무와 비일상적(non-routine) 업무로 구분하는 것이 매우 중요하다. 일상적 업무는 사전에 정해진 규칙과 절차에 따라 반복적으로 수행되는 정형화된 작업으로, 일반적으로 중간 수준의 숙련(medium-skilled)을 요구한다. 최근의 숙련 변화는 주로 디지털 기술에 기반한 자동화로 촉진되고 있으며, 이러한 자동화는 특히 일상적 업무의 반복성과 표준화를 효율적으로 대체하고 있다. 투자 효율성 측면에서도 단순 반복적인 저숙련노동보다는 중간 숙련이 요구되는 업무의 자동화가 더 경제적이다. 반면, 산업안전 측면에서 다소 위험하더라도 저숙련이 요구되는 직무는 자동화 비용 대비 효용이 낮기 때문에 자동화나 디지털화가 상대적으로 더디게 진행되는 경향이 있다.

둘째, 디지털화와 자동화는 중간 숙련 직무와 반복적 숙달 노동을 '일방적으로' 감소시킨다. 자동화는 특히 중간 숙련 수준의 노동자가 수행하는 일상적 업무에 가장 큰 영향을 줄 것이다. 제조업 생산 공장에서 조립 공정의 반복적 노동과 생산 설비의 관리·운영 노동은 대부분 자동화된다. 이런 현상은 사무실의 서류 작성과 자료 입력 등 사무직 중간 숙련 업무 역시 디지털 기술로 빠르게 대체된다. 생산직·사무직 중간 숙련 일자리가 급감하며, 노동시장 중간 계층의 정체나 수축이 빠르게 진행되고 있다. 자동화와 디지털화로 노동시장의 허리 부분은 정체하거나 축소될 것으로 예상한다.

셋째, 중간 숙련 정체와 축소는 노동시장의 양극화를 구조적·기술적으로 가속한다. 다른 한편, 고숙련 업무는 창의성과 높은 인지능력이 요구되므로 디지털 기술로 대체하기 어렵다. 디지털화는 숙련 편향 기술 변화(skill-biased technological change) 성격이 강해 고숙련 인력 수요 증가로 이어진다. 다른 한편, 돌봄, 청소, 음식 서비스 등은 일상적 업무로서 숙련 수준이 낮은 데도 불구하고 감정노동과 인간적 상호작용이 요구되어 자동화가 어렵고, 노동 수요가 일정하게 유지되거나 오히려 증가하는 현상이 발생한다. 숙련 구성에서 이런 변화가 발생하며 중간 숙련 일자리가 점진적으로 소멸하고 있다.

넷째, 디지털화의 숙련 프리미엄(skill premium) 변화는 숙련 수준에 따라 임금 및 고용 격차를 확대한다. 디지털화는 고숙련 인력 수요와 함께 숙련 프리미엄도 증가시키고 있다. 디지털 기술의 발전은 고급 인지능력, 비판적 사고, 데이터 분석 등 고숙련 업무의 생산성을 크게 향상한다. 특히 수리력, 디지털 문제 해결 능력 등과 같은 숙련도가 높은 노동자의 노동시장 성과는 상대적으로 우수해 생산성이 높고 임금도 동시에 높아진다. OECD(2016)의 「성인 숙련 조사(Survey of Adult Skills)」에 따르면, 고학력자는 높은 인지적 숙련 덕분에 더 나은 고용 가능성이 있고 높은 임금을 받고 있다.[4]

3) 노동시장의 지역 간 서열화

디지털화 진전은 일부 지역의 노동시장을 저숙련의 함정에 가두어 버려

---

4 OECD(2016), *Skills Matter: Further Results from the Survey of Adult Skills*, OECD Publsining

지역 경제가 자생적 발전 경로를 모색하지 못하는 상태로 만들 수도 있다. 이런 현상은 지역 주력산업의 디지털화에 대한 적응력 및 회복력 차이에서 비롯된다. 제조업 비중이 높은 지역에서는 일상적 업무 중심의 중·저숙련 일자리 감소가 예상된다. 반면, 금융 및 IT 등 고숙련 고임금 지식기반산업이 밀집된 지역은 디지털화의 생산성 향상 효과와 임금 상승의 수혜를 누린다. 그리고 대도시권 노동시장에는 디지털화의 숙련 편향 기술 특성상 고임금과 양호한 근로 여건이 '매력적' 환경으로 작용해 고학력 고숙련 노동자가 더욱 집중한다. 반면 저숙련 직종 중심 지역은 일자리의 질 저하와 낮은 소득으로 인해 고숙련 인력을 유치하지 못하고, 숙련 인력의 유출로 노동시장의 숙련 구성에서 질적 하락이 발생한다. 이로써 디지털화는 노동시장의 지역 간 격차와 계층화를 더욱 심화시킨다.[5]

최근 동유럽과 중부 유럽의 사례 연구에서는 디지털 시대 ICT 부문의 공간적 집중과 집적 경제가 지역 간 불균형을 심화시키는 구조적 요인으로 작용하고 있다. 디지털 기술이 보편화되는 상황에서도 ICT 산업은 수도권에 집중되는 경향이 지속되고 있다. 디지털화가 지역 간 균형 발전을 자동으로 실현하는 생산력 요소로 작용하지 않는다는 주장이다(Vas, Kanó and Vida, 2024). 물론 동유럽 국가와 한국의 ICT 부문을 직접 비교하기는 곤란하지만, 한국도 수도권과 경기도 성남시 중심으로 디지털 관련 일자리가 집중되고 있는 현실을 부정하기 쉽지 않다. 지역 산업의 디지털화와 같은 생산기술의

---

5 스웨덴 노동시장의 지역 간 양극화에 대한 경험적 연구에 따르면, 디지털화의 영향으로 숙련 수준이 높은 노동자가 대도시 지역으로 이동하고, 중소 도시 노동시장의 양극화 현상이 심화하는 것으로 나타났다(Henning and Eriksson, 2021). 한국 노동시장의 지역 간 양극화 및 서열화에 대해서는 후술한다.

발전만으로는 지역 청년인구의 역외 유출 축소와 노동시장의 공간적 양극화를 해소하기 힘들다는 점을 시사하고 있다.

디지털 경제에서는 고숙련 일자리 중심 지역의 경쟁적 우위가 더욱 강화된다. 수도권과 대도시는 고숙련 지식기반산업이 집중되어 디지털화의 이익과 혜택을 집중적으로 누린다. 수도권 노동시장의 매력이 상승할수록 고숙련 인재 유입과 고임금 일자리 증가로 이어진다. 특히 코로나19 이후 재택·원격 근무가 예외적 조치에서 일상적 근무 형태로 정착하면서 대도시의 고학력 고숙련 노동자 집중 현상은 더욱 증가하고 있다. 원격 근무 등 일하는 방식의 변화는 표면적으로 공간적 분산을 가능하게 만들 것처럼 보이지만, 실제로는 노동시장의 공간적 양극화를 더욱 심화시킬 구조적 모순을 내포하고 있다. 물리적 근무는 탈중앙화하지만, '근무 가능 지역'은 오히려 중앙화된다. 정보기술 활용 역량이 높은 고학력 고숙련 노동자 집단이 특정 지역을 중심으로 집중되고 있다.

이와는 반대로 전통 제조업 중심 지역은 구조적 침체 국면으로 점차 진입하고 있다. 디지털화에 적응하지 못한 지역은 일자리의 양과 질이 모두 하락하는 저숙련의 함정에서 빠질 우려가 점차 높아지고 있다. 결과적으로 지역 경제는 소득 불균형과 인력 부족을 경험하면서 노동력 이탈, 생산성 하락, 지역 경제의 성장 침체라는 구조적 악순환에서 벗어나지 못하고 있다. 청년 인구의 역외 유출과 노동력 이탈이 늘어나면서 상대적 저숙련 기반의 전통적 제조업 부문은 만성적 인력 부족을 겪고 있다. 이들 지역 노동시장에서는 노동 수요의 매력이 전반적으로 하락하면서 지역 경제가 저숙련의 함정에 빠져 생산성 증대 기회를 찾지 못할 수 있다는 우려와 불안이 확산하고 있다.

3. 그린 전환과 노동시장

1) 디지털과 그린 전환: 쌍둥이 전환의 상호 의존성

그린 전환은 디지털 전환을 단순한 기술적 수단이 아니라 전략적 정책 도구로 활용해야 한다. 국가는 디지털 기술을 체계적으로 활용하여 그린 전환의 효과성과 실행력을 제고할 수 있다. 탄소중립(Net-Zero) 경제로의 전환과 디지털 기술의 진보는 서로 다른 동력을 바탕으로 움직이고, 그 추진 논리는 다르지만 상호 보완적인 방향으로 통합될 필요가 있다. 그린 전환은 기후위기 대응과 지속가능성 확보를 위한 정치적·사회적 개입이 필수적인 영역이며, 디지털 전환은 시장과 산업이 주도하는 기술 발전의 '자생적' 경로로 볼 수 있다.

디지털 기술은 스마트시티, 에너지 효율화, 원격 근무, 탄소 추적 시스템 등 다양한 방식으로 그린 전환을 지원할 수 있다. 그러나 디지털 기술이 지나치게 에너지 집약적이거나 희귀 자원에 대한 의존도가 높을 경우, 오히려 환경에 부정적 영향을 미칠 수 있으며, 이것은 쌍둥이 전환 사이에 내재한 긴장 관계를 드러낸다.[6] 디지털 전환은 기본적으로 시장 주도의 기술 진보로 이루어지지만, 이것을 그린 전환의 도구로 활용하기 위해서는 정부의 전략적 조율과 정책 통합이 필수적이다. 따라서 쌍둥이 전환은 단순 병렬 추

---

6 전 세계 반도체 산업이 유발하는 온실가스의 4분의 1은 국내 반도체 기업이 배출하고 있다. 그린 반도체 생산공정으로 전환이 이루어지지 않을 경우 2030년 반도체 산업의 온실가스 배출량은 약 4600만 t으로, 2021년 대비 2.4배가 될 것으로 예측된다(한국화학연구원 KRICT 탄소중립웹플랫폼, https://co2platform.krict.re.kr/).

진이 아니며, 디지털화와 탈탄소화 조치의 정책적 연계에 대한 설계가 핵심이다. 결론적으로 기후 정책과 디지털 정책의 공동 기획이 미래 사회변화의 열쇠이다(Muench et al., 2022).

디지털 전환은 새로운 산업의 출현으로 산업 생태계의 혁신과 진화를 예고하지만, 그린 전환은 화석연료 기반 탄소배출 산업의 파괴적 혁신과 기존 시스템 붕괴 등 거대한 구조 개편을 요구하고 있다. 농업, 건물 관리 및 건설업, 에너지 생산 분야, 에너지 집약 산업, 운송 및 모빌리티 산업 등 5개 고탄소 산업은 탈탄소화 조치로부터 직접적 영향을 받을 것으로 예상된다. 이들 산업의 변화는 노동시장에도 구조적 충격을 일으키고, 지역 경제의 성장 패턴에 심각한 위협을 줄 것이다. 현재까지 고탄소 산업 밀집 지역에서 그린 전환은 그린 불만의 원인으로 작용할 뿐 포스트 성장 동력으로 인식되지 못하고 있다.

탄소배출이 많은 기업은 한결같이 좌초 자산화(Stranded Asset)의 위험에 놓여 있으며, 이런 현상은 산업 전환의 긴급성을 더욱 부각시킨다. 따라서 기존 생산공정을 근본적으로 혁신하거나, 친환경 고부가가치 제품으로의 전환이 시급하다.[7] 그린 전환으로 인해 투자된 자산이 그 수명을 다하기도 전에 경제적 수익을 내지 못할 산업과 업종이 늘어나고 있다. 자동차, 석유화학, 플라스틱, 시멘트, 철강, 조선 등이 대표적 산업들이다.[8] 그러나 조선업은 예외적으로, 탄소중립 경제로의 전환 과정에서 오히려 새로운 성장 기

---

7 관계 부처 합동 보도자료(2021), 「디지털전환·탄소중립 대응을 위한 선제적 사업구조 개편 활성화 방안」, 2021년 7월 22일.

8 일반적 시각에서 석유화학과 석유정제는 탄소중립 경제로의 전환에서 가장 급격한 변화를 경험하게 될 고탄소배출 화석 에너지와 제품으로 환경오염이나 지구온난화의 주요 원인으로 인식되기도 한다.

회를 창출할 수 있는 분야로 평가된다. 석유화학의 친환경 고부가가치 제품으로의 사업 전환은 인류가 발견하지 못한 새로운 시장 영역을 개척할 계기가 될 수도 있다.

향후 디지털 기술은 2050년 탄소중립 목표 달성의 핵심 수단이 될 것이다. 디지털 기술은 그린 전환을 위한 실시간 모니터링과 산업전환 지역의 자립적 순환 경제를 조성하기 위한 촉매제가 될 수 있다. 경제활동의 가상화(virtualization)는 자원과 에너지 소비를 줄이고, 지구적 한계에 부합하는 생산방식으로의 전환을 가능하게 한다. 디지털 기술은 에너지 효율성과 자원 순환성을 동시에 제고할 수 있는 수단이며, 데이터 분석 또한 녹색 및 디지털 전환 간 시너지 효과를 높이는 핵심 도구로 활용될 수 있다.

디지털 기술은 다양한 방식으로 그린 전환을 지원할 수 있다. 농업 분야에서는 시스템 관리를 개선하여 사료, 물, 에너지, 비료, 살충제 등 자원 투입의 정확도를 높여 생산성과 환경 효율성을 동시에 높일 수 있다. 건물 및 건설 분야에서는 가상화 기술을 통해 공간적 수요 자체를 줄이는 것이 가능하다. 원격 회의나 온라인 쇼핑은 과거와 같은 공간을 필요로 하지 않는다. 에너지 분야에서 디지털 정보 및 통신 기술은 점점 더 복잡해지는 에너지 시스템에서 이해관계자와 기술 요소 간의 소통을 쉽게 한다. 에너지 집약 산업에서는 모니터링 및 추적 기술을 활용해 유지 보수 효율을 높이고, 재활용 및 재사용 비율을 높일 수 있다. 모빌리티와 운송 분야에서도 실시간 정보 공유와 시뮬레이션을 통해 교통 혼잡과 오염을 줄일 수 있다(Muench et al., 2022).

쌍둥이 전환의 시너지를 극대화하기 위해서는 기술혁신만으로 불가능하다. 인간의 행동, 사회적 규범, 관행에 이르기까지 근본적인 변화가 수반되어야 한다. 산업혁명과 디지털 혁명에서 기술이 결정적 역할을 했던 것과 달리, 이번 전환은 기술과 더불어 사회적 수용성, 제도 설계, 행동 변화가 함께 이루어져야 실현될 수 있다. 예를 들어, 자동차 소유에서 카셰어링 중심 모빌리티로의 전환은 단순한 기술 도입이 아닌, 생활양식의 근본적 변화가 요구되는 영역이다. 정책의 효과는 실용성, 비용 부담, 공정성 인식 등 구체적 맥락에 따라 크게 달라질 수 있다. 따라서 쌍둥이 전환 정책은 기술적 타당성과 함께 사회적 맥락에 대한 면밀한 고려가 요구된다.

2) 고탄소 산업의 그린 전환

그린 전환은 지구 환경의 한계를 고려하여 생산과 소비 구조를 근본적으로 재편하는 과정이다. 이를 위해서는 기후 친화적인 생활 방식으로의 전환, 그리고 환경 비용을 반영하는 경제체제의 도입이 필수적이다. 또한, 생물 다양성 보전과 생태계 서비스 유지 역시 건강한 삶과 회복력 있는 사회를 위한 핵심 조건이다. 그린 전환은 모두가 배제되지 않는 '정의로운 전환'을 지향해야 하며, 이것은 기후위기 대응과 동시에 경제적·사회적 기회를 창출하는 계기로 기능할 수 있다. 친환경 기술은 사회와 경제에 동시에 긍정적 영향을 미치는 '윈윈(win-win)' 수단이 될 수 있으며, 지속 불가능한 기존의 산업 활동을 전환함으로써 불평등 해소와 새로운 경쟁우위 창출 가능성을 제시한다.

그린 전환의 핵심은 이른바 '5대 고탄소 산업'의 구조적 전환이다. 농업, 건설, 에너지 생산·집약 산업, 운송 및 모빌리티 산업은 탈탄소화 정책의 직접 영향을 받는 산업군이며, 이들의 변화는 고용구조와 지역 경제에 광범위한 충격을 가져올 수 있다. 한국 농업은 생산 단위 배출량이 많은 에너지 집약형 생산구조이다. 현대 농업은 화학비료와 농약 사용 증가, 집약적 경작

방식으로 생물 다양성을 저해하며, 농촌인구 감소로 지속가능성도 위협받고 있다. 그러나 최근에는 농업인의 역할이 단순 생산자에서 벗어나 지속가능한 식량과 바이오 기반 제품의 제공자로 확장되고 있으며, 이 과정에서 '스마트 농업'으로의 전환이 진행 중이다. 이에 따라 노동 투입은 감소하고, 고숙련 기술자 중심의 고용구조로 전환될 가능성이 크다.

도심의 노후 빌딩이든 신축 빌딩이든 에너지 비효율성 문제는 그대로 남아 있다. 도심 주거지는 그린 전환의 이슈이면서 청년 인구의 주거 지원, 사회적 결속력과 밀접하게 연결되어 있다. 2021년 8월에 2050 탄소중립위원회가 발표한 「2020 탄소중립 시나리오 초안」에 따르면, 2018년 기준 국내 온실가스 배출량 가운데 7%를 건물이 직접 배출하고 있다. 2050년 탄소중립 달성을 위해서는 현재의 개보수율을 두 배 이상 높여야 하며, 건물 자동화, 단열 강화, 저탄소 난방방식 도입이 필요하다. 이러한 전환은 고용 창출로 이어질 수 있으나, 동시에 디지털 기술 인력 부족과 중소기업의 기술도입 역량 부족이 구조적 제약 요인으로 작용하고 있다. 다만, 디지털화와 에너지 효율 관련 기술인력 부족, 중소기업의 디지털 전환 역량 부족은 건설 현장의 그린 전환의 제약 요인으로 작용할 수 있다.

에너지 전환은 기후중립 목표 달성의 핵심이다. 화석연료 기반 시스템에서 재생 에너지 기반 시스템으로의 전환은 더 이상 선택이 아니라 필수이며, 이에 따른 초기 전환비용은 일부 국가와 지역에 큰 부담이 될 수 있다. 특히 전기차, 전기보일러 등의 확산은 전력 수요를 급증시키고 있으며, 이에 따라 스마트 그리드(Smart Grid) 구축, 예측 기술, 에너지 모니터링 기술 등 다양한 디지털 기반 기술의 수요가 빠르게 증가하고 있다. 특히 재생 에너지의 저장과 변동성은 핵심적 기술 이슈로 부상하고 있다. 실시간 에너지 수급 및 흐름의 최적화를 위한 스마트 그리드 기술, 풍력·태양광 발전량 예측과 가격신호 기반 수요조정에 활용되는 AI 기반 예측기술, 가정 및 산업의 에너지 소비 모니터링이 가능한 사물인터넷 센서 등이 그것이다.

이처럼 에너지 부문은 디지털 전환과 그린 전환 간의 상호 의존성이 가장 높은 분야라 할 수 있다. 결과적으로 석탄, 석유와 가스 등 기존 화석연료 산업에서는 고용이 급격히 줄어들지만, 재생 에너지, 태양광, 풍력, 배터리 산업 등에서는 새로운 일자리가 창출될 것이다. 특히 정유, 열병합발전 기술자와 같은 전통적 숙련 인력의 수요는 감소하고, 스마트미터 설치자, 재생 에너지 기술자, 에너지 데이터 분석가(Energy Data Analyst) 등 새로운 기술직의 수요는 증가할 것이다. 예컨대 에너지 데이터 분석가는 자료 수집 및 처리 능력, 분석 및 시각화 도구 활용 능력[9], AI 활용 예측 모델 구축 업무를 주로 담당할 것이다. 학문적 영역에서도 탄소세, 전력거래 시장, 에너지 규제 등과 연계하여 분석 결과를 해석하고 정책을 모색하는 분야도 새롭게 부각할 것이다.

에너지 집약 산업은 한국 경제의 기간산업 대부분을 구성하며, 시멘트, 철강, 화학, 펄프 및 제지 등 4개 산업은 세계 산업 부문 탄소배출의 약 70%를 차지한다.[10] 이들 산업은 화석연료 의존도가 높고, 기술 전환의 제약이 크며, 단기적으로는 획기적인 저탄소 기술 도입이 어려운 구조이다. 그동안 온실가스 감축은 주로 에너지 효율 개선에 의존해 왔으나, 이제는 공정 자체의 근본적 전환이 요구된다. 현재 전환 기술 등을 고려할 때 획기적인 저

---

9 Python, R, SQL 등 데이터 분석 언어와 Power BI, Tableau 등 시각화 수단을 활용하여 에너지 소비 패턴 등을 분석·예측할 수 있는 데이터 구축 능력이 대표적 기능이라고 볼 수 있다.

10 이상원·이재윤(2021), 「2050 탄소중립과 제조업이 나아갈 길」, ≪KIET 산업 경제≫ 2021년 8월호, 산업연구원.

탄소 기술 도입이 매우 제한적이다. 따라서 전통적 생산공정 분야의 일자리 감소는 불가피하고, 새로운 기술 및 공정 도입에 따른 신규 전문인력 수요는 증가할 것이다. 특히 화학산업은 화석연료 기반 원료에서 바이오매스 및 재생 가능한 원료로의 전환이 본격화되면서 고부가가치화가 가능하며, 결과적으로 전문인력 수요가 더욱 확대될 전망이다.

운송 및 모빌리티 부문 역시 탈탄소화의 주요 대상이다. 한국에서는 수송 부문이 전체 온실가스 배출의 약 13.7%를 차지하며, 이것은 도심의 미세먼지, 질소산화물, 소음 등과도 직접적으로 연관되어 있다. 따라서 전기차 전환, 대중교통 강화, 모빌리티 서비스 혁신이 필수 과제로 제기되고 있다. 특히 내연기관 차량 및 관련 부품 생산 부문은 일자리가 급감하고 있으며, 단순 반복 저숙련 노동자 중심의 고용구조는 가장 큰 타격을 입고 있다.

3) 그린 전환과 일자리 전망[11]

탄소중립 경제로의 완전한 이행은 2억 200만 개의 일자리를 새롭게 창출하는 동시에, 1억 8,700만 개의 일자리가 사라질 것으로 예상된다(표 2-2 참조).[12] 인구 증가, 소득 상승, 생산성 향상으로 인해 줄어드는 일자리가, 탈

---

11 Krishnan, M and H. Samandari et al. (2020)에서 발췌해서 정리한 것이다.

12 NGFS(Network for Greening the Financial System)는 REMIND-MAgPIE 모형은 향후 기후중
　　립 경제로의 전환에 따른 에너지 산업과 토지 활용에 따른 세계경제성장을 전망한다(IAEA,
　　2020). REMIND(REgional Model of Investment and Development) 모형에 기반하여 기후변
　　화의 경제적 충격과 에너지 산업 성장을 연계한 세계경제의 일반 균형 성장 모형이다. 그리
　　고 MAgPIE 모형은 농업 성장과 농업 성장의 환경 영향을 반영한 것으로 세계적 토지 활용 배
　　분 모형이라고도 한다.

표 2-2 탄소중립에 따른 일자리 변동 규모 (단위: 백만)

연도	일자리 변동 요인	일자리 창출	일자리 소멸	일자리 순증가
2020				896
2050	인구, 소득 및 생산성 증대 효과	-	114	782
2050	탈탄소화 완전 실현(Net-Zero)	202	187	797

자료: Krishnan and Samandari et al.(2022).

탄소화 조치로 인해 새로 만들어지는 일자리로 상쇄될 것이라는 전망이다. 2020년 기준 총 8억 9,600만 개의 일자리는 2050년까지 인구 증가와 생산성 향상 등으로 1억 1,400만 개가 감소하여, 전체 일자리는 7억 8,200만 개로 축소된다. 그러나 그린 전환으로 인해 2억 200만 개의 새로운 일자리가 창출되고, 1억 8,700만 개의 일자리가 사라짐에 따라, 순수하게 약 1,500만 개의 고용 증가가 발생할 것으로 분석된다. 요약하면, 2050년까지 탄소중립 목표에 도달하더라도 일자리는 총 9,900만 개 감소하는 수준에 그칠 것으로 예측된다.

맥킨지 보고서에 따르면, 저숙련 조작 및 유지 보수 일자리는 자동차 산업과 농업 부문에서 동시에 증가와 감소가 나타날 것으로 예측된다. 이 중 내연기관 부문에서 가장 많은 일자리가 사라지는 것으로 나타났으며, 특히 저숙련 유지 보수 직무에서의 감소 폭이 두드러진다. 농업 부문에서는 가축 사육 및 사료 생산 등 동물성 단백질 수요에 따른 영역에서 가장 큰 고용 감소가 예측된다. 그린 전환으로 인한 일자리 소멸은 특정 산업과 지역에 집중되는 반면, 새로 창출되는 일자리는 재생 가능한 전력 생산과 같은 탄소 저배출 부문에 집중될 전망이다.

표 2-3 저숙련 조작 및 유지 업무 노동자의 분야별 일자리 변동 전망 (단위: 백만)

산업 부문	일자리 창출	일자리 소멸	일자리 순증가 효과
농업	69	△38	31
자동차	52	△68	△16
발전	25	△9	16
수소	5		5
석유화학	0	△33	△33
그 외	11	△3	8
Capex 일자리	40	△35	5

자료: Krishnan and Samandari et al.(2022).

4) 고탄소 산업 쇠퇴와 노동시장의 불평등

최근 세계적으로 고탄소 산업이 집중된 지역들은 그린 전환으로 산업과 고용 기반이 동시에 붕괴하고 있다. 독일 북부 루르(Ruhr)는 석탄 및 철강 산업 중심지였으나 산업구조의 전환을 겪고 있는 대표 지역이다. 석탄 채굴에 직접 관여하는 노동자뿐 아니라 공급망(value chain), 소매업, 레스토랑, 레크리에이션 등 서비스 부문 종사자의 일자리 상실 등 고용 기반이 전반적으로 붕괴했다.[13] 전통 산업이 쇠퇴한 교외(peri-urban) 지역은 과거 생산활동의 중심지였으나 현재는 성장 잠재력이 낮고, 사회서비스와 기반 시설의 약화로 이어지는 악순환을 겪고 있다. 도시 지역은 고숙련 인력과 고생산성 산업 집적의 이익(agglomeration benefits)을 얻게 되면서 산업 쇠퇴 및 농촌

---

[13] OECD(2024), Green Job Creation and Local Economic Development, OECD Publishing Paris.

지역과 격차가 더 벌어지고 있다. 특히 대도시 지역은 높은 교육 수준과 숙련도를 가진 노동자의 집적으로 높은 생산성을 유지하는 반면, 농촌 및 주변 지역은 낮은 생산성으로 공간적 양극화가 심화한다.

많은 국가와 지역에서 화석연료 기반의 발전 산업과 석탄 산업은 이미 퇴출하거나 소멸 단계에 접어들었다.[14] 탄소집약 산업은 일반적으로 지역 내 고용의 큰 비중을 차지하고 있다. 따라서 탄소중립 경제로의 정의로운 전환(Just Transition)은 취약 계층과 저소득 가구의 피해를 최소화해야 한다는 주장이 설득력을 갖는다. 노동시장의 기업 간 위계, 성별 격차, 숙련수준 차이로 인해, 탄소중립 전환은 전통 제조업과 지식기반산업, 조직노동자와 미조직노동자, 여성과 남성, 고숙련과 저숙련 노동자에게 각각 다르게 작용한다. 다만 정의로운 전환이 전통 제조업 내 조직노동자의 고용 안정만을 위한 수단으로 활용되어서는 안 된다. 만약 공정전환 논리가 특정 집단의 이익 수단으로 인식된다면, 탈탄소화 정책 자체가 불균등을 확대하는 원인으로 전락할 수 있다.

일자리 창출과 소멸은 기술과 숙련, 기업과 산업, 부문 및 지역 간 노동자 이동을 포함하여 많은 노동자의 직업 전환으로 연결된다. 탄소배출량 감소를 위한 산업구조의 재편으로 지역 노동시장의 일자리 전환 문제가 가장 중요한 이슈로 등장하고 있다. 1인당 GRDP(지역내총생산)가 낮고 탄소집약 산업구조를 가진 지역의 노동시장에서 일자리 변동은 더 심각하고, 근로자의

---

14 충남 화력발전소 14기는 2025년부터 태안 화력발전소를 시작으로 2036년까지 모두 폐쇄될 계획이다. 2024년에는 강원도 태백시 장성광업소와 삼척시 도계광업소가 이미 폐광되었다. 이들 지역은 모두 인구구조의 고령화 등으로 그린 전환에 따른 지역 경제의 위기 수준은 심각한 상태이다.

일자리 재배치와 이동도 빈번하다. 산업전환 지역에서는 임시직, 파트타임, 자영업 등 비정형 노동이 증가하면서 노동자의 사회적 보호 수준과 소득 안정성도 약해진다. 낮은 소득과 높은 실업률, 특히 장기 실업과 결합할 경우 지역 경제의 산업 및 고용 위기가 발생하고, 노동자의 정신적·신체적 건강 문제까지 발생한다.

기후중립 목표를 달성하기 위해서는 모든 분야에서 조정 비용을 부담해야 한다. 대다수 지역에서는 노동시장의 1차 부문 일자리가 감소하고, 생산가능인구의 핵심 노동력 감소로 조정 비용이 현실적으로 증대하고 있다. 더욱이 2차 노동시장 부문 취약계층 노동자의 고용 불안정과 근로조건 악화는 현실화하고 있다. 산업 쇠퇴와 전환의 조정 과정에서 경제 발전과 혁신을 관리할 수 없는 국민경제와 지역 경제는 구조적 실업과 침체를 초래할 것이다. 이처럼 탈탄소화 조치는 새로운 해법의 신속한 개발을 촉진하면서 심오하고 체계적인 변화를 요구한다. 그린 전환에 대비하여 탄소집약 산업의 생산기술을 발전시키고, 생산공정의 혁신 능력과 기회 부족은 투자, 성장 및 소득 감소로 이어질 것이다. 만약 어떤 행동도 하지 않는다면, 경제적·사회적 격차가 더 커질 것이다.

4. 노동시장의 공간적 양극화 실태

1) 노동시장의 공간적 양극화와 서열화

산업구조의 지역별 포트폴리오(portfolio) 특성상 일부 지역이나 특정 산업 부문에서 일자리 변동이 심각하게 나타나더라도 이러한 변화가 국민경제 전체 차원에서는 뚜렷하게 인식되지 않는 경우가 많다. 과거 국가균형발전 전략과 중화학공업 육성 정책에 따라 수도권은 기획과 의사결정 기능을 수행하는 본사가 집중되고, 비수도권은 실행과 생산 기능을 담당하는 공장과 산업 단지가 배치되어 왔다. 이러한 산업 입지의 구조적 분업은 지역 간 기능 분절과 계급 분화의 기초가 되었다.

최근 그린 전환은 고탄소 산업이 밀집한 지역의 노동시장에 직접적인 충격을 가하고 있다. 특히 경북 포항, 경남 창원, 전남 여수, 충남 당진, 대산산업단지 등지는 철강, 석유화학 등 탄소집약 산업의 구조조정이 본격화되며 고용 위기가 일상화되고 있다. 이처럼 국지적으로 집중된 일자리 소멸은 전국적 노동문제로 인식되지 못한 채, 구조적 전환의 부작용이 '지역의 일상'으로만 머물고 있다. 기존 노동운동의 연대와 대응만으로는 이러한 분절적 고용 위기를 포괄할 수 없는 한계가 분명해지고 있다.

산업전환 지역 확대와 디지털 기술 확산은 노동시장의 이중구조를 지역 차원의 '현지화된 과정(localized process)'으로 전개하고 있다. 지역 간 분업 구조는 노동시장의 뚜렷한 공간적 서열화를 수반한다(Wixe and Andersson, 2017). 이와 같은 공간적 양극화는 지리학적 시각에서 분석해야만 한다. 대표적 실증분석 사례로는 2002년 이후 10년간 스웨덴 지방자치단체 노동시장 양극화의 공간적 패턴(spatial patterns)에 대한 연구가 있다. 이 연구는 노동시장 양극화가 중·저숙련 생산 기반의 기존 제조업 중심 지역에서 소외된 현상, 그리고 급성장 중인 대도시 지역의 고숙련노동자 집중 및 공간 선택성 증가에 의해 주도되었다고 주장한다(Henning and Eriksson, 2021).

노동시장의 공간적 양극화 경향에는 광범위한 지리적 이질성이 내포되어 있다. 지역 다양성의 원인으로는 생산성 변화나 경제적·사회적 통합의 공간적 패턴보다는 단순하게 "지리적 차이"가 더 핵심적 요인으로 지적된다.

그러나 경제지리학에서는 이러한 지역 간 다양화와 노동시장 양극화의 지역화 과정을 제도주의적 요인에서 비롯된 것으로 해석하는 경향이 강하다. 노동시장의 공간적 양극화는 산업구조의 재편, 제조업 밀집 지역의 그린 전환에 따른 구조조정, 지식기반산업의 확대, 그리고 제도주의적 영향의 공간적 결과와 밀접하게 연결되어 있다.

산업 전환은 노동시장의 지역 간 서열화 현상을 더욱 강화할 것이다. 특히 탄소집약 산업의 구조조정은 저숙련 생산직 일자리를 감소시키며, 지역 노동시장의 공간적 양극화를 초래하고 있다. 그린 전환으로 새로운 일자리가 창출되는 지역과 전통적 에너지 다소비형 산업의 쇠퇴지가 공간적으로 일치하지 않아서 지역 내부와 외부에서는 노동시장 격차가 발생한다. 산업 전환이 주로 전통적 제조업 중심 지역에 집중되고 있지만, 그것의 대체 일자리(replacement jobs)가 산업전환 지역이 아닌 외부에서 창출될 경우에는 지역 간 고용 격차가 더욱 확대된다. 그 결과, 실직자는 지역을 떠나거나 비정형·저임금 일자리로 옮겨 가고, 청년층의 역외 유출이 가속화되며 인구 감소 역시 심화할 것이다.

국가 정책이나 제도가 전국적으로 동일하게 작동하더라도 지역 경제의 산업구조가 서로 달라서 노동시장의 지역 간 불평등을 낳는 원인으로 작용한다. 숙련 체계의 공간적 서열화는 국가 전체의 평균적 비교보다도 양극화 배경과 규모를 더 정확히 설명해 주는 지표가 된다. 예를 들어 교육 수준의 지역 간 서열화는 숙련노동자의 대도시 집중을 가속화하고, 임금 불평등을 초래하는 주요 요인이 된다. 앞으로 본격화될 디지털 및 그린 전환은 노동 시장의 공간적 양극화를 심화시킬 가능성이 있지만, 동시에 그것을 해소시킬 새로운 정책적 기회를 제공한다는 인식 또한 중요하다. 이것은 대부분 탈탄소화 조치가 정부의 정책 수단을 통해 추진되며, 그 과정이 디지털화와 밀접하게 연계되어 있기 때문이다.

2) 노동시장의 공간적 양극화 분석 방법과 그 결과

노동시장의 공간적 양극화는 지역 경제 내 '좋은 일자리' 보유 수준을 실증적으로 분석함으로써 보다 명확히 파악할 수 있다. 노동시장 이중구조의 '현지화(localization)'는 거시적 수준에서 나타나는 이중구조가 공간적 또는 지리적으로 확산하는 과정을 의미한다. 기존의 노동시장 이중구조는 대기업과 중소기업 노동자, 고숙련·고학력 노동자와 저숙련·저학력 노동자, 여성과 남성의 임금 및 근로조건 격차를 의미한다. 노동시장의 공간적 양극화는 노동시장 상층부 또는 하층부 노동자 집단이 특정 지역에 집중되는 현상을 의미한다. 디지털화와 그린 전환이 동시에 진행되는 이중전환 시대에 노동시장 이중구조의 공간적 확산으로서의 양극화는 통계적 자료를 통해 실증적으로 검증될 필요가 있다.

실증 분석에서는 디지털과 그린 전환이 발생한 시점을 특정할 수 없다. 그래서 2015년부터 2024년까지 10년간 산업별·직업별 일자리의 지역 간 집중 및 소멸 현상이 분석된다. 기업이나 노동자 집단의 노동 실태를 추적하는 종단면 조사(longitude survey)도 사실상 존재하지 않아 최소 10년간 노동시장의 공간적 구조 변화를 분석한 것이다. 가계조사 기반의 원시 자료를 사용하더라도 조사 대상자의 개인정보를 확인할 수 없기 때문에 일자리 및 노동이동에 따른 구조적 변동을 추적하기 위한 분석 수단이 필요하다. 이에 전체 일자리를 산업과 직업의 임금수준에 따라 5분위로 구분하여 '좋은 일자리'를 서열화했다. 디지털과 그린 전환으로 인해 일자리 생성과 소멸, 집중과 분산이 발생하며, 특정 지역으로 집중이 일어날 것이라고 가정한 것이다. 산업과 직업을 동시에 고려한 이유는 동일한 사무직이라도 종사하는 산업에 따라 임금과 일자리의 질이 크게 달라질 수 있기 때문이다. 예를 들어, 자동차 산업의 사무직 일자리라 하더라도 지역에 따라 임금수준과 근로조건은 달라질 수 있다는 현실적 전제를 고려했다.

'좋은 일자리'는 일반적으로 금전적 보상뿐 아니라 비금전적 요소까지 포함하지만, 실증 분석에서는 임금수준 외의 자료가 통계적으로 확보되지 않는 것이 현실이다.[15] 이와 같은 가용 자료 현실 때문에 디지털과 그린 전환 시대의 좋은 일자리 5분위는 산업별·직업별 임금 또는 급여(통계청, 「지역별 고용 조사」는 "3개월 평균 급여"를 조사)를 기준으로 구분되었다. 통계청 「지역별 고용 조사」는 제10차 한국 표준산업 중분류(2-digit)와 제7차 한국 표준직업 중분류(2-digit)에 광역시도 취업자 정보를 제공한다. 제10차 한국 표준산업의 중분류 기준으로 79개 업종과 제7차 한국 표준직업 중분류 기준으로 51개 직업이 있다. 이론적으로 산업과 직업을 조합하면 4,029개의 일자리 조합이 가능하고, 이를 임금분위 기준으로 5등분하면 총 2만 ,145개의 일자리 셀(Cell)이 생성된다.

산업 중분류와 직업 중분류 기준에 따르면, 이론상 2만 개가 넘는 일자리 셀이 존재하지만, 실제로 노동시장의 공간적 양극화를 분석하는 데 활용 가능한 '유효한' 셀은 전체의 약 3분의 1 수준에 불과하다. 예컨대 의사가 광업

---

15 국제노동기구(ILO)는 '좋은 일자리(Decent Work: DW)'를 ① 고용 기회, ② 비인간적 노동 철폐, ③ 적절한 소득과 생산적 노동, ④ 적절한 노동시간, ⑤ 고용 안정, ⑥ 일·가정 양립, ⑦ 고용 평등, ⑧ 안전한 작업환경, ⑨ 사회보장, ⑩ 사회적 대화, ⑪ 경제·사회적 맥락 등 총 11 개 지표로 정의하고 있다. 다른 한편 독일노동조합총연맹(DGB)은 좋은 일자리를 '안정적 고용', '높은 보상', '전문성과 창의성 개발 기회', '사회적 인정과 관계 형성', 그리고 '인간적 존엄성과 삶의 질을 보장하는 환경'이 갖춰진 일자리로 규정한다.

이나 금융업에 종사하는 사례는 이론적으로 가능하지만, 「지역별 고용 조사」의 표본 가구에서 이 같은 사례가 포함될 확률은 매우 낮다. 통계적 안정성을 위해 대분류 기준을 적용할 경우, 오히려 쌍둥이 전환 시대 노동시장 양극화의 미시적 실태를 관찰하는 데 제약이 생긴다. 또한 표본조사 방식의 특성상 2015년과 2024년 간 유효 일자리 셀 구성에 일부 차이가 존재한다. 그러나 분위별 비중은 상대값으로 계산되었기 때문에 전체적 통계 신뢰도에는 큰 영향을 미치지 않는다.

표 2-4에 따르면, 5분위 일자리 취업자는 2015년 380만 명에서 2024년 452만 명으로 증가하며 10년간 약 19% 성장했다. 반면 1분위 일자리 취업자는 같은 기간 동안 372만 명에서 419만 명으로 증가하여 약 12.4% 성장에 그쳤다. 이러한 분위별 취업자 증가는 지역별로 규모와 비율에서 차이를 보일 가능성이 크다. 2024년 상반기 기준 5분위 일자리의 평균임금은 1분위의 약 3.16배에 달해 산업 및 직업 간 임금격차가 뚜렷하게 드러난다. 그러나 중요한 점은 5분위 일자리가 반드시 '좋은 일자리'를 의미하지는 않는다는

표 2-4 분위별 유효 일자리 셀과 취업자의 분위별 분포 (단위: 개, %, 천 명)

		1분위	2분위	3분위	4분위	5분위	합계
2015년	유효 일자리 셀	984	1,420	1,654	1,403	1,063	6,524
		(15.1)	(21.8)	(25.4)	(21.5)	(16.3)	(100.0)
	취업자	3,728	3,965	3,925	3,834	3,804	19,256
		(19.4)	(20.6)	(20.4)	(19.9)	(19.8)	(100.0)
2024년	유효 일자리 셀	1,037	1,487	1,733	1,474	1,136	6,867
		(15.1)	(21.7)	(25.2)	(21.5)	(16.5)	(100.0)
	취업자	4,190	4,503	4,572	4,346	4,528	22,139
		(18.9)	(20.3)	(20.7)	(19.6)	(20.5)	(100.0)

자료: 통계청, 「지역별 고용 조사」, 각 연도 상반기, MDIS.

것이다. 5분위에 속한 모든 일자리 셀은 서로 상이한 평균임금을 가지며, 일부 5분위 셀의 평균임금이 4분위보다 낮을 수도 있다. 예를 들어, 서비스업의 관리직 평균임금이 자동차 산업의 생산직 임금보다 낮을 수 있다. '좋은 일자리' 또는 고임금 일자리를 정의할 때는 전국 평균임금과 직업별 평균임금을 함께 고려해야 한다. 이에 따라 일자리 변동은 각 분위별 변화뿐 아니라, 분위 내 '좋은 일자리'의 변동 추이도 함께 살펴봐야 한다. 상대적 임금분위 기준과 절대 임금 기준을 동시에 적용하는 방식은 정책적 시사점을 보다 정밀하게 도출하는 데 효과적이다.

2024년 기준 1분위 일자리의 평균 및 중위 임금은 각각 약 162만 원으로 조사되었다. 1분위 일자리의 3개월 평균 급여는 최소 2만 원에서 최대 750만 원으로 매우 넓은 분포를 보였다. 반면 5분위 일자리는 평균 512만 원 수준이며 임금의 분포는 30만 원에서 최대 1,500만 원에 이른다(표 2-5 참조). 전체적으로 고임금 취업자가 2015년 28.8%에서 2024년 37.0%로 증가했다. 연도별 평균임금 차이를 반영하더라도 고임금 기준을 충족하는 취업자가 확대되었다. 일자리 5분위 고임금 비율이 2015년 68.8%에서 2024년 74.6%로 증가해 일자리 상위 분위에서 고임금 집중 현상이 강화되었음을 보여 준다. 3분위 이하 구간에서는 상대적 고임금 취업자 비율이 전반적으로 감소하는 양상이 나타났다.

일자리 분위는 상대적 개념이므로 이것을 '좋은 일자리'로 판단하기 위해서는 절대 임금수준과 비교가 필수적이다. 예컨대 저임금 산업 내 5분위 일자리는 고임금 산업 내 3분위 일자리보다 임금이 낮을 수 있다. 이에 따라 유효 일자리 셀에서 임금수준이 상위 20%이면서 동시에 전국 평균 이상인 경우를 '좋은 일자리'로 정의하여 분석에 활용했다. 그러나 모든 유효 일자리 셀에서 임금 상위 20% 이상 취업자를 지정하는 통계 처리는 사실상 쉽지

표 2-5 일자리 분위별 평균 임금 (단위: 만 원, 천 명)

	연도	Mean	Min	Max	Std.dev	취업자
1분위	2015	111	2	500	60.82	3,731
	2024	162	2	750	88.10	4,190
2분위	2015	163	10	1,000	77.19	3,962
	2024	233	15	1,000	104.29	4,503
3분위	2015	218	10	2,000	97.95	3,931
	2024	286	20	2,000	131.33	4,572
4분위	2015	264	20	2,250	120.16	3,834
	2024	369	30	4,100	161.03	4,346
5분위	2015	390	31	3,000	204.63	3,804
	2024	512	30	7,500	289.38	4,528
전분위	2015	229	2	3,000	155.08	19,262
	2024	314	2	7,500	209.45	22,139

자료 : 통계청, 「지역별 고용 조사」, 각 연도 상반기, MDIS.

표 2-6 일자리 분위별 취업자 및 평균임금 이상 취업자 (단위: 천 명, %)

	연도	전체 취업자		평균임금 이상 취업자	
1분위	2015	3,731	(19.4)	56	(1.5)
	2024	4,190	(18.9)	112	(2.7)
2분위	2015	3,962	(20.6)	284	(7.2)
	2024	4,503	(20.3)	606	(13.5)
3분위	2015	3,931	(20.4)	951	(24.2)
	2024	4,572	(20.7)	1,442	(31.5)
4분위	2015	3,834	(19.9)	1,637	(42.7)
	2024	4,346	(19.6)	2,664	(61.3)
5분위	2015	3,804	(19.7)	2,616	(68.8)
	2024	4,528	(20.5)	3,379	(74.6)
전분위	2015	19,262	(100.0)	5,544	(28.8)
	2024	22,139	(100.0)	8,202	(37.0)

자료: 통계청, 「지역별 고용 조사」, MDIS.

않다. 이런 한계 때문에 직업별 임금 상위 20% 취업자가 특정 일자리 셀에 분포되어 있는 것으로 대리해서 분석했다. 일자리 셀에서 직업별 임금 상위 20% 이상 취업자 비중이 많을수록 좋은 일자리라고 간주하는 것이다.

조작적 정의에 따른 '좋은 일자리' 취업자 비율은 2015년 13.8%에서 2024년 20.0%로 증가했고, 4분위 내 '좋은 일자리' 비율 역시 2.3%에서 5.4%로 두 배 이상 확대되었다. 중간숙련 계층의 고임금 일자리로 진입 가능성이 10년 전과 비교해 유의미한 개선을 보였다. 5분위 내 '좋은 일자리' 비율 증가 폭이 제한적인 점은 고임금 집중이 심화하기보다는 일정한 구조적 이동 가능성이 생겼다는 긍정적 신호로 해석될 수 있다. 이러한 변화는 디지털과 그린 전환 등 구조적 전환기에서 나타나는 노동시장 서열 재편의 초기 현상이라고 볼 수 있다. 다만, 디지털과 그린 전환이 중간숙련 계층을 공동화시키고 노동시장 양극화를 심화시킨다는 가설은 이번 분석에서 명확히 입증되지는 않았다. 이것은 디지털 및 그린 전환의 구조적 충격이 2020년 이후 본격화되어 시차 효과가 아직 통계에 충분히 반영되지 않았기 때문일 수 있다. 또한, 분석이 임금 기반 분위 분류에 의존함에 따라 직무 내용이나 숙련

표 2-7 일자리 분위별 '좋은 일자리' 취업자 분포 추이 (단위: 천 명, %)

연도	1분위	2분위	3분위	4분위	5분위	전 분위
2015	0.01	9	54	436	2,149	2,649
	(0.0)	(0.0)	(0.3)	(2.3)	(11.2)	(13.8)
2024	30	161	427	1,189	2,628	4,435
	(0.1)	(0.7)	(1.9)	(5.4)	(11.9)	(20.0)

주 1: 괄호 안은 전체 취업자 대비 좋은 일자리 취업자 비중이다.
  2: '좋은' 일자리 취업자는 일자리 셀에서 직업별 임금 상위 20% 이상과 전국 평균임금 이상 조건을 모두 충족하는 취업자로 정의한다.
자료: 통계청, 「지역별 고용 조사」, 각 연도 상반기, MDIS.

수준의 변화가 반영되지 않아, 쌍둥이 전환으로 인한 중간숙련 공동화 현상이 충분히 드러나지 않았을 가능성이 있다.

3) 일자리 분위별 분포와 공간적 패턴

지난 10년 동안 '좋은 일자리'가 수도권으로 집중되고, 비수도권에서는 분산되는 양상을 보이며 노동시장의 공간적 양극화가 심화하고 있다. 수도권과 비수도권을 구분해 일자리 분위별 취업자 비중을 살펴보면, 노동시장 이중구조가 지역 단위로 뚜렷이 현지화되고 있음을 확인할 수 있다. 수도권 1~2분위 취업자 비율은 2015년 20.2%에서 2024년 18.1%로 2.1%포인트 감소했다. 다른 한편, 비수도권에서도 상위 일자리 분위와 하위 일자리 분위 취업자 비중이 각각 2.6%포인트와 1.0%포인트 하락하며, 취업자의 수도권 집중 현상이 전반적으로 강화되었다. 상위 분위 고임금 일자리는 수도권에

표 2-8 수도권과 비수도권의 일자리 분위별 취업자 비중 추이 (단위: %)

	연도	1분위	2분위	3분위	4분위	5분위	전 분위
수도권	2015	1,784	2,103	2,015	2,164	2,092	10,159
		(9.3)	(10.9)	(10.5)	(11.2)	(10.9)	(52.7)
	2024	2,125	1,883	3,062	2,191	2,702	11,963
		(9.6)	(8.5)	(13.8)	(9.9)	(12.2)	(54.0)
비수도권	2015	1,821	2,027	1,735	1,838	1,683	9,104
		(9.5)	(10.5)	(9.0)	(9.5)	(8.7)	(47.3)
	2024	2,305	1,900	2,509	1,728	1,733	10,176
		(10.4)	(8.6)	(11.3)	(7.8)	(7.8)	(46.0)

주: 괄호 안은 전체 취업자 대비 수도권과 비수도권 일자리 분위별 취업자 비율을 의미한다.
자료: 통계청, 「지역별 고용 조사」, 각 연도 상반기, KOSIS.

지속적으로 집중되고 있으며, 이에 따른 비수도권 고용 기반의 약화는 노동시장의 구조적 불균형을 심화시키고 있다. 지난 10년간 수도권과 비수도권 간 고임금 일자리 구성의 비대칭 재편과 노동시장의 공간적 양극화가 진행되고 있다.

2015년부터 2024년까지 일자리 분위별 취업자 비중의 변동 폭은 노동시장 내 공간적 양극화 실태를 파악하는 데 유용한 자료이다. 이 기간에 전체적으로 4~5분위 비중은 0.51%포인트 감소하여 중간 분위 확장 혹은 상대적 평준화 현상이 일부 나타난다. 경기도의 경우, 상위와 하위 분위 취업자가 모두 증가하며 지역 내 양극화의 이중구조가 나타났다. 시도별로 보면, 서울, 부산, 대구는 상위와 하위 분위 모두 비중이 감소하고, 중간 분위 비중이 확대되어 상대적 안정화 경향이 나타났다. 반면, 인천, 충북, 전북 등은 상위 분위 비중이 소폭 상승했으나 경기도에 비해서는 상승 폭이 작았다. 결과적으로, 경기도와 인천 중심의 고임금 일자리 집중은 노동시장의 공간적 양극화를 더욱 가시화시켰다.

표 2-9는 전국 평균임금 이상이면서 직업별 임금 상위 20%에 해당하는 '좋은 일자리' 취업자의 지역별 분포를 분석한 것이다. 지난 10년 동안 이들 일자리는 수도권에 더욱 집중되었으며, 서울, 인천, 경기를 포함한 수도권에서는 비중이 7.1%포인트 증가했다. 반면 충북을 제외한 모든 비수도권 지역에서는 '좋은 일자리' 비중이 하락했다. 이것은 고임금 고숙련 일자리의 수도권 집중과 비수도권의 분산이 고착되고 있으며, 노동시장의 공간적 양극화가 단순한 추세가 아닌 구조적 현상임을 의미한다. 주목할 점은 비수도권에서는 충북이 유일하게 '좋은 일자리' 비중이 증가했다는 것이다. 이는 수도권의 각종 환경 규제 등의 영향으로 기업들이 충북으로 공장을 이전하거나 투자를 확대한 결과로 풀이된다. 아울러 수도권 내부에서도 성남시,

표 2-9 '좋은 일자리'와 전국 평균임금 이상 취업자의 지역별 비중 추이 (단위: %)

	'좋은 일자리'			전국 평균임금 이상		
	2015(A)	2024(B)	B-A	2015(A)	2024(B)	B-A
서울	22.7	25.0	2.3	22.7	22.7	0.0
부산	5.2	4.6	△0.6	5.5	5.0	△0.5
대구	3.8	3.5	△0.3	4.0	3.7	△0.4
인천	4.7	5.9	1.2	5.4	6.3	0.9
광주	2.8	2.3	△0.5	2.7	2.4	△0.3
대전	2.9	2.8	0.0	2.9	2.9	0.0
울산	5.0	2.7	△2.4	3.8	2.5	△1.2
경기	26.5	30.0	3.6	27.2	29.8	2.7
강원	2.2	1.9	△0.3	2.1	2.1	0.0
충북	2.4	2.8	0.3	2.3	2.9	0.6
충남	4.8	3.8	△1.0	4.6	4.1	△0.5
전북	2.2	2.1	△0.1	2.3	2.3	0.0
전남	2.6	2.3	△0.3	2.6	2.4	△0.2
경북	4.4	3.4	△1.0	4.2	3.5	△0.7
경남	7.3	4.9	△2.4	6.9	5.3	△1.6

자료: 통계청, 「지역별 고용 조사」, 각 연도 상반기, KOSIS.

용인시 등 일부 자치단체와 타 지역 간 양극화 및 서열화 현상이 나타나고 있다. 다만 우리는 광역시 단위 자치단체 분석에 한정한다는 점을 밝힌다.[16]

이 글에서 사용된 '좋은 일자리'는 전국 평균임금 이상과 직업별 임금 상위 20%라는 두 기준을 동시에 충족해야 하는 다소 엄격한 정의이다. 보다

---

16 수도권에서도 성남시와 용인시 등 일부 지방자치단체와 나머지 지방자치단체의 양극화 및 서열화 현상이 발견된다. 다만, 이 글에서는 광역시 자치단체만 다루기로 한다.

그림 2-1 10년간 일자리 분위별 취업자 변동 폭, 2015~2024 (단위: %포인트)

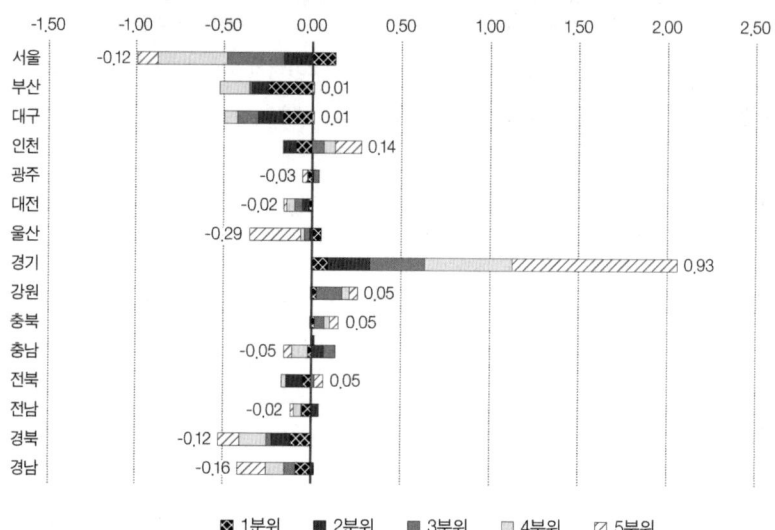

자료: 통계청, 「지역별 고용 조사」, 각 연도 상반기, KOSIS.

일반적인 관점에서 고임금 일자리의 분포를 살펴보기 위해 전국 평균임금 이상 취업자의 지역별 비중 변화도 함께 분석했다. 그 결과, 경기, 인천, 충북, 세종에서는 고임금 일자리 비중이 증가한 반면, 울산, 경남, 부산, 대구, 충남, 전남, 광주 등 전통 제조업 중심 지역에서는 뚜렷한 감소세를 보였다. 비록 서울이 정체하고 있으나 경기와 인천을 중심으로 대폭 상승하면서 고임금 일자리의 공간적 집중이 강화되었음을 시사한다. 다른 한편, 비수도권에서도 울산과 경남이 모두 3%포인트 이상 전통적 제조업 부문에서 상대적으로 고임금 일자리 비중이 큰 폭 하락했다. 이것은 디지털 및 그린 전환 과정에서 전통 제조업 중심 지역의 저숙련 생산직 고임금 일자리가 점차 감소하고 있음을 방증하는 결과이다.

울산, 경남, 경북 등 기존 고임금 제조업 중심 지역에서는 중·저숙련 노동자의 비율이 급감하며, 포스트 성장 시대에 적절히 적응하지 못하는 구조적 한계가 나타나고 있다. 반면 충북은 수도권 규제에 따른 반사효과와 함께 바이오, 이차전지 등 신성장 산업의 투자 유치가 활발히 이루어지면서 고임금 일자리 생태계가 구축되고 있다. 이와 달리 충남은 충북과 인접해 있음에도 주력 산업이 여전히 석유화학, 자동차, 철강 등 탄소집약 분야에 집중되어 있어 고임금 일자리 비중이 오히려 감소하고 있다. 이러한 사례는 지역별 산업 포트폴리오의 구조조정 여부와 고임금 일자리 창출을 위한 정책 통합력이 향후 지역 간 고용의 질 격차를 좌우할 중요한 변수임을 시사한다.

4) 지식기반산업의 수도권 집중

디지털 분야 고학력 노동자와 숙련노동자는 특정 도시와 지역으로 점점 집중하고 있다. 과거에도 이미 고학력 및 고숙련 노동자 집중 지역에서는 다른 지역, 심지어는 해외로부터 숙련노동자를 유지하고 유치하는 데 있어 성공적이었다. 이런 현상으로 지역 간 격차는 더욱 확대되고 있다. OECD(2020)에 따르면, 2018년까지 교육을 가장 많이 받은 지역은 평균적으로 교육 수준이 가장 낮은 지역보다 고등교육을 받은 성인이 거의 두 배 이상인 것으로 나타났다. 2006년부터 2016년까지 분석 대상 27개 OECD 국가 중 15개 국가에서 순(純) 고용 30% 이상이 수도권에서 창출되었다. 일본, 핀란드, 덴마크, 아일랜드에서는 일자리 창출의 80% 이상이 수도권 지역에서 발생했다(그림 2-2 참조). 숙련노동자가 점점 더 특정 지역에 집중되고 있다. 특히 15~29세 청년층에서 도시 지역으로의 이주가 두드러지며, 일자리는 점점 더 소수 지역에 집중되고, 일자리가 줄어드는 지역 수는 점차 늘고 있다.

지식기반산업에서 수도권과 비수도권 간 일자리 분위별 취업자 비중의

그림 2-2 OECD 주요 국가의 수도권 일자리 창출 집중 현상

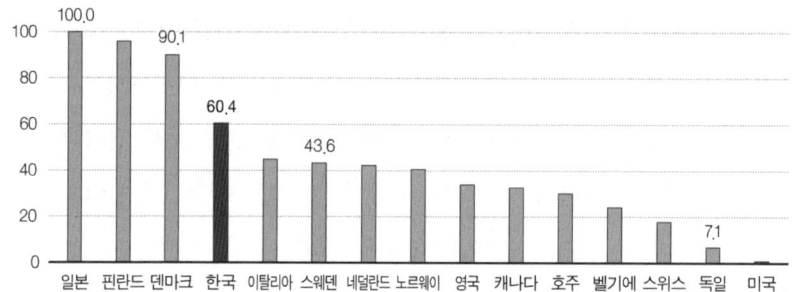

주: 전국 일자리 순 창출 대비 수도권 일자리 순 창출 비율.
자료: OECD(2018a: 34).

표 2-10 지식기반산업의 일자리 분위별 취업자 비중 추이 (단위: %)

	수도권			비수도권		
	2015	2024	증감	2015	2024	증감
1분위	12.0	12.0	0.1	9.1	7.9	△1.2
2분위	12.6	12.4	△0.2	8.1	7.7	△0.3
3분위	13.1	13.3	0.2	8.3	7.3	△1.0
4분위	11.6	13.2	1.5	6.8	6.7	△0.1
5분위	11.7	13.4	1.7	6.7	6.1	△0.7
전 분위	61.0	64.3	3.3	39.0	35.7	△3.3

주: 지식기반산업의 연도별 일자리 분위별 수도권·비수도권 취업자 비중 합계는 100%이다.
자료: 통계청, 「지역별 고용 조사」, 각 연도 상반기, MDIS.

추이를 보면 디지털 전환이 노동시장의 공간적 양극화를 어떻게 입체적으로 드러내는지를 알 수 있다(표 2-10 참조). 전국적으로 5분위 일자리의 수도권 집중은 3.2%포인트 증가한 반면, 비수도권은 1.0%포인트 하락해 중간 및 고임금 일자리가 수도권에 몰리는 현상이 나타난다. 이런 현상은 비수도권에서 '중간 숙련의 공동화'가 심화하고 있음을 보여 준다.

표 2-11에서 지식기반산업의 '좋은 일자리'와 전국 평균임금 이상 일자리

표 2-11 지식기반산업의 '좋은 일자리'와 전국 평균임금 이상 취업자 비중 추이 (단위: %)

	'좋은 일자리'			전국 평균임금 이상		
	2015(A)	2024(B)	B-A	2015(A)	2024(B)	B-A
서울	6.7	12.2	5.5	6.7	18.3	11.5
부산	1.0	1.2	0.2	1.0	2.0	1.0
대구	0.8	1.1	0.3	0.8	1.7	0.9
인천	0.8	1.5	0.8	0.8	2.5	1.7
광주	0.6	0.7	0.2	0.6	1.2	0.6
대전	0.9	1.2	0.3	0.9	1.8	0.9
울산	0.2	0.4	0.1	0.2	0.6	0.4
경기	5.5	10.4	4.9	5.5	15.6	10.1
강원	0.5	0.6	0.1	0.5	1.0	0.5
충북	0.4	0.5	0.1	0.4	0.8	0.4
충남	0.6	0.7	0.1	0.6	1.1	0.5
전북	0.4	0.7	0.3	0.4	1.1	0.7
전남	0.3	0.5	0.2	0.3	0.8	0.5
경북	0.7	0.7	0.0	0.7	1.1	0.4
경남	0.9	1.0	0.1	0.9	1.8	0.9
전국	20.3	33.3	13.0	20.3	51.4	31.1

주: 지식기반산업 전체 취업자 가운데 '좋은 일자리' 및 전국 평균임금 이상 취업자의 지역별 비중이다.
　　예컨대 2015년 지식기반사업에서 '좋은 일자리' 취업자는 20.3%이고, 이것이 전국으로 분산되어
　　서울과 경기가 각각 6.7%와 5.5%이다.
자료: 통계청, 「지역별 고용 조사」, 각 연도 상반기, KOSIS.

는 최근 10년간 크게 증가했지만, 이런 증가분의 대부분이 수도권에서 발생
했다. 서울과 경기는 전체 증가의 86%를 차지했으며, 울산, 경남과 경북 등
전통 제조업 중심 지역에서는 증가율이 0.1%포인트에 불과했다. 이것은 지
식기반산업 고임금 일자리가 수도권에 집중되고 있음을 명확히 보여 준다.
예컨대, 지식기반산업 전체에서 '좋은 일자리' 비중은 20.3%에서 33.3%로

증가했지만, 수도권의 기여도가 압도적이었다.

과거 제조업 중심지였던 울산, 경남과 경북 등은 디지털 전환 시대에도 산업구조의 혁신적 재편에 실패하고 있으며, 전남, 전북과 충북 등 농산어촌 지역 역시 일부 개선은 있었으나 대체로 정체 상태를 벗어나지 못하고 있다. 특히 충북은 바이오 및 이차전지 산업 분야에서 일정 수준의 개선이 있었지만, 지식기반산업 전체로는 여전히 부진하다.

지난 10년간 지식기반산업에서 고임금 일자리는 수도권에서만 창출되고 있으며, 비수도권 전통 제조업 중심 지역은 디지털 경제로의 전환에 있어 매우 느린 진입 양상을 보인다. 이것은 단순한 고용 격차를 넘어 노동시장 내에서 질적 공간 격차가 더욱 확대되고 있음을 의미한다. 디지털 기술 중심의 포스트 성장 시대에도 지역 간 격차는 오히려 고착하거나 악화할 수 있다는 점에서 향후 정책적 개입이 절실하다. 포스트 성장 시대에도 지방 거점도시와 전통 제조업 중심지를 대상으로 AI, 데이터, 바이오 등 고부가가치 지식산업에 대한 집중적 유치 전략이 필요하다. 특히 산·학·연 클러스터를 연계한 지역 혁신 생태계 조성이 중요하고, 중간 숙련 공동화에 대응하는 교육·훈련 기반도 확대되어야 할 것이다. 지역 대학과 직업훈련기관 중심의 재교육, 전환교육체계 강화가 요구되는 대목이다.

5. 이중전환 시대 노동시장 통합

1) 기본 방향

디지털과 그린 전환 시기에도 수도권과 비수도권의 소득 및 임금 격차는 더욱 심화하고 있으며, 인구 감소로 소멸 위기에 직면한 지역이 늘어나고 있다. 노동시장의 공간적 양극화도 더 이상 방치할 수 없는 시대적 과제이다. 앞에서 본 분석 결과에 따르면, 디지털화와 그린 전환은 노동시장의 이중구조를 지역 단위로 전이시키는 현상을 심화시키고 있다. 전통적으로 신자유주의 성장 모델과 국가균형발전 전략은 노동시장 내 불평등을 완화하는 방안으로 제시되어 왔다. 하지만 실제로는 개인의 기회 불균등이 '시장원리'로 포장되고, 지역 간 격차 해소는 경쟁이라는 이름 아래 방치되는 경향이 강하다.

오늘날 탄소중립 경제로의 이행은 글로벌 차원의 경쟁 규범으로 자리 잡았으며, 대다수 OECD 국가에서는 정부가 산업의 녹색화(greening)를 주도하고 있다. 이러한 변화는 노동과 에너지 전환이 더 이상 시장의 자율에 맡겨질 수 없는 사안임을 명확히 보여 준다. 따라서 정부와 공공 부문은 이중 전환으로 인해 발생하는 노동시장 내 불평등을 완화하고, 디지털 기술 발전의 성과가 사회 전반에 공유될 수 있도록 조정자 역할을 수행해야 한다. 탈탄소화 조치가 정책적으로 디지털 기술을 적용하도록 유도하는 과정에서 새로운 녹색 일자리를 만들어 내면서 노동시장의 불평등을 완화하는 수단으로 활용할 수 있다는 것이다.

포스트 성장 시대에도 노동시장의 분절적 차별 구조와 공간적 양극화는 쉽사리 해소되지 않을 것이다. 실증 분석에 따르면, 디지털과 그린 전환이 가속화되면서 전통적 제조업 중심의 탄소집약 산업 지역에서는 상대적 고임금 일자리가 감소하고 있다. 동시에 디지털 기술 발전은 중·저숙련 생산직과 단순 사무직 등 반복 노동 중심의 일자리를 축소시키며, '공동화 현상'을 유발하고 있다. 특히 정형화된 업무에 종사하던 고령층 노동자들은 변화하는 기술 환경에 적응이 어려워 노동시장 내에서 더욱 취약한 위치에 놓이게 된다. 이들을 위한 통합전략 마련이 시급하다. 교육기회 확대, 기술 재훈련 프로그램, 직업전환 지원 등 적극적인 노동시장 정책이 즉각 시행되어야 한다.

노동시장의 불평등 원인을 대자본과 중소 자본의 위계 구조에서 찾는 시각도 있으나, 중소기업의 저임금 구조를 단순히 대기업 종속성의 결과로 해석하는 것은 문제의 본질을 단순화하는 경향이 있다. 그간 정부는 대기업의 불공정 거래 관행을 규제하고 중소기업의 이윤 기반을 보호하려는 노력을 지속해 왔으며, 대기업·중소기업 간 상생 협약이나 '광주형 일자리' 같은 지역 기반 시민 임금 모델도 실험되었다.[17] 그러나 디지털과 그린 전환이라는 구조적 변화 앞에서 기존의 틀에 갇힌 접근을 반복해서는 노동시장 통합을 실현할 수 없다.

포스트 성장 사회의 노동시장 통합 전략은 지속가능성(sustainability), 포용성(inclusiveness)과 응집성(cohesion)의 가치를 바탕으로 재설계되어야 한다. 이와 같은 포스트 성장 담론이 친환경과 디지털 해법으로 실현되어 목표에 도달하기 위해서는 원칙적 구상과 정책 수단이 필요하다. 첫째, 제품과 서비스 시장은 환경친화적으로 전환되어야 하며, 그린 전환을 위한 장기투자 인센티브 제공과 환경 비용의 시장 내재화가 필요하다. 기업 차원에서 그린 전환의 핵심 걸림돌은 좌초 자산과 매몰 비용을 회수할 방법을 찾을 수 없다는 데 있다. 둘째, 이중전환 과정에서는 소수 거대기업의 독점을 견제하고, 중소기업과 스타트업이 경쟁과 혁신을 통해 성장할 수 있도록 사회적 생태계를 조성해야 한다. 포스트 성장은 조정된 성장 모델로서 소득 및

---

17 시민 임금은 주거 지원이나 복지 혜택 등을 지급하여 시장 임금의 인상 효과를 보장하는 것이다.

임금 불평등을 재생산하지 않아야 한다. 셋째, 공간적 양극화를 해소하려면 수도권과 비수도권, 도시와 농촌 간의 연결성을 강화해야 하며, 디지털 산업의 지역 분산과 그린 전환의 수용능력 제고를 위해 '국가 R&D의 지역 우선주의'와 '지자체-지역 대학-기업의 협력 생태계' 구축이 중요하다.

결론적으로 디지털 숙련 격차 해소와 그린 전환 대비 전문인력 양성에 대한 재정 투자가 가장 시급한 과제이다. 특히 탄소집약 산업이 집중된 지역에서는 '저숙련의 함정'에 빠질 위험이 높다. 양질의 교육과 직업훈련 기회를 보편적으로 제공하여 노동시장 진입 가능성을 높이고, 궁극적으로는 포스트 성장 시대의 지속가능하고 포용적인 노동시장 통합을 실현해야 한다. 포스트 성장은 친환경 산업, 재생 에너지, 지역 특화 산업 등에 대한 투자 확대로 산업 다변화 및 신성장 산업 육성을 실현해야 한다. 아직도 많은 자본이 과거 산업에 집중되고 있는 현실 속에서 미래를 대비한 전략적 투자와 지역 주도의 혁신 거버넌스 구축은 더 이상 미룰 수 없는 과제이다.

2) 디지털 숙련 향상과 재훈련

디지털 기술 진보는 개인, 기업과 정부에 대해 다양하게 작용한다. 우선 정보통신기술(ICT)과 보완적인 기술의 견고한 조합은 개인이 디지털화되는 세계를 탐색하여 글로벌 경제에 참여할 기회를 만들어 준다. 기업은 자동화, 로봇 공학, AI 분야의 기술적 진보와 데이터를 활용하여 새로운 제품 개발과 시장 개척에 온 힘을 기울이고 있다. 그 어느 때보다 기업은 ICT 전문가에게 의존하여 애플리케이션을 개발하고 네트워크를 관리하고 있다. 디지털 경제의 새로운 기술적 요구에 대비하기 위해 개인과 기업은 숙련 향상(up-skilling)과 재숙련(re-skilling) 활동에 능동적으로 참여해야 한다. 정부는 디지털 경제에서 디지털 기술을 효과적으로 개발하고 사용하도록 지원해야 한다.

모든 연령대의 개인은 디지털 기술을 최대한 활용할 수 있어야 한다. 청년 세대는 디지털 숙련을 습득해야만 새로운 직업 세계에 도전할 수 있다. 오늘날 디지털 숙련은 특정 집단 노동자에게만 필요한 것이 아니라 대부분 노동자의 보편적 숙련으로 인식되고 있다. 중장년 노동자는 노동시장의 숙련 구성 변화에 대비하여 지속적인 숙련 향상과 재교육 등을 받아야 한다. 마지막으로 노년층은 은퇴자로서 디지털 경제와 사회에서 살아가는 법을 배워야 하며 그렇지 않으면 뒤처질 위험에 노출된다. 이처럼 개별 노동자가 디지털 전환에 따른 임금 불평등에 노출되지 않기 위해서는 AI 기술 및 소프트웨어 프로그래밍 등과 같은 디지털 직업교육을 받아야 한다.

기업 관점에서 디지털 기술은 대다수 일상 업무의 자동화, 원격 근무에 의한 작업 공간 효율화, 협업과 소통비용 감소와 용이성, 고객 서비스 개선 등에서 그 어느 때보다 많은 이익을 누리고 있다. 이와 같은 기술 진보의 이익은 디지털 숙련 인력 없이 불가능하다. 기업은 지속적인 학습과 숙련 향상에 유리한 환경을 조성하여 노동자가 디지털 경제로의 전환에 적응할 수 있도록 지원해야 한다. 그러나 중소기업은 디지털 숙련 노동자 유치와 양성을 위한 인적자원 관리나 재정적 인센티브가 부족하다. 디지털 기술 진보로 인한 생산성의 향상은 과거 포드주의 대량생산 체제에서 기대했던 단위 노동력의 효율성을 훨씬 초과하는 수준에 도달하고 있다. 이러한 변화는 고숙련노동에 대한 수요를 급격히 증가시키고 있으나 중소기업의 경우 디지털 기반 고숙련 인력의 채용과 양성에 있어 자금과 역량 측면에서 한계를 드러내고 있다. 따라서 디지털 전환 시대에 중소기업이 기술혁신의 혜택을 온전히 누릴 수 있도록 정부의 전략적 지원과 제도적 뒷받침이 절실하다.

마지막으로 정부는 모든 연령대에서 기술 습득을 촉진하고 노동시장에서 정의로운 전환을 지원하여 기업이 노동자에게 투자하도록 인센티브를 제공해야 한다. 디지털 전환 대비 숙련 향상과 재교육은 고도의 디지털화 경제와 사회에서 생활하고 일하는 데 필요한 다양한 기술 습득에 집중적으로 지원해야 한다. 정부는 기업, 비영리단체 및 교육 부문과 협력하여 국가적 교육훈련 이니셔티브에 접근할 기회를 제공해야 한다. 정부는 누구도 소외되지 않도록 노동시장의 전환을 촉진해야 한다. 이러한 전략은 중앙정부와 지방정부의 협력을 위한 접근 방식으로 설계하고 제공하여 정의로운 쌍둥이 전환을 목표로 설정해야 한다. 다양한 정책에 걸쳐 노력을 조정하고 강력한 이해관계자 참여가 필요하다. 여기에는 사회적 파트너, 시민사회 및 노동시장 행위자, 교육 및 훈련 부문이 포함된다. 노동조합과 사회적 대화를 통해 기술 생태계의 효과적인 기능을 지속적으로 모니터링하고 개선해야 한다.

디지털 분야 고학력 노동자와 숙련노동자는 특정 도시와 지역으로 점점 집중하고 있다. 과거에도 이미 고학력 및 고숙련 노동자 집중 지역에서는 다른 지역, 심지어 해외로부터 숙련노동자를 유지, 유치하는 데 있어 성공적이다. 이런 현상으로 고숙련 고임금 노동자와 저숙련 저임금 노동자의 지역 간 분절 구조가 고착화하고 있다. OECD(2020) 보고에 따르면,[18] 2018년까지 교육을 가장 많이 받은 지역은 평균적으로 교육 수준이 가장 낮은 지역보다 고등교육을 받은 성인이 거의 두 배 이상인 것으로 나타났다. 향후 재택근무가 늘어날수록 그러한 집중이 느려지거나 심지어 감소하기 시작할 수도 있다. 그러나 한국의 직장 문화에서 어느 정도 성공할지는 의문이다.

---

18 OECD(2020), *Job Creation and Local Economic Development 2020: REBUILDING BETTER, OECD Publishing*, Paris

3) 그린 전환 대비 전문인력 양성

그린 전환은 시장 중심이 아닌 국가 주도의 정책 중심으로 추진된다. 이 것은 정부의 정책 의지에 따라 그린 전환 대비 직업훈련 정책의 신속한 설계와 집행 등 전문인력 양성을 위한 선제 대응이 가능하다는 것을 의미한다. 특히 환경 규제는 녹색 관련 숙련 수요의 주요한 촉매제로 작용한 결과, 기존 노동시장의 인력 수급보다 더 빠른 속도로 새로운 숙련 수요를 형성할 수 있다. 정책 입안자는 환경 규제에 상응하는 숙련 전략을 보다 민첩하게 설계하고 실행해야 한다.

이러한 숙련정책은 지역 경제의 여건과 과제에 맞게 조정되어야 한다. 탄소배출 산업 비중이 높은 지역에서는 대체 가능한 새로운 일자리를 창출하고, 더 나아가 탄소집약 산업의 위기 노동자를 친환경 산업으로 전환할 수 있는 재배치 정책이 요구된다. 이와 같은 일자리 재배치에는 녹색 관련 숙련 향상을 위한 직업훈련사업이 반드시 포함되어야 하며, 노동자들이 전환 과정에서 소외되지 않도록 촘촘한 정책 설계가 필요하다.[19] 반면, 이미 녹색 일자리 비중이 높은 지역에서는 노동력 부족을 예방하고 추가 고용 성장을 유도하기 위한 직업훈련사업 인프라에 대한 투자가 강화되어야 한다. 그린 전환이 기회로 작동하기 위해서는 녹색산업과 숙련 체계, 그리고 인센티브 구조가 유기적으로 연계되어야 한다.

그린 전환은 단순한 기술 변화가 아니라 노동시장 전체의 구조 재편을 수반한다. 탄소중립 경제로의 전환에 대응하려면 숙련노동력의 확보가 핵심

---

19 OECD(2017), *Employment Implications of Green Growth, OECD Publishing*, Paris.

이며, 이를 위한 정책 투자는 필수적이다. 특히 산업전환 지역에서 새로운 기술과 역량을 확보하지 못하면 대량 실업이 현실화될 수 있다. 탄소집약 산업과 오염배출 산업에 종사하는 중·저숙련의 반복작업 중심 노동자는 그린 전환에서 가장 먼저 영향을 받을 위험 계층이며, 이들이 새로운 직무에 적응할 수 있도록 재교육과 기술 향상 노력이 절실하다.

OECD 대부분 국가에서 전례 없는 노동력 부족 현상이 심화하는 가운데 녹색 기술 인력 부족은 기후 목표 달성에 장애 요인이 되고 있다(OECD, 2022). 더욱이 오염 유발 산업에 의존하는 지역은 그린 전환에 따른 부정적 충격에 직접 노출되고 있으며, 이들 지역은 대체로 평균 소득과 기술 수준이 낮은 곳들이다(World Bank, 2022). 이러한 노동자들은 교육 참여율이 낮고, 재교육 성공 가능성도 제한적이다. 반면, 녹색 일자리는 자본이 집중된 도시 지역에 편중되고 있으며, 이미 전환을 관리하기에 좋은 지위를 점하고 있다. 일반적으로 이들 노동자의 숙련 수준은 교외나 농촌보다 높다. 녹색 일자리는 일반적으로 임금수준이 높은 데 반해 오염물질 배출 및 탄소집약 산업 일자리는 사라질 위험이 높다. 때문에 정부가 노동시장에 적극적으로 개입하지 않으면 노동시장의 양극화 및 지역 간 격차는 잠재적으로 확대할 가능성이 높다.

중앙정부와 지방정부는 지역 노동시장의 숙련 체계가 그린 전환을 가능하게 하고, 이것을 정의로운 방식으로 구현할 수 있도록 제도적 기반을 마련해야 한다. 그러나 현재의 직업교육체계는 환경 정책이나 탈탄소화 전략과 유기적으로 연계되지 못하고 있다. 결과적으로 녹색 인력 수요는 증가하고 있지만, 교육 시스템은 이에 비해 정체된 상태이다. 탄소중립 전환으로 인한 노동시장의 충격을 줄이기 위해서는 미래 지향적이며 포괄적인 성인 학습 시스템이 필요하다. 이는 산업별 숙련 수요의 변화를 반영한 교육과정

개편을 포함해야 하며, 그린 전환의 영향을 가장 많이 받는 부문과 지역을 대상으로 한 맞춤형 훈련 프로그램이 병행되어야 한다.

한편 대부분의 성인 학습은 직장에서 이루어진다는 점에서 정책 입안자는 고용주가 직원의 역량 향상과 전직을 지원하도록 적절한 인센티브를 제공해야 한다. 산업전환 지역의 탄소집약 산업 종사자의 전직을 지원하기 위해 교육 및 훈련과 공공 고용 서비스가 패키지 형태로 제공되어야 하며, 특히 실업 위험이 높은 계층에 대한 조기 개입이 중요하다. 교육 수준이 낮은 중간 숙련 노동자는 그린 전환의 피해를 가장 직접적으로 입을 가능성이 높기 때문에, 이들을 위한 맞춤형 진로 지도와 소득 지원, 재취업 서비스가 필수적이다. 이는 단순한 복지 지원을 넘어 사회적·정서적 불만, 즉 '그린 분노(green resentment)'를 최소화하는 데도 핵심 역할을 할 것이다.

그린 전환 대비 전문인력 양성은 탈탄소화 조치와 일치하는 적절한 시기의 인력 수급 및 고용 정보(employment information)를 기반으로 추진되어야만 효과적이다. 다시 말해 환경 규제의 영향을 반영한 숙련 수준별 인력 수요를 전망하고, 그리고 산업 부문별 및 지역적 인력 수요를 분리하여 훈련 수요를 과학적으로 예상할 수 있어야 한다. 예컨대 오염 유발 직업의 비율이 높은 지역에서는 실직 위험이 높은 위기 노동자의 숙련 수준과 인구통계학적 특성에 대한 분석이 필요하다. 전문인력 양성 사업에서 지방정부와 이해관계자의 역할이 대단히 중요하다. 지방정부는 지역고용정책의 설계 및 전달을 개선하고 탈탄소화 조치를 위한 대중적 동의를 확보하는 지역 차원의 인력양성사업 협의체의 발기인 역할을 할 수 있는 좋은 위치에 있다.

4) 공간적 연결성 강화: 이중 전환의 지리적 접근

디지털 기술 변화가 직접적으로 영향을 미치는 지식기반산업의 고임금 일자리는 수도권에 집중되고 있음이 실증적으로 확인되었다. 생활과 생산 방식의 디지털화는 불안정·비정규 노동자 집단의 확대를 초래하며, 노동시장 이슈를 한층 복잡하게 만들고 있다. 한편, 탄소중립 경제로의 이행에 따라 울산, 경남, 충남 등 전통 제조업 중심 지역에서는 고임금 일자리의 비중이 둔화하거나 감소했다. 그린 전환의 영향이 지역별로 다르게 나타나는 만큼, 지방정부의 책무성과 자율성은 점차 더 중요한 정책 요소로 부상하고 있다. 노동시장 전반에서 고용 기회, 숙련 인력의 가용성과 질적 수준은 지역별로 큰 차이를 보이기 때문에, 각 지역의 과제와 강점을 고려한 맞춤형 대응이 요구된다(OECD, 2016).

환경 정책 또한 지역 간 격차를 확대할 수 있으며, 어떤 지역에서는 일자리의 소멸을, 또 다른 지역에서는 숙련인력 부족을 야기할 수 있어 정책적 개입의 필요성이 더욱 커지고 있다. 이러한 맥락에서 '장소기반 정책'은 국가 차원에서 설계되어야 한다. 탈성장 담론에서 주장되는 지역 공동체 중심의 자립적 순환 경제는 자칫하면 특정 지역을 외부와 단절된 '고립된 섬'으로 전락시키는 역선택이 될 수 있다. 따라서 지역 간 불균형을 해소하고 공간적 연결성을 강화하려면 지방정부의 분권화와 책무성을 전제로 하는 정책 설계가 필요하다. 이는 단순한 보조적 참여가 아닌 포스트 성장 사회를 실현할 핵심 주체로서 지방정부의 역할을 새롭게 조명하는 것이기도 하다.

지방정부가 중요한 이유는 세 가지로 정리할 수 있다. 첫째, 지역 고용 및 숙련 수요에 대한 이해도가 높아 보다 정밀한 정책 설계가 가능하다. 둘째, 지역 수준에서 개발된 서비스는 지역의 특성과 맥락을 반영하여 혁신적이고 실험적인 접근이 쉽다. 셋째, 지방정부는 '지역 숙련 연합'의 주체로서, 숙련 정책의 발기인 역할을 담당할 수 있는 적절한 위치에 있다. 따라서 복합적인 이중전환 상황에서 지방정부의 정책 참여는 노동시장의 숙련 수요 변화에 유연하고 효과적으로 대응할 수 있는 전략적 수단이 된다. 그러나 지방정부의 독자적 정책 실행은 중앙정부와의 유기적인 협력이 전제되어야 한다. 특히 이중 전환이 심화하는 상황에서 지역 간 고용 불균형과 임금격차를 완화하기 위해서는 중앙정부 주도의 지방정부 간 협력체계 구축이 절대적으로 중요하다. 지방정부가 노동시장 개입의 실질적 주체가 되기 위해서는 수직적 협력 구조, 즉 중앙정부와 지역정부 간의 명확하고 일관된 정책 메시지 공유와 역할 분담이 필요하다.

이러한 협력은 두 가지 측면에서 효과적이다. 하나는 지역의 특수한 숙련 수요를 중앙정부에 전달하여 정책 반영을 유도하고, 다른 하나는 중앙정부 정책의 이해와 집행에 있어 지역 행위자의 참여와 지지를 끌어내는 것이다. 더 나아가 지역 간 경험 공유를 촉진하고, 지역 수준의 역량을 강화하는 기반도 마련할 수 있다. 효과적인 수직·수평 협력 메커니즘이 정착된다면, 국가 전체의 노동시장 정책은 더욱 정교하고 실효성 있게 진화할 수 있다.

지방정부는 숙련 정책뿐만 아니라 인프라 투자 등 지역경제 전반에 걸친 개발 전략에서도 핵심 역할을 맡아야 한다. 실제로 유럽연합(EU)에서는 지방정부가 전체 공공투자 중 약 3분의 1을 담당하고 있다. 다수의 지방자치단체는 기후 위기에 대응하고 지속가능한 환경 구축을 위한 다양한 조치를 실행하고 있지만, 이는 유럽 내 저개발 지역에서 일반화된 현상은 아니다. 이러한 지역의 자치단체들은 그린 전환을 위해 야심 찬 계획을 보유하고 있지만, 실행 단계에서는 숙련 부족과 전문성 결여 등 장벽에 직면하고 있다. 유럽투자은행(EIB)의 조사에 따르면, 전체 지방정부의 약 70%가 숙련 부족을 주요한 제약 요인으로 인식하고 있다(European Investment Bank, 2023).

지방정부는 산업 전환의 영향을 유사하게 받는 다른 도시나 지역과 연합 또는 파트너십을 형성하여 지역 특수적 자원을 공유하고 전환 지원 서비스의 규모의 경제를 실현할 수 있다. 나아가, 중앙정부는 물론 국제기구를 상대로도 정책적 영향력을 강화할 수 있다. 예를 들어, EU의 지역위원회는 자동차 산업 전환을 지원하기 위해 '자동차 지역 연합(Automotive Regions Alliance)'을 창설했다. 이 연합은 750만 개의 일자리를 가지고 있는 자동차 산업의 정의롭고 성공적인 전환을 지원하는 유럽 차원의 메커니즘 구축을 목표로 하고 있다(European Committee of the Regions, 2022).[20] 이 연합은 노동자 재교육과 숙련 향상을 위한 지원, 공공자금 조달을 통한 전기차 및 저탄소 차량 보급 촉진, 충전 인프라 개선 등 다층적 조치를 옹호하며, 산업 전환의 정의로운 이행을 위한 국제 연대의 모델로 기능하고 있다.

5) 지역의 발전경로 선택과 거버넌스

거버넌스의 질적 수준은 정책 수단의 품질뿐만 아니라 지역 혁신성에도 영향을 준다. 기존 정책조합의 거버넌스는 초기에 유사한 전제 조건을 가진 지역에서 경제적 성과를 다르게 만드는 주요 요인으로 작용한다(Morgan and Volante, 2016). 산업 전환의 장소기반 접근은 지역별 수요와 기회의 차이를 고려한 정책 지원체계의 조정을 핵심 수단으로 활용하는 것이다. 이것

---

20 European Committee of the Regions(2022), "Automotive Regions Alliance urges EU support programme to ensure a just, fair and successful transition for a 7.5 million jobs industry", *Cor Press Release*, 2022년 11월 17일.

을 위해서는 광범위한 이해관계자가 참여하는 복합적 거버넌스 논의가 필수적이다. 아무리 적절한 전략이라고 하더라도 지역 산업의 유산과 구조에 따라 달라지기도 한다.

지역적 맥락(regional context)에 기반한 이중 전환을 성공적으로 관리하기 위해서는 이해관계자 기반의 거버넌스 체계 구축이 핵심이다. 이는 단순한 행정 주체의 능력뿐 아니라, 최첨단 지식 수용 역량, 신기술 채택 능력, 재정 자립도, 인적자원 보유 수준 등을 포괄한다. 예컨대 지역 대학, 혁신적인 기업 부문, 행정기관, 시민사회와 같은 다양한 주체는 이중 전환을 견인하는 자원과 전문성을 제공할 수 있다. 특히 제조업 기반이 강한 지역은 전통적으로 산업-연구-공공-시민사회 간 상호작용이 긴밀하게 형성되어 있어 참여적 거버넌스(participatory governance)가 효과적으로 작동할 수 있다. 이처럼 다양한 주체의 민주적 참여와 전문성의 집약은 지역 핵심역량을 최대화하는 조건이다.

이해관계자 중심의 거버넌스는 단지 정책 방향을 정하는 것에 그치지 않고, 이중 전환을 위한 전략과 실행 수단의 연결성을 강화하는 집단적 실행 주체로 기능한다. 이 과정에서 노동조합과 기업은 핵심 이해관계자이며, 이들이 지역 경제의 발전 경로를 선택하는 데 결정적 역할을 한다. 산업전환 지역이라 해도 산업 다각화의 정도와 구조는 제각각이며, 전환의 로컬 병목 현상(local bottlenecks)도 지역에 따라 다르게 나타난다. 예를 들어, 특정 산업에 고도로 특화된 지역은 지식 기반의 동질성에 갇힐 수 있고, 반면 다각화된 지역은 저부가가치의 저숙련노동 중심 구조로 빠질 위험이 존재한다.

새로운 산업발전 경로는 모든 지역에 동일하게 적용되는 범용 정책이 아니라, 지역 특성과 산업구조에 적합한 맞춤형 선택이어야 한다(Grillitsch and Asheim, 2018). 여기에는 세 가지 주요 경로가 존재한다. 첫째, 업그레이드

표 2-12 새로운 지역발전 경로 유형

유형	메커니즘
업그레이드(Upgrading)	신기술이나 조직의 혁신 또는 새로운 비즈니스 모델에 기반한 지역 산업 성장 경로의 거대한 변화
다각화(Diversification)	관련 또는 관련되지 않은 지식 조합을 기반으로 한 새로운 산업으로의 다각화
신성장 산업 출현(Emergence)	(기업을 유치하거나, 급진적 신기술 및 과학적 발견을 통해) 지역에는 새롭고, 기존 산업과 관련이 없는 기존 산업 setting up

자료: Grillitsch and Asheim(2018: 1638~1662).

전략이다. 이것은 기존 산업 경로를 고도화함으로써 산업 내 질적 변화를 유도하는 방식으로 지역 기업이 더 높은 부가가치 활동으로 이동하거나 글로벌 가치 사슬에 편입되는 전환을 포함한다. 예를 들어, 기존 생산조직을 재설계하거나 신기술과 새로운 비즈니스 모델을 채택함으로써 기존 산업기반의 질적 성장을 꾀하는 방식이다.

둘째, 산업 다각화(Diversification) 전략이다. 이것은 기존 산업의 기술과 자원을 활용해 새로운 산업으로 확장하는 기업 중심의 변화 경로이다. 이 전략은 관련 다양성(related variety)과 비관련 다양성(unrelated variety)으로 구분된다. 관련 다양성에 기반한 다각화는 기업이 주로 기술 관련 제품으로 다각화하는 과정이다(Boschma, 2009). 예를 들어, 해양 산업은 원래 석유 플랫폼을 설치하는 데 사용했던 역량을 해상풍력단지 설치에 적용하여 신재생 에너지 부문으로 이동하는 것이 대표적 사례(Grillitsch and Asheim, 2018)이다.

셋째, 신성장 산업의 출현(Emergence) 전략이다. 이것은 기존 산업과 전혀 관련이 없는 새로운 산업을 창출하는 가장 급진적 형태의 전환이다. 새로운 비즈니스 모델, 사용자 주도형 혁신, 사회적 혁신, 또는 급진적 기술 변화 등을 통해 지역의 산업 생태계를 근본적으로 재구성하는 방식이다. 이 경로는 위험과 불확실성이 크지만, 포스트 성장 시대의 질적 도약을 가능하게 하는 핵심 통로이기도 하다.

이러한 전략들은 지역의 산업 유산, 기술 수준, 숙련도, 정책 여건 등에 따라 선택적으로 결합해야 한다. 이 과정에서는 참여적 거버넌스와 중앙·지방 협력체계가 안정적으로 작동할 때 효과적으로 실행될 수 있다. 무엇보다 이해관계자의 조직화와 협력 메커니즘이 구체화할 때 이중전환 시대의 지역발전 전략은 지속가능성과 포용성을 실현하는 현실적 방안이 될 수 있다.

6. 지역사회의 포스트 노동 전략

1) 자동화 및 디지털화

디지털화와 자동화는 단순반복 업무 중심의 일자리를 빠르게 대체하고 있으나, 동시에 비정형 정보 해석, 협상 및 타인에 대한 공감과 배려 능력 등 횡단적 숙련(transversal skills)을 요구하는 노동에 대한 수요는 더욱 증가하고 있다. 횡단적 숙련 직무는 명확한 규칙에 따라 수행되기 어렵고, 컴퓨터 프로그램으로도 대체하기 어려운 특성이 있다. 자동화는 주로 고숙련과 저숙련 직종에 직접적 영향을 미치기 때문에 중간 숙련 직업군의 공백을 유발하여 지역 노동시장의 양극화를 가속화하는 경향이 있다(Autor, 2015). 이러한 현상은 정부의 적극적 개입 없이는 소득 불평등과 지역 인구의 과소화를 심화시킬 수밖에 없다.

디지털화는 직종과 업무 유형에 따라 불균등한 충격을 주기 때문에, 특히 중·저숙련 일상업무 비중이 높은 지역에서 그 부정적 영향이 두드러진다. 산업전환 지역의 경우 전통적 제조업 중심 산업구조로 인해 저숙련노동 의존도가 높아 자동화에 대한 취약성이 더욱 크다. 그러나 이러한 기술적 구성 변화는 동시에 새로운 일자리 창출의 가능성도 내포하고 있다. 따라서 지역고용정책은 근로자의 직업 전환을 위한 숙련 재형성과 고용 서비스 제공을 핵심 의제로 삼아야 한다. 근로자는 미래의 일자리로 옮기기 위한 직업전환 능력을 갖추고, 새로운 기술 습득을 통해 노동시장에 재진입할 수 있어야 한다. 기존 인력의 기술 향상 및 재교육은 포스트 성장 사회에서 지속가능한 고용구조를 유지하는 데 필수적인 과제로서 지역고용정책의 핵심에 위치해야 한다.

2) 산업전환 지역의 노동 전략

고도로 숙련된 노동자와 생산적 기업은 지리적으로 특정 지역에 집중되어 있다. 고생산성 및 고숙련 노동력 집중 장소와 저생산성 및 저숙련 노동력 집중 장소 사이에 불평등이 확산하고 있다. 이와 같은 장소와 지역의 존재는 경쟁력, 고용 기회 및 전반적인 삶의 질 등에서 격차를 확대하고, 궁극적으로 지역 내, 지역 간 불평등을 증대시킨다. 취업 취약계층 일자리는 산업전환 지역에서도 핵심 과제이다. 대다수 산업전환 지역에서는 청년 실업률이 평균보다 높고, 노인이나 여성과 같은 소외되고 과소 대표되는 집단은 교육 부족과 제한된 업무 경험으로 인해 장기 실업에 빠진다. 이런 현상은 취업 취약계층의 전반적인 삶의 만족도를 감소시키고 사회적 배제와 노동력에서 영구적으로 탈락할 위험을 증가시키며 미래에 대한 낙관론을 훼손한다.

산업전환 지역이 일의 미래에 성공적으로 대응하기 위해서는 자동화의 이익을 추구하면서 일자리 양극화 및 비정형 근로 증대와 같은 자동화의 위험을 동시에 해소해야 한다. 양질의 일자리 창출, 숙련과 참여에 대한 통합적 접근 방식은 산업전환 지역의 구조적 조정(structural adjustment)을 효과적으로 실현하여 고용과 생산성 목표를 달성하는 데 도움이 될 수 있으나, 보완적 투자 정책과 결합해야 실현 가능하다. 산업전환 지역에는 서로 다른 성장 경로와 발전 단계의 기업집단이 공존하고 있다. 우선 대기업 집단은 우수한 능력의 노동자, 좋은 디지털 인프라, 높은 평가를 받는 디지털 잠재력과 직원 교육 우선권을 가진다. 다른 한편 중소기업은 고학력 근로자 비율이 낮고 디지털 능력을 갖춘 근로자 비율이 낮아 디지털 인프라가 열악하다. 중소기업에서는 디지털 잠재력에 대한 평가가 낮고, 직원 교육 우선순위가 낮다.

다중적 복합 전환 지역에서 노동 전략은 기존 산업 쇠퇴와 새로운 산업 성장의 전환 과정에서 고용 안정성 확보, 노동자의 숙련 강화와 지역 경제의 성과 공유를 목적으로 설정해야 한다. 적극적 노동시장 정책의 교육훈련 프로그램이 실직 노동자의 이직 및 전직 지원, 중소기업의 숙련수요 지원 등으로 활용되어야 한다. 지역 차원에서는 정의로운 전환을 위해 노동자와 취약 계층을 위한 재정적 지원이 가장 중요하다. 예컨대 전환 지역 특별기금 조성으로 위기 노동자의 재숙련 및 숙련 향상과 중소기업의 사업 전환에 적절한 재정 투입이 있어야 한다. 마지막으로 노동조합은 사회적 대화 및 협약 체결을 통해 산업전환 지역의 노동자 고용 안정 및 직업훈련사업에 직접 참여하는 주체로서 등장해야 할 것이다.

3) 지역사회 미래와 인재 양성

화석연료 기반 제조업 밀집 지역은 기술 변화와 환경규제 강화에 직면해 있으며, 이러한 지역은 심각한 구조적 위기에 빠질 위험이 높다. 포스트 성장 사회의 핵심 지역과제는 디지털과 그린 전환을 주도할 고숙련 인력 확보에 있다. 자동화와 디지털화는 노동시장에 급격한 변화 충격을 주는 한편, 새로운 일자리를 창출하고 기술 발전으로 잃어버린 일자리를 대체하는 데 상당한 시간이 필요하다. 디지털화로 소멸한 일자리의 숙련 프로파일(skill profiles)과 그 소멸한 일자리를 대체하는 데 필요한 숙련 프로파일이 같지 않아 노동과 업무의 디지털화는 일시적 현상이지만, 잠재적으로는 장기간 실업을 낳는다.

다중적 복합 전환이 노동시장 불평등을 심화시키지 않도록 하려면, 숙련 체계의 구조적 개편과 기술 변화에 대한 적응 능력이 필수적이다. 디지털 전환과 산업 현대화에 성공하려면, 문제해결 능력과 커뮤니케이션 능력을 갖춘 고숙련노동자를 확보해야 한다. 기업은 고차원의 인지능력뿐 아니라, 감성 지능, 협업 능력, 학습 역량 등을 중시하게 된다. 그러나 OECD에 따르면 전체 성인의 3분의 2가 이러한 변화에 부응할 준비가 되어 있지 않으며, 고등교육을 받지 않은 노동자의 경우 취업 기회는 점점 좁아지고 있다 (OECD, 2017b).

산업전환 지역은 저숙련 균형 위험에 빠질 위험이 아주 높다. 만약 숙련 공급이 산업이 요구하는 숙련 수준과 일치하지 않거나, 기업들이 해당 숙련을 실제로 활용할 수 없는 방식으로 구조화되어 있을 때 저숙련의 함정이 발생한다. 전통 제조업 기반의 지역은 숙련 수준이 낮고 고부가가치 산업으로의 이행도 더디기 때문에 숙련 불일치로 인한 고용 미스매치가 만연할 수 있다. 이러한 악순환을 끊기 위해서는 통합적 기술 변화 대응 전략이 필요하다. 기업과의 협력을 통해 현지 생산공정에 적합한 기술 수준을 상향하고, 근로자에게 맞춤형 교육을 제공하여 숙련도를 끌어올려야 한다. 이를 통해 지역의 기술 내재화를 높이고, 나아가 산업전환 지역이 디지털과 그린 전환의 수혜 지역으로 탈바꿈할 수 있도록 해야 한다.

참고문헌

주무현 외. 2017. 「일자리사업 추진에서 국가와 자치단체 역할 연구」. 한국고용정보원.

주무현 외. 2018. 「고용위기지역 지정 제도 개선 방안 연구」. 한국고용정보원.

탄소중립위원회. 2024. 「기존 건축의 녹색 전환 방안 모색」. 기후 위기 대응을 위한 녹색건물 컨퍼런스, 2024년 5월 2일 서울시청 다목적홀.

Autor, D. 2015. "Why are there still so many jobs? The history and future of workplace automation." *Journal of Economic Perspectives*, Vol.29/3.

Boschma, R. 2009. "Evolutionary economic geography and its implications for regional innovation policy." *Papers in Evolutionary Economic Geography*, Vol.9/12.

Cartz, H. and O. Darbishire. 2000. *Converging Divergences: Worldwide Changes in Employment System*. ILR Press.

Dawley, S., N. Marshall, A. Pike, J. Pollard, and J. Tomaney. 2014. "Continuity and Evolution in an Old Industrial Region: The Labour Market Dynamics of the Rise and Fall of Northern Rock." *Regional Studies*, Vol.48(1): 154~172.

Eurofound. 2021. The digital age: Implications of automation, digitisation and platforms for work and employment. *Challenges and prospects in the EU series*. Publications Office of the European Union, Luxembourg.

European Commission. 2017a. "Reflection Paper on Harnessing Globalization".
https://ec.europa.eu

European Commission. 2017b. "Reflection Paper on Towards a more sustainable Europe by 2030". https://ec.europa.eu

European Investment Bank. 2023. *Investment Report: Transforming Competitiveness*. European Investment Bank, Luxembourg, Publications Office.

Freyssenet, M., A. Mair, K. Shimizu, and G. Volpato. 1998. *One Best Way?: Trajectories and Industrial Models of the World's Automobile Producers*. Oxford University Press.

Grillitsch, M. and B. Asheim. 2018. "Place-based innovation policy for industrial diversification in regions." *European Planning Studies*, Vol.26(8): 1638~1662.

Hannon, E., M. Krishnan, J. Patel, and S. Sahdev. 2022. "Mobility's net-zero transition: A look at opportunities and risks." *Automotive & Assembly Practice*. McKinsey & Company April 2022.

Henning. M. and R. Eriksson. 2021. "Labour market polarisation as a localised process: evidence from Sweden." *Cambridge Journal of Regions, Economy and Society*, 2021, 14, 69~91.

Hollingsworth, R. and R. Boyer. 1997. *Contemporary Capitalism: The Embeddedness of Institution*. Cambridge University Press

Jackson, T. 2009. *Prosperity without Growth*. Routledge.

Jackson, T. 2021. *Post Growth: Life after Capitalism*. Polity.

Jackson, T. and P. Victor. 2020. "The Transition to a Sustainable Prosperity A Stock Flow Consistent Ecological Macroeconomic Model for Canada." *Ecological Economics*, 177, ELSEVIER

Kallis, K. et al. 2012. "The Economics of Degrowth." *Ecological Economics*, 84, ELSEVIER.

Kochan, T. 2013. "The American Jobs Crisis and Its Implication for The Future of Employment Policy: A Call for a New Jobs Compact." *ILR Review*, 66(2): 291~314.

Krishnan, M. and H. Samandari et al. 2022. "The net-zero transition: What it would cost, what it could bring." McKinsey and Company Report.

Martin, R. 2012. "Regional Economic Resilience, Hysteresis and Recessionary Shocks." *Journal of Economic Geography*, 12, pp.1~32.

Martin, R. and P. Sunley. 2017. "Competitiveness and Regional Economic Resilience." Rovert Huggins and Piers Thompson(eds.). *Handbook of Regions and Competitiveness: Contemporary Theories and Perspective on Economic Development.* Edward Elgar, pp.287~307.

Möller, T. and P. Schaufuss. 2022. "The automotive sector's net-zero transition: Shifting to low-emission vehicles." *McKinsey Quarterly*, August 2022.

Morgan, C. and L. Volante. 2016. "A review of the Organisation for Economic Cooperation and Development's international education surveys: Governance, human capital discourses, and policy debates." *Policy Futures in Education*, 14(6), Sage Journal.

Muench, S. et al. 2022. "Towards a green and digital future." Publications Office of the European Union, Luxembourg.

OECD. 2018a. *Job Creation and Local Economic Development 2018: Preparing for the Future of Work.* OECD Publishing, Paris.

OECD. 2018b. *OECD Science, Technology and Innovation Outlook 2018: Adapting to Technological and Societal Disruption.* OECD Publishing, Paris.

OECD. 2018c. *Good Jobs for All in a Changing World of Work: The OECD Jobs Strategy.* OECD Publishing, Paris.

OECD. 2019a. *OECD Employment Outlook 2019: The Future of Work.* OECD Publishing, Paris.

OECD. 2019b. *Regions in Industrial Transition: Policies for People and Places.* OECD Publishing, Paris.

OECD. 2020. *Job Creation and Local Economic Development 2020: REBUILDING BETTER.* OECD Publishing, Paris.

OECD. 2024. *OECD Digital Economy Outlook 2024: Embracing the Technology Frontier.* OECD Publishing, Paris.

Rodríguez-Pose, A. 2018. "The revenge of the place that don't matter (and what to do)." *Cambridge Journal of Regions, Economy and Society*, 11(1): 189~209, Oxford University Press.

Rodríguez-Pose, A. and F. Bartalucci. 2024. "The green transition and its potential territorial discontents." *Cambridge Journal of Regions, Economy and Society*, Vol.17, 339~358.

Roson, M. 2009. "Structural Change, Specialization and Regional Labour Market Performance: Evidence for the UK." *Applied Economics*, 41, pp.275~293.

Smith, S. 2017. "Just Transition: A Report for the OECD." Just Transition Centre.

UNFCC. 2020. "Just Transition of the Workforce, and the Creation of Decent Work and Quality Jobs." *UNFCC(UN Framework Convention on Climate Change) Technical Paper.*

Vas, Z., I. Kanó, and G. Vida. 2024. "Spatial concentration of the ICT sector in the digital age in Central and Eastern Europe." EUROPEAN PLANNING STUDIES, VOL.32, NO.12, Routledge.

Victor, P. 2008. *Managing Without Growth.* Edward Elgar.

Wixe, S. and M. Andersson. 2017. "Which Types of Relatedness Matter in Regional Growth? Industry, Occupation and Education." *Regional Studies*, Vol.51(4): 523~536.

3 기후 위기에 직면한 노동시장의 변모, 그리고 노동의 개입 전략

박태주

1. 문제의 제기

이 글에서는 기후 위기와 그것에 대응하는 과정에서 나타나는 노동의 변모와 그 대응을 살펴본다. 특히 저탄소 경제로 이행하는 과정에서 발생하는 전환 리스크(transitional risks)에 초점을 맞춰 그것이 일의 미래(future of work)에 미치는 영향에 주목한다. 기후변화로 인해 에너지 및 산업이 전환되면서 고용이 창출되거나 소멸하고, 산업별·지역별 고용구조가 변한다. 생산과정 및 숙련 기반, 노동조건, 노동 형태 또한 변화한다. 이 과정에서 기후 재난과 기술 및 산업 전환에 노출된 노동 약자는 '다양한 재난의 합류 지점'(루비니, 2023)이 된다.

기후 위기는 혼자 오지 않는다. 그것은 무엇보다도 디지털 전환과 맞물려 그린·디지털 전환(green-digital transition)이라는 이중 전환의 형태로 나타난다. 한국에서 디지털 전환은 과잉이라 할 만큼 선도적이지만 그린 전환은 크게 지체되고 있다(김병권, 2025a). 이러한 불균형은 노동시장에 미치는 부정적인 영향을 상승적으로 키울 수 있다. 가령 AI로 대변되는 디지털 전환이 기술적 실업을 가져온다면 지체된 그린 전환은 산업의 경쟁력을 떨어뜨려 환경적 실업을 가져오는 요인이 될 수 있기 때문이다. 그리고 이중 전환을 둘러싼 경제 환경은 '저성장 체제의 고착화'로 특정된다. 저성장 체제에서 이중 전환이 진행된다는 것은 경제성장이 기후 위기와 디지털 전환이라는 이중 전환의 충격을 완충하지 못한다는 사실을 의미한다.

한편 미래 노동시장은 주체들의 전략적 대응의 산물이다. 노동조합으로 대표되는 '조직된 노동'은 한편으로는 이중 위기의 영향을 받으면서 다른 한편으로는 이중 위기에 대응하며 새로운 노동시장 질서를 형성하는 주체가 된다. 노동조합은 단체교섭이나 경영 참가, 혹은 사회적 대화 등을 통해 정의로운 전환(just transition)을 지향한다.

결론적으로 이 글은 기후 위기가 에너지 및 산업 전환을 통해 노동시장에 미치는 영향과 이에 대한 노동의 대응을 살펴보기 위한 것이다. 특히 정의로운 전환이란 한편으로는 기후 위기에 대응하면서 다른 한편으로는 노동자에게 미치는 개인적인 피해는 물론 사회경제적인 피해를 최소화하려는 노력이다. 이러한 점에서 정의로운 전환은 기후 위기에 대한 완화(mitigation) 전략의 일환이자 취약 노동계층을 대상으로 사회생태적 회복력(socio-ecological resilience)을 높이려는 적응(adaptation) 전략의 일환이라고 할 수 있다(우석영 외, 2024; 리프킨, 2022).

이 글은 다음과 같이 구성된다. 먼저 한국은 기후위기 대응에 미온적인 태도를 보이며 기후 전환을 지체시키고 있다는 사실을 살펴본다. 기후 전환의 지체는 결국 산업 전환의 지체, 나아가 산업 전환의 실패를 초래할 수 있다. 국제 통상환경도 급변하고 있다. 기후 위기가 진행되면서 녹색 보호주의가 대두되고 최근에는 미국을 중심으로 관세전쟁과 같은 자국 중심주의가 강화되면서 수출에 의존하는 한국의 성장 정책도 심각한 도전에 직면하고 있다.

산업 전환의 실패는 그것이 저성장 체제에서 디지털 전환과 맞물려 노동시장에 커다란 충격을 가한다. 여기에는 실업과 함께 불안정노동자의 증가가 포함된다. 마지막으로는 노동의 대응을 살펴본다. 여기서는 먼저 거시경제적 측면에서 그린뉴딜 전략을 조명한다. 그린뉴딜은 포스트 성장(post-growth) 전략의 '입구 전략'이자 '성장 없는 그린뉴딜'로 이행하는 과도기적 과정으로 제시된다. 저성장(혹은 탈성장) 시대의 일자리 창출 방안으로 대두되는 녹색 일자리 창출과 함께 성장에 의존하지 않는 일자리 정책으로서 노동시간의 단축 및 돌봄 노동의 확대도 논의 대상이다.

노동의 대응 전략에서 핵심은 노동이 참여하는 민주적인 전환 거버넌스를 구축하는 일이다. 기후 거버넌스는 중층적으로 촘촘하게 구성된다. 이는 사회적 대화 기구를 비롯해 산업 및 기업 차원의 단체교섭, 그리고 공동결정제도에 이르기까지 다양한 층위를 포함한다. 특히 정상 수준(peak-level)의 사회적 대화는 '효과적이고 포용적인 디지털·그린 전환'을 위한 핵심적인 수단에 속한다(ILO, 2025). 이 글이 노동의 거버넌스 전략으로 사회적 대화를 강조하는 이유이다. 마지막으로는 논의를 요약하고 결론을 맺는다.

2. 한국의 지체된 기후 대응과 산업 전환의 위기

1) 한국의 지체된 기후 대응

세기말에 지구 표면의 온도가 1.5℃ 궤도를 이탈할 것이라는 예상은 더이상 놀라운 소식이 아니다. 가령 유엔환경계획(UNEP, 2024)은 지난해 10월, "각국이 야심적인 온실가스 감축 목표를 세우고 이를 즉각 이행하지 않으면 이번 세기 안에 지구 기온은 산업화 이전 대비 2.6℃에서 최고 3.1℃까지 상승할 것이다"라고 경고하고 있다. 파리 협정에서 설정한 "지구온난화로 인한 기온 상승을 산업화 이전 대비 1.5℃ 이하로 제한하도록 노력한다"는 목표는 북극의 얼음처럼 사라지고 있다.

실제로 세계기상기구(WMO, 2025)는 2024년 지구 연평균 지표면 온도가 산업화 이전(1850~1900년)에 견주어 1.55℃ 상승해, 175년 관측 사상 가장 높았다고 발표하고 있다. 또한 유럽의 코페르니쿠스 기후연구소는 2024년 지구의 온도 상승 폭이 1.6℃에 달할 것이라고 밝히고 있다(김병권, 2025b).

그런 가운데 한국의 기후 대응은 '무임승차 전략'에 가깝다고 평가될 만큼 뒤처져 있다. 한국은 2020년, 2050 탄소중립을 선언하고 2021년에는 탄소중립·녹색성장기본법을 제정했다. 또한 2030년까지 재생 에너지 비중을 21.6%로 확대하고 2038년에는 29.2%로 늘리는 계획도 수립했다(산업통상자원부, 2025). 그러나 탄소 감축 및 에너지 전환 목표가 야심적이지 못한 것도 문제지만, 목표 대비 실행계획이 미흡해 실현 가능성마저 의심받는 실정이다. 실제로 유엔환경계획(2024)은 한국이 탄소배출량을 줄이고는 있지만 "국가온실가스감축목표(NDC)를 이행할 가능성은 낮다"(less likely to achieve the NDC)고 지적하고 있다. 구체적으로는 미흡한 이행점검 체계, 구속력 있는 규제의 부족, 산업계 반발로 인한 정책의 일관성 후퇴 등이 거론된다.

실제로 Germanwatch 등 기후 위기 모니터 기구들이 공동으로 발표한 기후변화이행지수(Climate Change Performance Index: CCPI)에 따르면 한국의 기후위기 대응은 조사 대상국 67개국 중 63위에 불과하다(1~3위는 없음) (Burck et al., 2024). 한국보다 낮은 순위의 국가는 모두 산유국(러시아, 아랍에미리트, 사우디아라비아, 이란)이다. 한국은 기후 대응에서 사실상 꼴찌라는 평가를 받고 있는 셈이다. 이에 따라 CCPI 기구는 한국에 2035년까지 화석연료 발전을 단계적으로 폐지하고 재생 에너지를 신속하게 확충하는 한편 헌법재판소의 판단에 따른 이행계획 마련을 권고하고 있다.

한국 경제는 구조적으로 기후 대응에 취약한 특성을 갖고 있다. 제조업의 비중이 높은 데다 그것이 탄소 집약적이고 에너지 다소비적인 구조를 갖고 있기 때문이다. 또한 이들 산업은 수출 중심적인 구조를 갖고 있어 통상 환경의 변화에 민감하게 반응한다. 이는 탄소배출과 관련된 통상 규제뿐 아니라 자국 우선주의의 대두와 같은 세계화 후퇴에 따른 리스크를 회피하기 어렵다는 사실을 말한다. 탄소 집약적이며 수출 중심적인 산업구조에서 기후 대응과 산업 전환의 필요성은 그만큼 크고 시급하다.

그러나 현실은 그렇지 못하다. 높은 온실가스 배출량과 낮은 재생 에너지 비중, 에너지의 낮은 효율성과 급증하는 전력 수요, 그리고 산업·통상 정책의 실종 등은 산업 전환을 지체시키는 대표적인 요인들이다. 기후위기 대응 비용을 아끼면 경제 부담이 줄어들 것이라는 생각은 그야말로 장밋빛 환상에 불과하다. 기후 대응을 늦추는 게 경제에 더 큰 충격을 가져올 수 있다. 국제사회가 한국의 무임승차 전략을 용인하지도 않을 것이다. 결과적으로 기후 대응의 지체는 산업 전환을 늦추고 이는 다시 기후대응 능력을 낮추는 악순환을 가져온다. 그 여파는 노동시장으로 번지면서 노동자들은 더욱 심각한 손실과 불안정성에 노출될 것이다.

2) 산업 전환의 지체

산업 전환이란 "탄소중립 사회로의 이행 및 디지털 전환 등의 직접 또는 간접적인 영향을 받아 기존 산업 또는 업종이 감소·소멸하고, 다른 산업·업종으로 전환하는 과정"을 말한다(산업전환고용안정법 제2조). 산업 전환을 초래하는 핵심적인 요인으로는 '탄소중립 사회로의 이행'과 디지털 전환이라는 이중 전환(dual transformation)을 지목하고 있다.

산업 전환은 기후 위기에 적응하는 과정이자 탄소중립 사회로 이행하는 과정에 해당한다. 산업 전환이 화석연료에서 재생 에너지로의 전환과 에너지의 효율화, 그리고 생산과정에서의 탄소배출 감축을 포함하기 때문이다. 따라서 기후 대응의 지체는 산업 전환의 지체를 초래한다. 에너지 전환과 에너지 효율화의 지체가 산업 경쟁력을 떨어뜨릴 것임은 두말할 나위도 없다. 산업 전환을 지체시키는 구체적 요인으로는 에너지 전환의 부진과 에너지 경쟁력의 저하, 악화되는 통상 환경, 기후 대응 가속화에 대한 준비 부족, 그리고 산업 정책의 부재 등을 들 수 있다.

한국의 기후위기 대응에서 가장 뒤처진 부분은 에너지 전환이다. 에너지 사용과 전기 생산에서 나오는 탄소배출량을 합하면 2018년 기준 5억 8,700만 톤으로 한국 전체 배출량의 86.9%를 차지한다(환경부 온실가스종합정보센터, 2020). 그만큼 에너지 전환이 기후위기 대응에서 차지하는 비중은 절대적이다. 정부는 2030년까지 총 발전량의 21.6%를 재생 에너지로 보급한다는 목표를 세워 두고 있다. 그러나 세계 평균 재생 에너지 비율이 2023년 기준 30%를 넘은 것과 달리 한국은 9%에 지나지 않는다. 태양광과 풍력발전만을 떼어 보면 5% 수준으로 이는 세계 평균인 13.4%는 물론 중국(16%)과 일본(12%), 베트남(13%)보다 뒤진다(Ember, 2024).

재생 에너지 부족은 한국의 산업을 국제적인 통상 및 자본 규제의 직접적인 타격 대상으로 만든다. 탄소배출을 둘러싼 통상 규제는 보호무역주의와 결합해 일종의 '사다리 걷어차기'로 작용하고 있다. 탄소국경조정제도(CBAM)나 공급망실사법(CSDDD) 등이 대표적이다. 이에 더해 한국은 대표적인 ESG 조치라고 할 수 있는 기후 공시 의무화 조치마저 유예하고 있어 자본 유치의 어려움도 더해질 것이다. 민간 규제에 속하는 RE100은 재생 에너지 100% 사용을 요구한다. RE100은 직접 배출량과 간접 배출량뿐 아니라 협력업체와 물류 등 공급망 전체의 온실가스 배출량(scope 3)까지 규제 대상에 포함한다. 한국의 수출주력 산업인 철강, 반도체, 조선, 비철금속, 석유화학 등은 하나같이 에너지를 많이 소비하는 동시에 탄소배출 집약적인 산업이라 통상 규제를 회피하기도 힘든 실정이다.

재생 에너지의 부족은 에너지 경쟁력의 저하로 이어진다. 재생 에너지 생산 규모가 확대되고 관련 기술(태양광 패널, 풍력 터빈, O&M 비용의 절감)이 발전하면서 재생 에너지의 발전 단가(LCOE)는 빠르게 하락하는 반면 화석연료의 발전 단가는 상승하고 있다. 재생 에너지 발전 단가와 화석연료 발전 단가가 같아지는 지점을 그리드 패리티(grid parity)라고 부른다.

국제재생에너지기구(IRENA, 2024)에 따르면 2023년 기준 신규 육상풍력의 발전 단가는 MWh당 33달러로 석탄화력 발전의 33%(100달러)에 불과하다. 해상풍력의 발전 단가는 석탄화력의 75% 수준(75달러), 태양광은 44% 수준(44달러)으로 하락했다.

재생 에너지의 가격 하락으로 한국 역시 그리드 패리티를 통과하고 있다. 육상풍력은 2017년 전후로, 태양광은 2018년경 그리드 패리티를 통과했다

표 3-1 화석연료와 비교한 태양광 및 풍력 발전의 단가 변화, 2010~2023

	Total installed costs (2023 USD/kW)			Capacity factor (%)			Levelised cost of electricity (2023 USD/kWh)		
	2010	2023	% change	2010	2023	% change	2010	2023	% change
Bioenergy	3010	2730	-9%	72	72	0%	0.084	0.072	-14%
Geothermal	3011	4589	52%	87	82	-6%	0.054	0.071	31%
Hydropower	1459	2806	92%	44	53	20%	0.043	0.057	33%
Solar PV	5310	758	-86%	14	16	14%	0.460	0.044	-90%
CSP	10453	6589	-37%	30	55	83%	0.393	0.117	-70%
Onshore wind	2272	1160	-49%	27	36	33%	0.111	0.033	-70%
Offshore wind	5409	2800	-48%	38	41	8%	0.203	0.075	-63%

주: 석탄화력 발전 USD 0.090/kWh(2010) → USD 0.100/kWh(2023)
자료: IRENA(2024).

그림 3-1 한국 균등화 발전 단가(LCOE)의 변화, 2010~2023

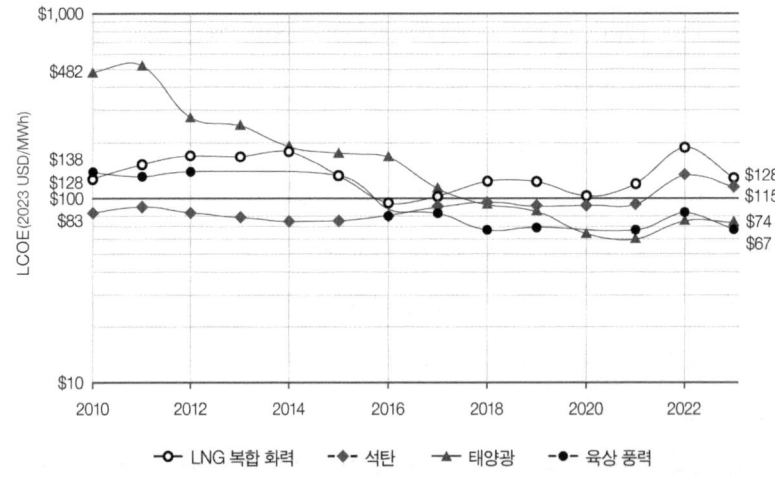

자료: IRENA(2024).

고 알려진다(IRENA, 2024). 2022년 기준, 한국의 발전원별 발전 단가는 MWh당 LNG 복합화력이 128달러, 석탄 115달러인 반면 태양광은 74달러, 그리고 육상풍력은 67달러를 기록하고 있다. 석탄, 가스와 같은 값비싼 화석연료 전기를 사용할 수밖에 없는 한국 기업은 앞으로 통상 규제에 더해 에너지 경쟁력의 저하까지 감수해야 하는 처지이다.

재생 에너지의 부족과 에너지 경쟁력의 약화, 그리고 이에 따른 통상 규제의 강화는 기업의 경쟁력을 떨어뜨리는 것은 물론 기업의 해외 이전을 촉진할 수 있다. 에너지 전환의 지체가 산업 공동화의 위험까지 초래하는 것이다.[1]

기후 대응을 지체한다고 기후대응 의무가 면제되는 것은 아니다. 전 세계적으로 온실가스 규제가 강화되면서 한국도 기후대응 속도를 높일 수밖에 없다. 유럽 각국은 1997년, 교토의정서 이래 30년 가까이 온실가스 배출량을 줄여 왔지만 한국은 2016년에야 파리 협정을 비준하고 2021년에 2030년까지 2018년 대비 온실가스를 40% 감축하겠다는 '2030 NDC 상향안'을 제출했다. 즉, 한국은 매우 짧은 시기 안에 탄소중립을 달성해야 할 판이다. 여태까지 낮잠을 자다 천둥소리에 놀라 깬 토끼처럼 뒤늦게 급히 달려야 하는 꼴이 된 셈이다.

준비되지 않은 상황에서 기후 대응이 급격하게 추진될 경우 산업 전환 자체가 위기에 처할 수 있다. 예열도 하지 않은 엔진을 급가속하는 것과 마찬

---

1 실제로 글로벌기후싱크탱크인 E3G가 15개국 경영진(1,477명)을 상대로 "만약 당신의 국가가 화석연료에서 에너지 전환을 하지 않는다면 재생 에너지 기반의 전력 시스템을 가진 나라로 이전하겠습니까?"라고 물었을 때 한국 기업인(105인)의 8%가 사업장(operations)을, 32%가 공급망(supply chains)을, 그리고 39%가 둘 다 옮기겠다고 답했다(기후솔루션, 2025). 기업의 해외 이전은 자국 우선주의가 강화되면 더욱 활발해질 것이다.

가지일 것이기 때문이다. 재생 에너지의 확보와 에너지 효율화를 위한 기술 개발과 설비의 교체, 제품 및 생산방식의 변화 등에 자본 투자를 집중시켜야 하는 상황에서 자본이 부족한 기업들은 물 밖에 내놓은 물고기처럼 생존 자체가 어려워질 것이다. 정부의 재정 지원마저 한계에 부딪힌다면 산업 전환은 곳곳에서 중동무이로 꺾이고 노동·사회 정책은 산업 전환 및 성장 정책의 뒷전으로 밀릴 것이다.

주체적으로 기획되지도, 준비되지도 않은 상황에서 외부 압력에 밀려 가속 페달을 밟으면 과속의 위험이 커진다. 이 경우 기후 대응이 충분한 사회적 논의 없이 정치 관료에 의해 추진되면서 하향식 정책으로 흐를 가능성이 크다. 그렇게 되면 사회적 약자의 목소리는 묻히고, 아래로부터의 압력이 전달될 통로도 막힌다. 이는 사회적 약자가 기후 대응의 희생자가 된다는 점에서 정의로운 전환의 실종을 말한다.

마지막으로 기후 대응에 초점을 맞춰 산업 전환을 설계하는 구체적인 산업전환 정책조차 없다는 사실도 지적해야 한다. 산업전환 정책은 온실가스 규제와 정부의 재정 지원을 동반하지만 정부의 재정 능력은 제한적이며 온실가스 규제 정책은 아예 실종된 상태이다. 효율적인 산업 정책으로 경제성장을 이끌어 온 한국이 정작 산업 정책이 필요한 시점에 산업 정책의 부재를 경험한다는 건 아이러니이다.

기후 위기와 디지털 전환을 포함한 대표적인 산업 정책으로서는 유럽연합(EU)의 그린 딜(Green Deal)과 미국의 인플레이션 감축법(IRA)을 들 수 있다. 이 정책들은 에너지 전환, 산업의 경쟁력 강화, 그리고 일자리 창출을 목표로 하며 궁극적으로는 탄소중립의 달성에 초점을 맞춘다. 즉, 기후 위기에 대응하면서 산업과 노동 전환을 안정적으로 추진하는 것이 핵심이다. 그러나 한국 기업들은 정부 정책의 사각지대에 방치된 채 각자도생의 상황으로 내몰리고 있다. 이런 상황에서 최근 반도체나 전기차, 이차전지 산업이 해외에서 생산 시설을 확장하는 데서 알 수 있듯이 국내 기업이 재생 에너지와 수출 시장을 확보하기 위해 해외투자에 눈을 돌리는 것이 이상한 일도 아니다.

결과적으로 기후 대응의 지체는 산업 전환을 늦추는 데다 산업의 경쟁력을 낮춰 산업 전환을 늦추는 악순환을 초래할 수 있다. 에너지 경쟁력과 기술 경쟁력이 뒤지는 데다 설비의 교체가 지연될 경우 통상 규제에 직면할 가능성이 커진다. 이런 상황에서 갑작스러운 탄소배출 규제나 기후 재난 등으로 산업 전환이 급격한 방식으로 강제될 경우 산업 생태계의 혼란을 초래할 수 있다. 이러한 전환의 지체는 그것이 저성장 체제가 고착되는 과정에서 일어남으로써 그 부정적 효과를 키운다.

3) 저성장 체제의 도래

한국 경제의 성장률은 추세적으로 하락하고 있다. 잠재성장률도 마찬가지이다. 그 이면에는 △저출산·고령화라는 인구구조의 변화, △ 가계 부채와 심화된 소득 격차로 인한 내수의 부진, △ 세계화의 후퇴와 지정학적 갈등 등이 자리하고 있다. 경제의 서비스화도 성장률을 낮추는 요인의 하나이다. 한국은행은 최근 발표한 보고서(이은경 외, 2024)에서 2025~2029년 사이 한국의 잠재성장률은 1.8%까지 하락하며, 2030년대에는 1%대 초반, 2040년대부터는 0%대에 진입할 것으로 전망한다. 특히 2045~2049년에는 0.6%대까지 떨어져 구조적인 저성장 내지 '성장 없는 경제'로 접어들 것으로 예상하고 있다. 성장에 의존해 온 한국의 경제 및 사회구조가 '성장의 종료'라는, 지금껏 경험하지 못한 새로운 경로에 접어드는 셈이다.

그림 3-2 잠재성장률 전망

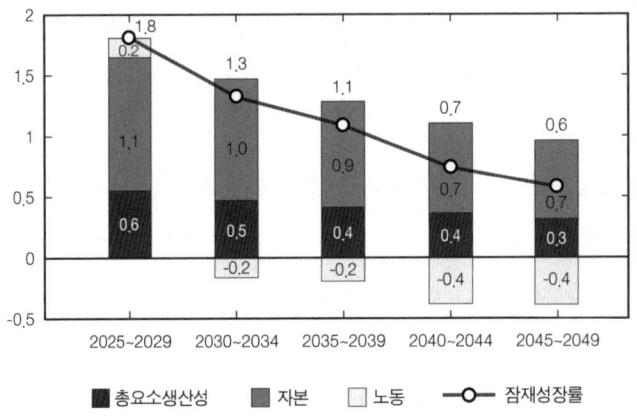

자료: 이은경 외(2024).

표 3-2 기후변화 대응 시나리오별 GDP 성장률 변화 (단위: %)

	2024~2100	2024~2030	2031~2050	2051~2080	2081~2100
1.5℃ 대응	-0.14	-0.26	-0.62	0.18	-0.11
2℃ 대응	-0.21	-0.30	-0.23	-0.15	-0.27
지연 대응	-0.28	-0.10	-0.93	0.19	-0.41
무대응	-0.30	-0.05	-0.11	-0.38	-0.52

자료: 김재윤 외(2024).

한편 한국은행이 금융감독원, 기상청 등과 함께 작성한 보고서(김재윤 외, 2024)에 따르면 기후변화 리스크는 장기간에 걸쳐 국내 경제에 부정적인 영향을 미칠 것으로 전망된다. 이 보고서는 온실가스 감축 계획을 조기에 강화하면 초기에는 정책 비용이 증가하지만 이후 기술 발전, 기후피해 축소 등을 통해 경제 회복력이 높아질 것이라고 분석한다. 가령 기후변화에 대응하지 않을 경우 2024년부터 2100년까지 GDP 성장률은 3.0% 감소하지만 1.5℃ 수준을 목표로 대응하면 0.14% 감소에 그친다. 특히 보고서는 제조업 부문에서 온실가스 감축 기술을 개발·상용화하는 노력을 강화하는 것이 장기적으로 유리한 결과를 낳는다고 지적한다.

기후변화로 인해 경제성장률이 둔화될 것으로 전망되지만 한편에서는 인구 감소가 노동시장의 일자리 문제를 완화하는 요인이 될 수 있다는 주장도 있다. 이철희(2024)의 분석에 따르면 그런 기대는 시기상조이다. 생산연령인구가 줄어드는 것은 사실이지만 경제활동인구의 감소 폭은 훨씬 적고 그 시기도 늦춰질 것으로 예상되기 때문이다. 생산연령인구가 줄더라도 경제활동 참가율이 높아질 가능성도 크다. 연령별로는 노인의 경제활동 참가율 증가와 정년 연장의 효과도 고려해야 할 것이다. 생산연령인구가 줄면서 학력별로는 고학력자, 성별로는 여성의 경제활동 참가율도 증대한다. 즉, 연령, 학력, 성별에 따라 경제활동 참가율이 전반적으로 상승할 것으로 보이는 데다 이주 노동자의 증가도 부분적이나마 인구 감소의 효과를 상쇄할 것이다. 이에 따라 이철희(2024)는 "적어도 가까운 장래에 노동력 부족 현상은 일어나지 않을 것"이라고 진단하며 "노동인구의 본격적인 감소는 지금부터 적어도 15년 후에나 시작될 것이다"라고 전망한다.

3. 산업 전환의 위기가 노동시장에 미치는 영향

기후변화와 그에 대응하는 에너지 전환과 산업 전환이 노동시장에 미치는 영향 가운데 대표적인 것은 일자리에 대한 영향이다. 이는 일자리의 소멸과 창출을 둘러싼 양적인 변화만을 의미하는 것이 아니라 일자리의 이동과 생산방식 및 노동과정의 변화로 인해 발생하는 직무(숙련)의 변화, 나아가 근로조건의 변화까지 포함한다.

기후변화가 일자리에 미치는 영향은 역동적이다. 먼저 일자리의 양과 관련하여 그것은 △새로운 일자리의 창출, △기존 일자리의 대체, △일자리의 소멸을 가져오는가 하면 △남아 있는 대부분의 일자리도 변화시킨다(ILO, 2023). 여기서 대두되는 문제는 새롭게 창출되는 일자리의 규모가 실직한 노동자를 충분히 흡수할 수 있는가 하는 점이다. 빈 일자리의 양도 문제이지만 빈 일자리가 있다고 해서 그것이 실직자로 메워지는 것은 아니다. 요구하는 숙련이 다를 수 있을 뿐 아니라 일자리의 창출과 소멸이 같은 지역, 같은 시기에 발생하지 않을 수도 있기 때문이다. 새로운 일자리의 근로조건이 실직자의 기대에 미치지 못해 빈 일자리로 남을 수도 있다.

노동시장에서의 격차도 심화될 것이다. 기존의 불평등 구조(고용 형태, 기업 규모, 성별 격차)가 유지되는 가운데 새로운 형태의 노동이 대두되면서 노동시장의 불안정이 증가하고 있다. 저임금 비정규 노동자뿐 아니라 노동자라 불리지도 못하는 플랫폼 노동자와 종속적 자영업자가 증가하고 있기 때문이다. 더 이상 노동시장의 이중구조라는 표현은 현실을 묘사하지 못한다(김철식, 2023; 이승윤, 2024). 이런 상황에서 이중 전환과 저성장 체제가 동시에 닥치면 노동시장의 불안정성은 더욱 심화될 것이다. 다시 말해 산업 전환의 위기는 △노동력 수요 부족, △노동력 수급 불일치, △노동시장의 유동화 및 불안정화를 가중시키고 결과적으로 △노동시장의 불평등을 심화시킬 것이다.

1) 전환적 실업의 대두

전환의 시대에 전환의 과정에서 발생하는 실업을 전환적 실업(transitional unemployment)이라고 부를 수 있다. 이는 케인스가 기술 변화가 초래하는

그림 3-3 전환적 실업

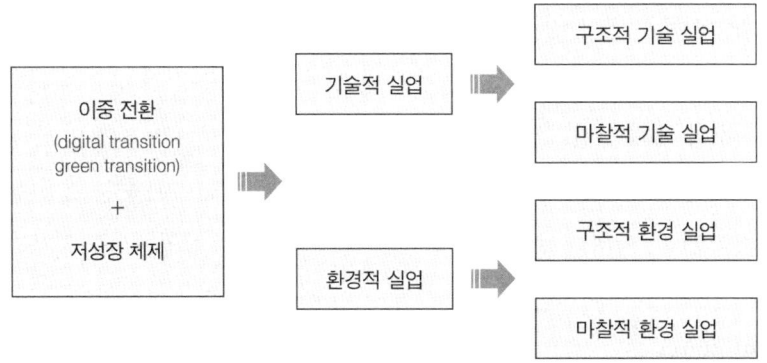

실업을 기술적 실업(technological unemployment)이라고 불렀던 것과 같은 맥락이다. 전환의 시대를 특징짓는 요소가 기후 대응과 디지털 전환이라면 전환적 실업은 그 발생 원인에 따라 기술적 실업과 환경적 실업(environmental unemployment)으로 나눌 수 있다.

기술적 실업과 환경적 실업은 다시 그 형태에 따라 구조적 실업과 마찰적 실업으로 구분된다(그림 3-3). 경제구조가 변하는 가운데 노동 수요의 절대적인 부족으로 인해 발생하는 실업이 구조적 실업이라면 마찰적 실업은 숙련, 지역, 시기, 근로 조건(정체성) 등의 불일치(mismatch)로 인해 발생하는 실업을 말한다(서스킨드, 2020 참고).

전환적 실업이 노동시장에서 상대적으로 취약한 하청 노동자, 비정규 노동자, 미조직노동자에게 더 큰 타격을 줄 것이라는 점은 쉽게 짐작할 수 있다. 환경적 실업이 주로 기후 대응의 과정에서 발생한다면 기술적 실업은 디지털 전환의 영향을 크게 받는다. 기후 위기에 대응하는 과정에서 기술 진보는 디지털 기술과 결합한다. 이는 플랫폼 노동자의 증가, 원격근무 확산으로 인한 노동시장의 유연성 증가 등을 통해 노동시장의 불안정성을 키

우고 디지털 역량에 따른 임금 및 처우 격차를 심화시킬 수 있다.

화석연료 기반 산업과 탄소집약 산업의 전환 또는 구조조정이 진행되면서 실업과 함께 노동의 산업 간·지역 간 이동도 활발해질 것이다. 석탄화력 발전소의 폐쇄와 전기차 전환에서 보듯이 사업장의 폐쇄와 제품 및 공정의 변화는 고용의 축소로 이어질 수 있다. 반면 신재생 에너지, 순환 경제나 탄소저감 관리, 생태계 보전 등과 관련한 친환경 서비스 산업에서는 일자리가 늘어날 수 있다. 이러한 변화는 지역 간 고용 불균형을 심화시키고 숙련 수준의 변화나 근로 조건의 변화에 따른 마찰적 실업을 발생시킨다.

환경적 실업은 디지털 전환에 따른 기술적 실업과 겹치면서 노동시장의 변화 속도를 높일 것이다. 컴퓨터와 휴머노이드 로봇, AI, 인간과 유사한 지적 능력을 갖춘 AGI(Artificial General Intelligence)의 도래가 인간을 일자리에서 몰아낼 것인가, 아니면 모든 사람이 일할 만큼 충분한 일자리를 창출할 것인가 하는 논쟁은 지금도 이어지고 있다.

새로운 숙련이 중요하다고 해도 숙련 교육이 마찰적 실업을 줄일 수 있을까 하는 문제도 여전히 남아 있다. 교육훈련이 일자리 자체를 증가시키지는 않을 수 있으며 교육투자 대비 효과도 불확실하기 때문이다. 여기에는 △교육 참여의 어려움(소득 감소, 시간 부족 등), △교육 내용의 한계(급변하는 산업 수요 반영의 미흡 등), △제도적 문제(교육훈련 체제의 문제, 교육-취업 연계성 부족 등), △노동시장의 구조적 문제(이중구조, 임금격차 등)이 있다(서스킨드, 2020 참고). 이와 더불어 연공급 임금체계는 실직으로 새롭게 일자리를 찾아야 하는 노동자에게 불리하게 작용한다.

2) 불안정노동자의 증가

'전환적 실업'에 못지않게 관심의 대상은 이중 전환이 초래하는 노동시장의 불안정화이다. 특히 디지털 전환이 가속되면서 플랫폼 노동자와 프리랜서, 새벽 배달 노동자, 하청 노동자와 같은 불안정 노동 계층이 노동시장에서 새로운 흐름으로 자리를 잡아 가고 있다. 노동시장의 서비스화 및 유동화, 그리고 불안정노동자의 주류화가 그것이다. 노동시장은 임금격차와 고용 불안을 내용으로 하는 이중구조를 넘어 일과 여가, 노동자와 비노동자의 경계마저 허물어지는 노동자의 탈경계화를 경험하고 있다(이승윤, 2024). 형식적으로는 자영업자이지만 실질적으로는 노동자와 다름없는 특수고용 노동자(노무 제공자)나 프리랜서도 더 이상 낯선 개념이 아니다. 프랜차이즈 가맹거래 사업에서 보듯 종속적 자영업자 역시 증가하고 있다. 노동의 탈경계화 경향이 진행됨에 따라 임금노동의 틀로 포괄할 수 없는 다양한 형식의 노동이 공존하는 새로운 노동환경이 형성되고 있다(김철식, 2023).

최근에는 위탁·용역·프리랜서 계약을 체결하여 정상적인 노동자를 사업소득자로 위장 신고하는 사례도 늘고 있다. 4대 보험과 야근 수당 등 근로기준법의 적용을 회피하려는 꼼수이다. 이른바 '가짜 3.3% 노동자'들로, 이들은 근로소득세 대신 3.3%의 사업소득세를 낸다. 플랫폼 노동자나 '3.3% 노동자'는 프랜차이즈 거래 사업자와 같은 종속적 자영업자와 함께 노동과 자영업의 경계에 위치함으로써 불안정노동자의 새로운 집적지(pool)가 되고 있다.

노동시장의 불안정화는 다양한 기제를 거쳐 강화된다. 우선 불안정노동자들은 '독립 계약자'로 분류되어 노동기본권은 물론 근로기준법의 사각지대를 형성한다. 그리하여 법률적 보호는 물론 노동조합으로부터도 배제된 채 저임금과 고용 불안에 시달린다. 단체교섭이나 사회적 대화를 통해 자신들의 이해를 표현할 수 있는 통로도 확보하지 못한다. 두 번째로 이들은 수요 변동으로 소득이 불규칙할 뿐 아니라 단기 계약 중심으로 불안정한 고용 관계를 맺고 있다. 또한 산재보험이나 고용보험과 같은 사회보험의 적용도 받지 못하며 알고리즘의 통제로 인해 업무에서의 자율성도 제한된다.

그 결과 노동시장은 더 이상 '이중노동시장'이라고 지칭할 수 없을 만큼 노동 형태가 다양해지고 있다. 노동시장에서는 '불안정노동자화' 혹은 임금 노동자와 자영업 사이의 경계가 모호해지는 '노동의 탈경계화'가 진행되고 있다(김철식, 2024). "가장 밑바닥 하층부란 더 이상 밑바닥이라고 할 것도 없이 사실상 바깥이다." 독일 사회학자, 울리히 벡의 말이다(벡, 1999).

노동시장의 변화는 노사 관계의 변화를 가져온다. 조직화의 어려움은 가중될 것이다. 전통적인 노조 기반(제조업 대공장 노조)이 약화되고 노동 형태는 변화한다(재택근무, 개별 계약, 플랫폼 노동, 디지털 노동 감시의 증대 등). 이에 따라 연대의 약화, 디지털 기술로 인한 대체 가능성의 증가, 그리고 노동자 간 경쟁의 심화로 인한 교섭력의 약화 등을 경험할 수 있다.

전반적으로 노동조합이 약화되는 가운데 비정규직·하청 노조, 특수고용직 노동조합[2]에 이어 플랫폼 노조나 온라인 노조가 관심의 대상이 된다. 노동조합의 형태도 전통적인 기업에 기반을 둔 형태에서 벗어나 다양화되고 있다. 지역 기반의 비정규직 노조인 희망연대노조가 있으며 청년유니온과 같은 세대별 노조도 존재한다. 대리운전노조와 같은 플랫폼 노조와 직장갑

---

2 특수고용형태의 노동자(노무 제공자)로 구성된 노동조합의 사례로서는 배달 플랫폼 노조(라이더 유니온 등), 택배 노조(전국택배연대노조, 쿠팡택배노조 등), 보험 설계사 노조, 학습지 교사 노조, 화물연대 노조(건설노조 덤프트럭분과 포함) 등을 들 수 있다.

질119노조와 같은 온라인 노조도 새롭게 나타나고 있다. 이들 노조는 디지털 기반(SNS, 메신저, 온라인 투표 등)을 적극 활용하면서 노조 활동을 수행하는 초기업별 노조로서의 성격을 갖는다. 그것이 단체교섭 및 단체행동 방식의 변화는 물론 알고리즘의 공정성 요구 등 새로운 요구를 담고 있다고 할 수 있다. 결론적으로 전통적 형태의 노동조합이 갖는 영향력이 약화되면서 새로운 형태와 이슈를 통해 변화된 모습으로 노동조합이 재구성될 가능성도 나타나고 있다.

4. 포스트 성장 시대와 그린뉴딜

1) 그린뉴딜에서 '성장 없는 그린뉴딜'로

앞에서 이중 전환이 저성장 체제로의 이행 과정에서 이루어지고 있다는 사실을 말했다. 그것이 노동시장에서 구조적 실업과 마찰적 실업으로 구성되는 전환적 실업과 함께 불안정노동자의 증대를 가져옴으로써 노동사회의 불평등을 심화시킨다는 사실도 밝혔다. 그렇다면 이에 대한 노동의 대응은 어떠해야 할까.

노동의 대응에 앞서 거시경제 정책, 특히 성장 정책에 관련해 그린뉴딜을 살펴본다. 노동 수요가 파생 수요라면 성장 정책의 영향을 받을 것이기 때문이다. 이와 관련한 질문은 두 가지이다. 하나는 "기후 위기를 해결하기 위해 탈성장(degrowth) 정책은 불가피한가?"이며 다른 하나는 "저성장(탈성장) 체제 혹은 성장 없는 상황에서 고용 문제를 어떻게 해결할 것인가?"이다.

탈성장론은 무엇보다도 지구 자원과 에너지가 제한적인 상황에서 무한성장은 불가능하다는 진단에 바탕을 두고 있다. 또한 생태계를 보호하고 사회적 불평등을 줄이며 물질주의적 소비를 줄이기 위해서도 성장 지상주의에서 벗어나 성장의 속도를 늦춰야 한다고 주장한다.

하지만 탈성장론이 어떻게 현실적인 전환 전략으로 자리매김할 수 있는지는 의문이다. 그것은 지구적 차원의 탈성장과 함께 자본주의 체제의 극복과 대안 체제의 실현이라는 과제를 안고 있기 때문이다. 실제로 탈성장론자인 달리사와 칼리스(D'Alisa and Kallis, 2020)조차 "탈성장에 대해 글을 쓰는 사람들은 급진적인 정책과 사회 변화를 옹호하지만, 그러한 변화가 어떻게, 왜, 어떤 조건에서 발생할 수 있는지, 그리고 국가가 그 과정에서 어떤 역할을 할지 설명할 모델을 제시하지 못한다"라고 말하고 있다. 탈성장론이 저탄소 경제를 거쳐 생태 사회로 나아가는 과정에서 어떻게 일자리를 창출하며 정의로운 전환을 실현할 수 있는지도 과제로 남아 있다. 일자리가 성장에 의존하고 있는 것이 사실이라면 탈성장 담론이 주요하게 제시해야 할 지점은 일자리에 대한 해법이다. 사실 저성장 체제는 성장률의 저하는 물론 단위 성장률당 고용창출 능력(고용유발계수)도 줄어든다는 것을 의미한다.[3]

탈성장 정책을 채택하더라도 그것이 하루아침에 실현하기보다는 탄소집약 산업을 저탄소 산업으로 대체하면서 동시에 생산을 친환경적으로 전환하는 과도기를 필요로 한다. 탈성장 자체가 산업 전환이라는 징검다리를 건

3　실제로 탈성장 정책이 노동을 바라보는 시선에는 긴장과 경계가 깔려 있다. 이는 서로 연관된 두 가지 인식을 바탕으로 한다. 생산과정이 탄소배출 과정인 상황에서 노동자는 생산주의에 사로잡혀 기후 위기를 부추기고 있다는 인식이 그 하나라면 다른 하나는 노동운동이 기후대응 과정에서 일자리만 강조하는 왜소한 운동으로 바뀌었다는 인식이 그것이다. 심지어 Mayer (2009)는 노동을 자본, 국가와 함께 경제성장동맹(economic growth alliance)을 구성하는 일원이자 '생산의 쳇바퀴(the treadmill of production)'를 밀고 가는 주역이라고 말한다.

너야 하는 것이다. 탈성장을 점진적인 산업전환 과정으로 파악한다는 점에서 이 글은 포스트 성장론에 가깝다. 포스트 성장론은 원칙적으로 성장 자체를 부정하기보다는 지속가능한 성장을 추구하며 궁극적으로는 성장의 종언을 수용한다. 또한 다른 사회에 대한 비전과 같은 체제 전환을 필수적인 과제로 삼지도 않는다. 이런 점에서 포스트 성장론은 그린뉴딜과 접점을 형성한다. 그린뉴딜은 적극적인 기후 대응과 지속가능한 성장, 그리고 고용 창출을 동시에 지향한다.

포스트 성장론은 그린뉴딜이 장기적으로 지속가능한 정책이 아니라고 본다는 점에서 그린뉴딜과 차별성을 갖는다. 실제로 성장을 지향하는 그린뉴딜 정책이 장기적으로 지속가능한 것은 아니다. 이미 경제가 저성장 체제에 들어섰을뿐더러 유한한 지구 자원에서 기술혁신이 이루어지더라도 무한한 성장이 가능한 것은 아니다. 절대적인 탈동조화, 즉 경제성장에도 불구하고 온실가스 배출량을 줄이는 것이 불가능하다는 점에서 그린뉴딜은 한계를 가지기도 한다. 그린뉴딜은 중장기적인 저성장 체제와 맞물려 '성장 없는 그린뉴딜(green new deal)'을 지향한다. 이런 점에서 그린뉴딜은 하나의 과정이자 '성장 없는 그린뉴딜'로 넘어가기 위한 입구 정책이라고 할 수 있다(Mastini et al., 2021). 포스트 성장 이론은 경제학에서 말하는 '장기침체' 이론 혹은 현실적인 저성장 체제와 결합하면서 장기적으로 탈성장론에 접근하는 것과 같은 맥락이다(임운택, 2024).

2) 녹색 일자리의 창출

그린뉴딜 정책에서 고용을 창출하는 방안은 산업의 녹색화(greening)를 통해 녹색 일자리를 창출하는 것과 함께 성장(생산)에 의존하지 않는 일자리를 창출하는 것이다. 저성장 혹은 탈성장이라고 해도 상품이나 서비스의 생산은 여전히 고용을 유지하고 창출하는 기능을 담당한다. 탈성장은 성장을 배제할 뿐 상품이나 서비스의 생산을 중단하는 것은 아니다. 만일 성장이 멈추거나 성장의 고용창출 능력이 약해지면 성장에 의존하지 않는 일자리를 창출하는 방안을 강구할 필요가 있다. 두 가지 방안을 들 수 있다. 노동 집약적인 서비스 기반 사회를 구축하는 일이 그 하나라면 다른 하나는 노동 시간을 단축해 노동 공급량을 줄이는 일이다. 전자에는 노동 집약적인 중소 기업의 육성과 함께 공공서비스 및 돌봄 서비스의 제공이 핵심을 이룬다. 이 글에서는 녹색 일자리와 함께 성장에 의존하지 않는 일자리 창출의 대표적인 수단으로서 노동시간의 단축과 돌봄 노동의 확대를 살펴본다.

녹색 일자리(green jobs)는 제조업, 건설 등 전통적인 부문과 재생 에너지, 에너지 효율화 등 새롭게 떠오르는 녹색 부문에서 환경을 보존하거나 복원하는 데 기여하는 일자리를 말한다(ILO, 2016). 친환경 일자리는 △에너지 및 원자재의 효율성 향상, △온실가스 배출 제한, △폐기물 및 오염 최소화, △생태계 보호 및 복원, 그리고 △기후변화 영향에 대한 적응 지원을 돕는다(ILO, 2016).[4]

---

4 녹색 일자리의 개념에 대한 합의는 부족한 실정이다. 녹색 일자리를 정의하고 측정하는 방법으로는 대체로 세 가지가 거론된다. 우선은 산출량 접근법(output approach)이다. 이는 녹색 경제 내에서 생산되는 재화와 서비스를 기반으로 녹색 일자리를 정의하며 여기에는 자원 사용과 환경 피해를 최소화하는 활동이 포함된다. ILO의 접근 방식이다. 두 번째는 공정 접근법(process approach)으로 재화가 어떻게 생산되는지에 초점을 맞춰 친환경 관행과 기술이 사용되는지 평가한다. 미국노동통계국이 사용하는 방식이다. 세 번째는 직무 내의 특정 업무와 기술을 검토하는 업무 기반 접근법(task-based approach)이다. 이는 일반적으로 미국의 O*NET 및 EU의 ESCO와 같은 상세한 직업 데이터베이스를 사용하여 녹색 업무와 녹색 기술을 구성하는 요소를 정의한다(Gasparini et al., 2025 참조).

이때 중요한 것은 그것이 '괜찮은 일자리(decent jobs)'여야 한다는 사실이다. "괜찮은 일자리는 환경적으로 지속가능한 경제로 이끄는 동인이자 그것의 중심적인 목표"에 해당한다(ILO, 2013). 가령 재생 에너지 투자를 통해 만들어지는 일자리는 그것이 실직 노동자를 흡수할 만큼 충분한가도 의문이지만 창출되는 일자리가 노동자들에게 괜찮은 보수를 제공하리라는 보장도 없다. 이 일자리들이 작업장 환경 개선이나 노조의 대표성 강화, 여성과 소수 인종을 비롯한 소수집단에 대한 고용 차별을 없앤다는 보장 역시 없다(촘스키 외, 2020).

그렇다면 녹색 일자리는 녹색 산출물(상품 및 서비스)을 생산하거나 환경친화적인 생산과정(녹색 프로세스)을 갖는 괜찮은 일자리로 정의할 수 있다. 이는 그림 3-4의 빗금 친 부분에 해당한다. 즉, 녹색 산출물을 생산하는 부문에서의 괜찮은 일자리와 환경친화적인 생산과정에서의 괜찮은 일자리를 합

그림 3-4 지속가능한 발전과 괜찮은 일자리, 그리고 녹색 일자리

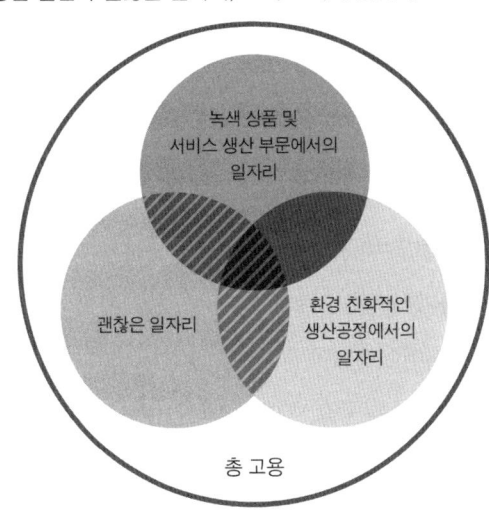

자료: ILO(2013).

한 것이 녹색 일자리인 셈이다. 이러한 ILO의 접근법은 산업 차원의 접근과 생산과정 차원의 접근을 통합한다는 점에서 장점을 갖는다(OECD, 2023).

녹색 일자리가 새로운 산업의 출현에 의해서만 만들어지는 것은 아니다. 산업 전환, 그중에서도 산업의 녹색화(greening)를 통해 일자리의 녹색화가 이루어진다. 기후 위기에 대응하면서 동시에 기존의 일자리를 녹색 일자리로 바꾸는 것이 그것이다. 여형범(2023)이 '녹색 일자리에서 기후 일자리로'라고 말하면서 기존 산업의 녹색화에 관심을 기울여야 한다고 주장하는 것도 같은 맥락이다. 일부 새롭게 등장할 녹색산업과 녹색 일자리에만 초점을 맞추는 것이 아니라 기존 산업과 일자리를 어떻게 녹색화할 것인가, 그 과정에서 숙련 격차를 해소하고 일자리 질을 높일 것인가에도 초점을 맞추어야 한다는 사실을 말한다.

산업의 녹색화가 녹색 일자리를 창출하는 것은 사실이라고 하더라도 그것은 일자리의 질에 대한 통합적인 접근을 필요로 한다. 일의 미래에 관한 전문가이자 MIT 경제학 교수인 데이비드 오토는 "문제는 일자리의 수가 아니라 질과 접근성이다"라고 말하고 있다(루비니, 2023). 역사적으로 기술 발전이 총 고용량을 줄인 적은 없다(이상헌, 2025). AI 기술의 확산과 기후 기술의 변화도 크게 다를 것 같지 않다. 문제는 기술 변화가 중간 일자리를 없애고 '좋은' 일자리와 그보다 훨씬 많은 '나쁜' 일자리로 양극화한다는 점이다. 임금과 노동조건이 낮아지고 노동의 불안정화가 확대될 개연성이 높아지는 것이다. 이는 산업 전환과 이에 따른 일자리 전환이 일자리의 질을 높이는 방향으로 진행되어야 한다는 사실을 말한다. 노동자에 대한 교육과 투자와 함께 노동권의 향상이 중요하게 등장하는 이유이다. 이런 방향이 전환 노동자와 비정규 취약 노동자는 물론 실업과 고용의 경계에 있는 사람들(예컨대 불완전고용)과 고용과 비고용의 경계에 있는 사람들(예컨대 플랫폼 노동)

을 포함해야 한다는 것은 두말할 나위도 없다.

일자리의 질을 확보하지 못하면 일자리 수요가 있더라도 빈자리를 채우지 못하거나 채우더라도 지속가능한 고용이 되기는 어렵다. 마찰적 실업이나 불완전고용이 발생할 수 있기 때문이다. 기후 전환이 사회적 불평등을 완화하는 방향으로 진행하기 위해서도 일자리의 질은 노동 전환의 중요한 관건이다. 일자리의 질을 보장함으로써 실업자는 물론 청년의 고용 기회를 늘리고 폐쇄 부문이나 사양산업의 노동자를 흡수하는 전략이 필요하다.

좋은 일자리(good jobs) 또는 괜찮은 일자리의 판단 기준은 무엇일까. 이와 관련하여 ILO(2017)는 좋은 일자리를 "자유롭고 평등하고 안정되고 인간의 존엄성이 존중되는 생산적인 일자리"로 규정하면서, 그것을 구성하는 네 가지 중심축(pillars)과 열 가지 지표를 제시하고 있다. ILO는 괜찮은 일자리의 중심축으로 고용의 창출과 사회적 보호, 노동권의 보장, 그리고 단체교섭을 포함하는 사회적 대화를 제시한다. 또한 그 지표로서 △고용 기회, △적절한 수입과 생산적인 작업, △괜찮은 노동시간, △일과 가족, 그리고 개인 생활의 조화, △폐지되어야 할 작업, △작업에서의 안전과 안정, △고용 평등과 평등한 대우, △안전한 작업환경, △사회 안전망, 그리고 △사회적 대화 및 노동자와 사용자의 대표성을 제시한다.

3) 노동시간 단축과 돌봄 노동의 확충

산업 전환의 과정에서 일자리를 확보하는 방안이 녹색산업의 창출이나 기존 산업의 녹색화에 그치는 것은 아니다. 성장에 의존하지 않는 일자리 창출 방안이 필요하다. 여기에는 △공공 필수 서비스(의료, 교육)의 확충, △주택의 그린 리모델링, △돌봄 노동의 강화, 그리고 △노동시간의 단축 등이 포함된다. 이 가운데 최근 관심의 대상은 노동시간의 단축과 돌봄 노동의 강화이다.

노동시간 단축은 그 자체로 성장의 압력을 줄이고 지속가능한 소비 및 생산방식을 촉진한다(Kallis et al., 2018; 잭슨, 2013). 특히 노동시간 단축은 탄소 집약적이거나 사회적으로 무용한 부문의 생산을 줄여 환경과 생태에 기여하고 엉터리 일자리(bullshit jobs)를 줄이는 기능을 담당한다(그레이브, 2021). 또한 노동시간 단축은 일자리를 나눠 고용을 늘림으로써 저성장 혹은 탈성장이 초래하는 고용감축 효과를 완화한다(Anderoni et al., 2022; Hickel and Kallis, 2020). 특히 잭슨(2013)은 노동생산성이 계속 증가하는 가운데 산출량이 제한될 경우 거시경제의 안정성을 유지하기 위해서는 단 한 가지 방법, 바로 일자리를 나누는 방법(job-sharing)밖에 없다고 주장한다.

하지만 노동시간 단축은 노사의 합의 사항이라는 사실로 인해 어려움이 따르는 게 사실이다. 노동시간 단축은 당사자인 노동자나 사용자, 혹은 노사 모두가 좋아하지 않을 수 있다. 노동자에게 노동시간 단축이 임금의 삭감을 가져온다면 사용자에게 그것은 생산량의 감소, 나아가 이윤의 감소로 이어질 수 있기 때문이다.

노동시간 단축이 임금 보전과 함께 이루어지려면 생산성의 증대가 따라주어야 한다. 생산성이 증대하면 단위 노동비용이 늘어나지 않으며 생산량도 줄지 않는다. 하지만 생산량이 유지되는 조건에서 노동시간 단축이 환경이나 생태에 미치는 효과를 기대하기는 어렵다. 만일 주 4일제로의 전환이 산출 손실 없이 이루어지거나, 오히려 생산량을 증가시킨다면 그것은 일자리 창출 효과를 제한하는 것은 물론 탈성장의 도구로서도 유망하지 않다는 사실을 말한다(스탠딩, 2024).

노동시간 단축과 함께 탈성장 혹은 저성장 체제에서 일자리의 대안으로 부상하는 것이 돌봄 노동이다. 달리사 등(D'Alisa et al., 2014)은 "탈성장을 둘러싼 상상력은 돌봄이라는 재생산 경제를 중심으로 삼는다"라고 말한다. 돌봄의 중요성은 무엇보다도 돌봄 노동이 갖는 특징에서 비롯된다. 우선 돌봄에 대한 사회적 필요가 급격히 증가하고 있다. 인간의 생애 주기에서 돌봄이 필요한 시간이 늘어나고 있기 때문이다(고령화와 1인 가구의 증대, 노인 빈곤율의 확대). 또한 돌봄 노동은 탄소배출을 줄이는 효과가 있으며 성장에 의존하지 않는 일자리라는 특징을 갖는다(Orozco, 2021). 노동 집약적일뿐더러 소통과 감정의 교감이 중요하다는 점에서 자동화가 어려워 일자리 창출 효과가 큰 부문이기도 하다.

실제로 돌봄 부문은 가장 빠르게 고용이 늘어날 것으로 보이는 영역이다(한국고용정보원, 2025). 초고령사회 진입과 함께 시작된 난제의 하나는 돌봄 인력의 부족이다. 정부는 2028년까지 약 11만 6천 명의 요양 보호사가 부족할 것이라고 전망한다(법무부, 2025). 그러나 2023년 11월 말 기준 요양 보호사 자격증 취득자는 278만 명이 넘지만 실제 활동 중인 인원은 65만여 명(전체의 23.4%)에 그친다. 저임금과 열악한 처우로 인해 평균연령은 61.7세에 이른다. 돌봄 노동자의 수급조차 어려워 외국인 노동자를 저임금으로 활용

표 3-3 산업 대분류별 취업자 수 전망, 2020~2030 (일부)

산업	취업자 수(천 명)				취업자 증가율(%)			
	2015	2020	2025	2030	2015~ 2020	2020~ 2025	2025~ 2030	2020~ 2030
전산업	26,178	26,904	27,996	27,888	0.5	0.8	-0.1	0.4
제조업	4,604	4,376	4,333	4,374	-1	0.3	-0.3	0
보건업 및 사회복지 서비스업	1,781	2,336	2,747	3,117	5.6	3.3	2.6	2.9

자료: 한국고용정보원(2025).

하는 방안까지 논의되고 있다.

이러한 상황에서 돌봄 노동이 당면한 문제는 열악한 근로 환경이다. 돌봄 노동은 여성에게 집중된 성별화된 노동이자 성차별적인 노동이며 감정 노동의 성격을 갖고 있기도 하다. 그리하여 돌봄 노동은 불안정하고 저임금인 프레카리아트(precariat) 노동에 해당한다. 돌봄 수요자의 관점 못지않게 돌봄 노동자의 관점이 필요한 이유이다.

돌봄 노동이 미래의 돌봄 사회에서 일자리 중심으로 자리 잡으려면 노동의 질이 개선되어야 한다. 현재 돌봄 서비스는 시장 중심으로 운영되면서, 돌봄 노동자의 노동조건은 더욱 나빠지고 있다. 정부가 제도를 설계하고 근거 법률에 따라 공적 재원(정부 일반재정 또는 공적 보험)을 투입해 운영하고 있지만, 서비스는 대부분 시장을 통해 공급되고 있다(남우근, 2022). 시장에 의존하는 돌봄 서비스의 제공은 서비스의 질 저하는 물론 돌봄 노동자의 노동조건을 저하시키는 요인이 된다. 심지어 돌봄 노동은 상당 부분이 사적 영역에 속함으로써 '노동이 되지 못하는' 부불 노동이 된다.[5] 정부 차원의 공공 돌봄 시스템 구축과 돌봄의 사회화, 나아가 노동권 보장이 필수적인 이유이다.

5. 노동 참여적 전환 거버넌스의 구축

미래 노동시장의 모습은 주체들의 전략적 선택의 산물이다. 2024년, 아세

---

5 낸시 폴브레(N. Folbre)는 이를 '보이지 않는 가슴'이라고 부른다(폴브레, 2023).

모글루와 존슨이 노젤 경제학 상을 탄 공적 중 하나는 기술 진보의 방향과 속도를 결정하는 과정에서 지배 엘리트의 일방적인 의사 결정을 견제하는 길항 권력, 나아가 대안 권력의 존재를 규명한 점이다. 아세모글루 등은 기술 진보로 인해 고통을 받고 비용을 떠맡게 된 사람들이 목소리를 낼 수 있는 '제도'를 마련함으로써 기술 진보를 노동 친화적이고 포용적으로 만들 수 있음을 보였다. 그 핵심은 기술 발달로 인한 비용 절감과 생산성 증대의 이득을 노동자들과 나누고, 새로운 일자리를 창출하는 것이었다(아세모글루 외, 2023).

앞에서는 이중 전환과 저성장 체제의 도래에 따른 노동시장의 변모 가능성을 살펴봤다. 그것은 전환적 실업과 불안정노동자의 증대라는 특징을 가진다. 노사 관계 또한 기존의 기업별 단체교섭 체제에 의해 규정되지 않는다. 변화하는 노동시장에서 기업에 기반을 둔 단체교섭이 노동자의 이해를 표현하는 보편적인 방식이 되기는 어려워 보인다. 상당수의 노동자는 특정 기업에 기반을 두고 있지 않을 뿐 아니라 심지어 노동자로 인정되지도 못하고 있다. 이들의 근로조건이 기업별 단체교섭에 의해 결정되지도 않겠지만 초기업별 교섭 또한 해법이 되기 어렵다. 이는 노사 양측에서 교섭의 주체를 형성하기가 어렵기 때문이다. 이는 초기업적인 차원, 나아가 사회적인 차원에서 이해 당사자가 참여하는 사회적 대화를 통한 법·제도적 개선이 필요한 이유를 설명한다.

사회적 대화는 한편으로는 그린뉴딜 정책의 큰 그림을 마련하고 산업 및 지역 차원에서 구체적인 전략을 마련하는 공론장이 된다. 또한 노동시장에서 양질의 일자리를 창출하는 역할을 담당한다. 나아가 그린뉴딜이 저성장 체제와 결합해 중장기적으로 '성장 없는 그린뉴딜'로 이행한다면 과도기를 관리하는 정책을 마련하는 일 역시 중요한 과제가 된다.

'노동에 의한 민주주의'는 '노동을 위한 민주주의'로 이어진다. 노동자가 참여하는 민주적 거버넌스가 확립되지 않으면 실질적인 대응도 엘리트주의적·하향식 정책을 벗어나지 못한다. 이 글이 '어떻게'라는 문제의식 속에서 사회적 대화에 주목하는 이유가 여기에 있다.

사회적 대화는 노동 관련 이해 당사자가 만나 숙의의 형태로 정책 및 입법 의제를 협의하는 공론장이다. 정상 수준의 노동조합(총연맹)은 △전체 노동자에 대한 독점적인 대표권을 부여받을 뿐 아니라 △형식적 대등성을 보장받는다. 특히 △사회적 대화가 합의제 민주주의(만장일치)를 기반으로 한다면 노동조합은 사실상 거부권을 갖는다. 그것은 정부의 시혜로 주어진 것이 아니라 노동조합의 성장한 힘 앞에서 정부가 일방적으로 (친자본적인) 정책을 시행하는 게 불가능해졌다는 사실을 반영한다. 이런 점에서 사회적 대화는 노동조합이 힘이 증대되었음을 보여 주는 지표이며 투쟁의 성과이다.

'갈등의 사회화'라는 말이 있다. 미국정치학회 회장을 역임한 E. E. 샤츠슈나이더(E. E. Schattschneider)가 『절반의 인민주권』이란 책에서 말한 것으로 최대한 많은 사람이 갈등에 관여할 수 있게끔 사회 갈등을 폭넓게 조직하는 것, 즉 갈등의 범위를 사회 전체로 확대하는 것을 말한다(샤츠슈나이더, 2008). 그리하여 갈등의 사회화는 갈등을 공적 영역으로 전달하여 정치적 해결을 모색하도록 만듦으로써 인민주권(popular sovereignty)을 실현하는 길이 된다.

갈등의 사회화와 관련해 지적할 사항은 그것이 사회적 약자의 전술이며 동시에 노사 사이의 기울어진 운동장을 바로잡는 기제라는 사실이다. 강자는 갈등을 사적으로 해결하기를 원한다. 사적 공간에서는 자신이 가진 힘의 우위를 쉽게 활용할 수 있기 때문이다. 이에 반해 약자는 사회적 관심을 높이고 참여자를 확대하는 방식으로 기울어진 운동장을 바로잡으려 한다. 즉,

갈등의 규모를 키워 궁극적으로 갈등 의제를 정치적인 공간으로 이끌어 가는 전략을 취한다.

갈등이 사회화되면 노사 간 힘 관계도 바뀐다. 공적 영역에 언론이 개입하면서 사회적 통제 기능을 발휘하기 때문이다. 또한 갈등의 사회화는 다른 노동조합은 물론 시민사회단체와 함께 사회적 연대를 형성하는 촉매가 됨으로써 노사 간의 힘 관계를 바꾼다. 이 관계는 단순히 조직률, 교섭 구조, 노동기본권 보장 등과 같은 정적인 변수로 측정되는 것이 아니라, 동적인 개념으로 전환된다. 이에 따라, 강자가 항상 승리하는 것도, 빠른 사람이 경주에서 반드시 이기는 것도 아니다.

단체교섭과 마찬가지로 사회적 대화 역시 갈등의 해결 과정이자 갈등의 증폭 과정이다. 사회적 대화가 역설적으로 사회적 투쟁을 촉발하는 촉매제가 될 수도 있다. 즉, 대화는 투쟁과 분리된 것이 아니라 투쟁과 상호작용하며 순환한다. 갈등의 사회화는 갈등의 정치화로 이어지는 연결 고리가 되며 때로는 사회적 연대가 경제적 정치 파업으로 발전해 노사정 간의 힘 관계를 뒤바꾸기도 한다. 사회적 대화에 대한 참여 자체가 기울어진 운동장을 바로잡는 과정이기도 하다.

사회적 대화와 관련하여 강조할 사항의 하나는 지역 차원의 사회적 대화를 활성화하는 일이다. 이를 위한 선결 과제는 양대 노총이 지역 본부를 강화하는 것이다. 지역 일자리와 지역생태 문제에 포괄적으로 접근하기 위해서는 노동조합 지역 본부를 중심으로 하는 지역 차원의 사회적 대화가 중요하다. 지역 의제의 주도적인 형성, 생태 친화적 지역 산업의 육성과 일자리를 결합하는 방안, 나아가 지역 차원에서 자원을 동원하는 일을 감당할 수 있는 거버넌스가 그것이기 때문이다.

6. 맺음말

기후위기 대응과 디지털 전환은 물론이거니와 저성장 체제로의 이행은 한국만의 문제는 아니다. 2015년 파리협약체제가 출범한 이래 각국은 탄소 배출량의 감축과 생태의 복원, 그리고 통상 환경의 변화에 적극 대응하고 있다. 디지털 전환은 최근 AI 기술의 발전으로 새로운 국면을 맞고 있다. 특히 생성형 AI가 비지니스와 결합하면서 업무 자동화와 효율성이 향상되고 데이터 기반 의사 결정도 활성화되고 있다. 이는 전통적인 산업 영역의 디지털화뿐 아니라 플랫폼 기반 비즈니스 모델로의 전환을 가속화한다.

이 글은 이러한 분석을 바탕으로 이중 전환과 고착되는 저성장 체제가 노동시장에 미치는 영향과 노동의 대응을 살펴봤다. 그것은 기술적 실업과 환경적 실업으로 구성되는 전환적 실업을 낳고 불안정노동자를 증가시킬 것이라는 전망이 제시된다. 노동의 대응이 긴급하고 중요한 이유를 설명한다.

특히 한국에서 기후 대응의 지체는 산업 전환을 지체시키고 그것은 산업 경쟁력을 저하시켜 고용 위기로 연결될 수 있다. 에너지 경쟁력과 기술 경쟁력이 뒤지는 데다 설비의 교체가 지연될 경우 통상 규제에 직면할 가능성이 크기 때문이다. 이런 상황에서 갑작스러운 탄소배출 규제나 기후 재난 등으로 산업 전환이 급격하게 강제되면 산업 생태계가 혼란에 빠지는 것은 물론 일자리 상실과 경제적 불평등을 심화시킬 수 있다.

기후위기 대응과 산업 전환, 그리고 고용의 창출이 서로 밀접하게 얽혀 있다는 점에서 거시정책 차원의 대안으로 거론되는 것이 그린뉴딜 전략이다. 기후위기 대응을 위한 탈성장론이 현실적인 수용성은 물론 일자리의 창출이라는 점에서 한계를 드러낸다면, 그린뉴딜은 탈성장 혹은 저성장 체제로 이행하는 입구 정책이자 '성장 없는 그린뉴딜'로 이행하는 과도기적 정책으로 자리 잡는다.

그린뉴딜을 통한 녹색 일자리의 창출과 함께 일자리 대안으로 거론되는 주요 방안은 노동시간 단축과 돌봄 노동의 확대이다. 노동시간 단축은 경제 성장 압력과 탄소배출을 줄이며 소비주의를 완화하는 효과를 낼 수 있다. 하지만 노동시간 단축은 그것이 노사 담합의 산물이라는 점, 노동시간 체제 가 일과 노동의 경계가 불분명한 서비스 시간 체제로 바뀌고 있다는 점, 그 리고 노동생산성 상승을 전제로 임금 보전과 물량 보전이 이루어질 경우 기 후위기 대응은 물론 고용창출 효과가 제한된다는 사실을 지적해야 한다. 한 편 돌봄 노동은 지속적으로 일자리 증대가 예상되는 분야로 향후 일자리 창 출에서 핵심 역할을 담당할 것으로 기대되고 있다. 하지만 이 경우 일자리 질의 제고를 전제로 한다는 점에서 커다란 과제를 남기고 있다.

저성장 체제의 도래와 이중 전환에 대한 노동의 인식과 대응은 전반적으 로 더디다. 고용 위기에 노출된 일부 노동자를 제외하면 많은 노동자들이 상황의 심각성을 제대로 인식하고 있는 것도 아니다. 기후 대응을 사업장 차원의 고용 문제로 국한하는 시각도 존재한다. 여기서 중요한 것은 환경과 노동은 대립하지 않는다는 점을 분명히 하고 장기적이고 거시적인 관점에 서 기후 대응과 양질의 일자리 창출을 결합하는 일이다. 이 글이 탈성장 시 대의 입구 전략으로 그린뉴딜을 제시하는 이유도 여기에 있다. 그린뉴딜이 온실가스 배출량의 감소와 함께 일자리를 창출하는 중요한 수단이 될 수 있 기 때문이다. 또한 노동시간 단축과 돌봄 노동의 확대는 성장에 의존하지 않는 일자리 창출 방안이 될 수 있다. 기후 대응이 지연되면 장기적으로 고 용을 보장하기는커녕 산업 전환을 늦추고 산업 경쟁력을 약화시켜 일자리 를 없애는 요인이 될 수 있다.

"현재의 추세와 데이터에서 미래를 해독한다는 것은 커피 찌꺼기에서 무엇인가를 읽어 내려는 일만큼이나 문제가 있다." 울리히 벡(1999)의 지적이다. 노동을 둘러싼 세계도 과거의 연장으로 규정될 수 없으며 급격한 변화와 도전에 직면해 있다. 일의 세계(world of work)도 질적으로 전환될 수밖에 없다면 노동의 주체적인 대응 전략이 필수적일 수밖에 없다.

노동의 주체적인 대응과 관련하여 이 글이 제안하는 것은 노동이 참여하는 민주적 전환 거버넌스의 구축이다. 절차적 정의를 확보하는 것이 실질적 정의를 확보하는 전제 조건이기 때문이다. 구체적으로 이중 전환과 저성장 체제에 대응하는 것이 기업 차원을 벗어나는 문제라면 핵심 해법은 사회적 대화라고 할 수 있다.

기후 위기를 맞아 노동운동은 "재생(renewal)인가 쇠퇴(decline)인가"의 갈림길에 섰다고 할 수 있다(Hampton, 2015; Allan et al., 2022). 변환의 시대에서 노동조합이 기후 대응과 사회변혁에 나서지 않는다면 노동조합의 사회적 위상은 무너지고 노동자들은 전환의 패자로 자리매김될 것이다.

하지만 노동조합이 기업 바깥으로 손을 뻗어 사회적 조합주의(social unionism)를 확립하고 정의로운 전환의 실현에 나선다면 노동운동의 재생을 기대할 수도 있다. 이 경우 사회적 조합주의는 '일자리와 환경 사이의 갈등'을 극복하고 기후시민단체와의 연대라는 형태로 표현될 것이다(Mayer, 2009; Snell et al., 2010). 정의로운 전환은 노동조합이 사회적 주체로서 조합원의 일자리 보장은 물론 기후위기 해결과 기후 불평등의 완화에 나서는 것을 말한다. 그것은 산업 전환과 노동 전환에 이어 사회 전환, 체제 전환으로 확장되는 담론이다(박태주, 2024). 그렇다면 노동조합이 정의로운 전환을 실현하려는 노력은 일의 미래는 물론 노동운동의 대안적인 미래를 개발하는 결정적인 기회가 될 수 있다.

참고문헌

그레이버, 데이비드(D. Graeber). 2021. 『불쉿 잡: 왜 무의미한 일자리가 계속 유지되는가』. 김병화 옮김. 민음사.

기후솔루션. 2025.4.28. 「(보도자료) "한국포함 15개국 경영진 78%, 2035년까지 재생 에너지로 전환 지지"」.

김병권. 2025a. 『AI와 기후의 미래』. 착한책가게.

김병권. 2025b. "기후 정의와 에너지 공공성". 공공재생 에너지포럼 출범 토론회 발제문.

김재윤·류기봉·황재학·김현진·김한나·이한아·심성보. 2024. 「기후변화 리스크가 실물경제에 미치는 영향」. ≪BOK 이슈노트≫, 제2024-30호. 한국은행.

김철식. 2023. 「1987년 이후 한국의 노동운동: 노동시장 유연화의 진전과 민주노동운동의 헤게모니 상실」. ≪사회와 역사≫, 제137권.

김철식. 2024. 「노동권의 정치와 임금중심 사회의 위기」. ≪경제와 사회≫, 통권 제142호(여름).

남우근. 2022. 「돌봄노동의 현황과 대안」. 정의정책연구소.
http://www.justice-platform.org/home/post_view.php?nd=411(2025년 4월 21일 접속)

루비니, 누리엘(N. Roubini). 2023. 『초거대 위협: 앞으로 모든 것을 뒤바꿀 10가지』. 박슬라 옮김. 한국경제신문사.

리프킨, 제러미(J. Rifkin). 2022. 『회복력 시대: 재야생화되는 지구에서 생존을 다시 상상하다』. 안진환 옮김. 민음사.

박태주. 2023. 「정의로운 전환을 위한 '노동-기후연대'는 어떻게 가능한가」. 강충호 외. 『노동의 미래』. 도서출판 행진.

법무부. 2025.3.5. 「제30차 외국인정책위원회: 안건 요약본」.

벡, 울리히(U. Beck). 1999. 『아름답고 새로운 노동 세계』. 홍윤기 옮김. 생각의나무.

산업통상자원부. 2025.3.13. 「제11차 전력수급기본계획(2024~2038)」.

샤츠슈나이더, E. E.(E. E. Schattschneider). 2008. 『절반의 인민주권』. 박수형 옮김. 후마니타스.

서스킨드, 대니얼(D. Susskind). 2020. 『노동의 시대는 끝났다』. 김정아 옮김. 와이즈베리.

스탠딩, 가이(G. Standing). 2024. 『시간 불평등: 시간의 자유는 어떻게 특권이 되었나』. 안효상 옮김. 창비.

아세모글루, 대런(D. Acemoglu)·존슨, 사이먼(S. Johnson). 2023. 『권력과 진보: 기술과 번영을 둘러싼 천년의 쟁투』. 김승진 옮김. 생각의힘.

여형범. 2023. 『충청남도 녹색 일자리 정책연구: 그린 리모델링을 중심으로』. 충남연구원.

우석영·신지혜·한윤정·권범철·이재경·조미성. 2024. 「기후 돌봄 선언」. 우석영 엮음. 『기후 돌봄』. 산현글방.

이상헌. 2025. 『왜 좋은 일자리는 늘 부족한가』. 생각의힘.

이승윤. 2024. 『보이지 않는 노동자들: 경계 없는 노동 흔들리는 삶』. 문학동네.

이은경·천동민·김정욱·이동재. 2024. 「우리 경제의 잠재성장률과 향후 전망」. ≪BOK 이슈노트≫, 제2024-33호. 한국은행.

이철희. 2024. 『일할 사람이 사라진다: 새로 쓰는 대한민국 인구와 노동의 미래』. 위즈덤하우스.

임운택. 2024. 「포스트 성장 사회의 도전: 생태 위기와 노동의 미래」. ≪경제와 사회≫, 통권 제144호.

잭슨, 팀(T. jackson). 2013. 『성장 없는 번영』. 전광철 옮김. 착한책가게.

촘스키, 놈(A. N. Chomsky)·폴린, 로버트(R. Polin). 2020. 『기후 위기와 글로벌 그린뉴딜』. 이종 민 옮김. 현암사.

폴브레, 낸시(N. Folbre). 2023. 『돌봄과 연대의 경제학』. 윤자영 옮김. 에디토리얼.

한국고용정보원. 2025. 「미래 일자리 세계의 변화: 중장기 인력수급전망 2020-2030」.

환경부 온실가스종합정보센터. 2020.9.29 「(보도자료) 온실가스 배출량 2018년 2.5% 증가, 2019년 3.4% 감소」.

Allan, K. and J. Robinson. 2022. "Working towards a green job?: Autoworkers, climate change and the role of collective identity in union renewal." *Journal of Industrial Relations*, 64(4).

Andreoni, V. and S. Galmarini. 2022. "Decoupling Economic Growth from Carbon Emissions: A Review of Degrowth and Work-Time Reduction Literature." *Ecological Economics*, 198.

Burck, J., T. Uhlich, C. Bais et al. 2024. 2025 CCPI(Climate Change Performance Index) Results, CAN·German Watch·New Climate Institute.

D'Alisa, G., F. Demaria, and G. Kallis. 2014. *Degrowth: a vocabulary for a new era*. Routledge.

D'Alisa, G. and G. Kallis. 2020. "Degrowth and the State." *Ecological Economics*, 169.

Ember. 2024. Global Electricity Review 2024.

Gasparini, D., J. Bakens, P. Muldder, and N. Postel. 2025. "How green are jobs for the energy transition?" *Energy Research & Social Science*, 129.

Hampton, P. 2015. *Workers and Trade Unions for Climate Solidarity: Tackling Climate Change in a Neoliberal World*. London: Routledge.

Hickel, J. and G. Kallis. 2020. "Is Green Growth Possible?" *New Political Economy*, 25(4).

ILO(International Labour Organization). 2013. Green Jobs becoming a Reality: Progress and Outlook 2013.

ILO(International Labour Organization). 2016. What is a green job?
https://www.ilo.org/resource/article/what-green-job(2025년 4월 21일 접속)

ILO(International Labour Organization). 2017. Decent Work and the 2030 Agenda for Sustainable Development.

ILO(International Labour Organization). 2023. World Employment and Social Outlook Trends 2023: Digital Platforms and the Future of Work.

ILO(International Labour Organization). 2025. Social Dialogue Report 2024.

IRENA(International Renewable Energy Agency). 2024. Renewable Power Generation Costs in 2023. Abu Dhabi.

Kallis, G., J. Hickel, and J. Steinberger. 2018. "Research on Degrowth." *Annual Review of Environment and Resources*, 43.

Mastini, R., G. Kallis, and J. Hickel. 2021. "A Green New Deal without Growth?" *Ecological Eco-*

nomics, 179.

Mayer, B. 2009. "Cross-Movement Coalition Formation: Bridging the Labor-Environment Divide." *Sociological Inequality*, 79(2).

OECD(Organization for Economic Co-operation and Development). 2022. Well-being, productivity and employment: Squaring the working time policy circle. *OECD Employment Outlook*.

OECD(Organization for Economic Co-operation and Development). 2023. Job Creation and Local Economic Development 2023: Bridging the Great Green Divide.

Orozco, A. P. 2021. "Care Work in Degrowth: Towards a Gender-Just Sustainable Economy." *Feminist Economics*, 27(3): 67~89.

Snell, D. and P. Fairbrother. 2010. "Unions and environmental actors." *Transfer*, 16(3).

UNEP(United National Environment Programme). 2024. No more hot air ⋯ Please: Emissions Gap Report 2024.

WMO(World Meteorological Organization). 2025. State of the Global Climate 2024.

4 포스트 성장 시대 사회정책과 복지국가

1. 서론

최근 유럽의 복지국가와 사회정책 연구자들은 포스트 성장 시대 새로운 사회정책의 가능성에 대해 그 어느 때보다 많은 관심을 기울이고 있다. 2010년대 이후 저성장과 기후 위기의 가속화로 인해 20세기 후반 논의되었던 복지국가의 재정 위기보다 심각한 복지국가의 지속가능성 위기가 현실화했다(Baily, 2015). 20세기 중후반 글로벌 북반구의 선진 산업국가를 중심으로 발전한 복지국가 제도는 기후 위기와 환경문제를 악화시키는 지속적인 경제성장을 전제로 운용되었다. 특히 사회보험을 비롯한 복지 제도와 노동시장 및 노사관계 제도는 전후 자본주의 호황기에는 생산성 향상과 경제성장을 뒷받침하는 역할을 담당했다. 따라서 자본주의 이중전환 시대 저성장의 고착화는 복지국가의 재정 문제를 더욱 악화시키고 복지국가 정치 경제에서 사회정책과 산업 정책, 성장 정책 간의 제도적 상보성을 약화할 가능성이 있다.

특히 한국을 비롯한 동아시아 복지국가는 서구 복지국가와 마찬가지로 디지털화와 탈탄소화라는 경제의 이중 전환에 대해 능동적으로 대응하는 새로운 사회정책을 필요로 한다. 동시에 포스트 산업사회로의 이행과 초저출산-고령화로 집약되는 인구구조의 변화 속에서 복지국가를 재편해야 하는 과제에 직면하고 있다. 이는 경제성장을 기반으로 복지 정책의 재원을 마련하고 노동과 복지를 연계했던 한국의 발전주의-생산주의 복지 체제가 포스트 성장 사회에서 더 이상 원활히 기능하지 못하는 가운데, 한국의 복지국가는 고령화에 따른 총 부양비의 증가와 이로 인한 돌봄 및 사회 재생산의 위기에 처해 있다. 노동자-시민의 산업 시민권에 기반을 둔 20세기 복지국가 모델은 경제의 저성장과 디지털화, 노동시장 이중구조의 심화 속에서 더 이상 유효한 정책으로 기능하지 못하는 가운데 21세기 포스트 성장 사회에서 지속가능한 복지국가의 대안적 제도를 수립하기 위한 방안을 논의하는 것이 그 어느 때보다 중요한 학술적 과제로 부상하고 있다.

이 연구는 오늘날 복지국가의 위기를 진단하고 포스트 성장 시대 새로운 생태사회정책의 가능성을 모색하는 것을 목표로 한다. 이를 위해 생태사회 정책에 관한 최근의 연구 성과를 종합하고 지속가능한 복지국가를 수립하기 위한 정책 의제를 도출할 것이다. 이 장의 구성은 다음과 같다. 우선 2절에서는 성장 정책, 복지 정책, 환경 정책 간의 딜레마라는 시각에서 21세기 자본주의의 이중전환 과정에서 두드러지게 나타난 저성장의 문제가 어떻게 성장과 분배의 조화와 노동과 복지의 연계를 추구했던 복지국가의 위기로 귀결되었는지 설명한다. 다음으로 3절에서는 포스트 성장 이론의 시각에서 21세기 복지국가에서 새로운 생태사회정책의 필요성이 어떻게 부상했는지 설명한다. 4절에서는 유럽연합의 사례를 중심으로 하여 새로운 생태사회정책의 가능성을 적극적 노동시장 정책과 보편적 기본 서비스, 보편적 기본 소득, 참여 소득 등에 초점을 맞추어 분석한다. 5절에서는 생산주의 복지 체제와 작은 복지국가로 특징지어지는 21세기 한국에서 생태사회정책의 수립 가능성과 지속가능한 복지국가의 제도화 전망에 대해 살펴본다. 마지막으로 결론 부분에서는 지속가능한 복지국가의 형성 및 강화를 위해 요구되는 새로운 생태사회정책의 패러다임에 대해 논의한다.

2. 포스트 성장 사회에서 복지국가의 위기: 생태-사회-성장의 트릴레마

21세기 복지국가는 경제의 디지털화와 탈탄소화가 가속하는 과정에서 사회적 부의 재분배와 지속적인 경제성장이라는 기존의 사회·경제 정책 목표와 함께 기후 위기에 대응하기 위한 탄소중립이라는 생태적 목표 달성을 요구받고 있다. 그런데 오늘날 국가를 포함한 다양한 사회정치적 행위자들은 경제성장과 재분배, 환경보호라는 세 가지 정책 목표를 동시에 달성하기 어려운 상황에 놓여 '생태-사회-성장의 트릴레마(eco-social-growth trilemma)'를 경험하고 있다(Mandelli, 2022).

오늘날 복지국가가 수행해야 하는 환경, 사회, 경제정책 목표 간의 삼중 딜레마의 양상은 그림 4-1과 같이 요약된다. 첫째, 경제성장과 재분배를 동시에 달성하려는 시도는 20세기 중후반 포드주의 축적 체제와 연계된 유럽의 복지국가 프로젝트로 구체화되었다. 주지하다시피 유럽의 복지국가 모델은 노동계급에 대한 정치적 동원과 민주적 계급투쟁을 통해 제도화되었으며, 케인스주의 정책에 입각한 전후 자본주의의 안정적인 성장과 이에 따

그림 4-1 생태-사회-성장의 트릴레마

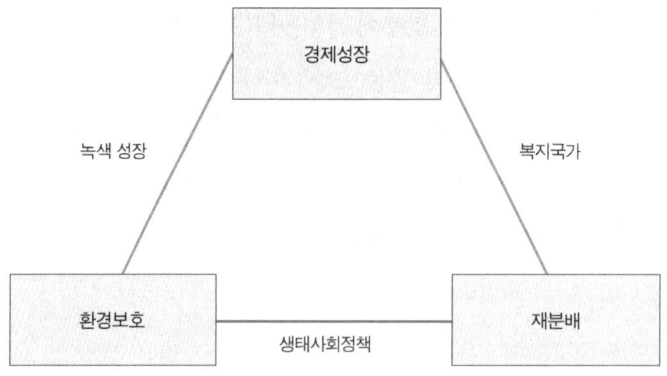

자료: Mandelli(2022) 논의를 바탕으로 저자 재구성.

른 완전고용, 고용 안정, 노동권과 복지권의 확대에 기반을 두고 있다(Korpi, 1983; Esping-Andersen, 1999). 그러나 1980년대 이후 유럽 정치경제의 구조적 변화 속에서 경제성장과 복지 정책의 상호 보완적 관계를 유지하는 것은 점점 더 어렵게 되었다. 한편으로 신자유주의 세계화에 따른 유럽 경제의 탈산업화와 서비스 경제로의 이행은 케인스주의 복지국가의 쇠퇴로 이어졌고(Jessop, 1993), 2008년 글로벌 금융위기 이후 유럽에서 저성장의 고착화는 복지재정 지출에 대한 압박을 보다 강화했다(Gough, 2016). 다른 한편으로 전후 자본주의 고도성장은 화석연료, 특히 석유의 활용에 기반을 두고 있었다는 점을 고려한다면(Ortiz, 2020), 기후 위기에 따른 인류의 생존 자체가 위협받는 상황에서 경제성장과 재분배를 추구하는 20세기 복지국가 모델은 자연의 탈상품화를 통해 행성적 한계를 지키고 탄소중립을 이루려는 생태 정책의 목표를 달성하기 어렵다.

둘째, 지속적인 경제성장과 환경보호를 양립하려는 시도는 21세기 초반 녹색성장이라는 새로운 정책 패러다임으로 등장했다. 녹색성장은 환경오염을 낮추고 자원의 낭비를 막아 생태 발자국을 줄이면서 경제적 산출을 증가시키는 것으로 정의된다(Stoknes and Rockström, 2018). 녹색성장 전략은 신재생 에너지와 청정에너지 등 탈탄소화 기술의 발전을 통해 경제성장과 환경보호, 특히 탄소중립을 동시에 달성하고자 한다. 이러한 전략은 주로 에너지 전환에 초점을 맞춘 기후 위기에 대한 기술 관료적 해법에 주목한다. 친환경 산업으로의 전환을 견인할 역량이 부족한 민간 자본을 대신하여 글로벌 금융자본은 기후 금융을 통해 온실가스 감축을 실현하고 기업가적 국가가 인프라 개선과 산업 혁신 등 자본주의적 그린 전환을 주도할 것을 제안한다. 그러나 이러한 시각은 경제의 탈탄소화 과정에서 어떻게 공공 부문에 대한 대규모 투자를 통해 괜찮은 일자리를 만들고 보편적 사회 서비스를 확충하여 불평등을 낮출 수 있을지 등의 사회정책 방안을 마련하는 데 상대적으로 관심을 덜 기울인다는 한계를 지닌다(Aronoff et al., 2019: 15~17). 또한 무엇보다도 자원 활용을 낮추고 탄소배출량을 절감하면서도 경제성장을 달성하는 녹색성장 전략은 친환경 기술혁신을 선도하는 글로벌 북반구 국가에서조차 일시적으로 가능하며 탄소배출량 감축과 지속적인 경제성장 간 양립은 장기적으로 불가능한 것으로 나타나 녹색성장 전략의 경험적 실현 가능성에 대한 보다 면밀한 평가 역시 필요하다(Hickel and Kallis, 2020).

셋째, 사회적 부의 재분배를 통한 불평등의 완화와 탄소배출량 감축을 통한 환경보호를 동시에 달성하려는 시도는 그린뉴딜을 비롯한 새로운 생태사회정책의 부상에서 발견할 수 있다. 이는 화석연료에 대한 의존도를 낮추는 과정에서 발생하는 다양한 사회경제적 문제에 대응하는 것을 목표로 한다(Cha et al., 2022). 예컨대, 그린뉴딜은 탈탄소화 과정에서 발전이나 철강 등 탄소집약 산업에 종사하는 노동자들의 실업과 일사리 안정, 전직을 위한 사회정책을 필요로 한다(Nenning et al., 2023). 나아가 21세기 생태사회정책은 탄소중립 정책에 따라 보다 심화되고 있는 소득, 주거, 소비에서의 불평등 완화를 목표로 한다. 경제의 탈탄소화는 도시계획과 주택, 에너지 정책의 전환을 요청하고 보육, 교육, 돌봄, 보건 의료 등 사회적 재생산노동에 대한 수요를 증가시키고 있다. 따라서 사회정책과 환경 정책을 별도의 정책으로 취급하는 기존의 공공 정책 패러다임에서 벗어나 환경보호와 경제적 불평등이라는 두 가지 목표를 달성하기 위해서는 공공 서비스와 조세제도의 친환경 전환과 더불어 국가와 지역사회의 협업과 연대를 통해 작동하는 새로운 생태사회정책이 필요하다(샹셀: 2023, 24~28).

요컨대, 20세기 중후반 복지국가 모델이 안정적인 경제성장에 기반을 둔 진보적 조세정책과 재정의 확대 덕분에 가능했다면, 글로벌 경제의 저성장에 직면한 2020년대 중반 경제성장과 재분배를 연계하는 전통적인 복지국가의 유지는 어려워졌다. 그러나 복지국가의 축소를 통한 재정 위기의 해소는 자본주의 이중전환 과정에서 촉발된 사회문제를 해결하는 데 도움을 주지 못한다. 오히려 역설적으로 경제의 탈탄소화가 초래하는 여러 부정적 영향에 대응하기 위해서는 탄소중립 시대 지구의 생태적 한계 내에서 인간의 필요를 충족하는 지속가능한 복지(sustainable welfare)를 위한 새로운 생태사회정책의 확립을 요구하고 있다(Büchs, 2021).

3. 포스트 성장 이론과 새로운 생태사회정책

생태-사회-성장의 삼중 딜레마 상황에서 포스트 성장 이론가들은 기후 위기에 대응하기 위해 경제성장보다는 사회생태적 목표를 중시하는 포스트 성장 사회로의 이행이 필수 불가결한 조건임을 주장했다. 이 절에서는 21세기 복지국가 정치 경제에 대한 대안적 접근법의 하나로서 포스트 성장 이론 (post-growth theories)을 살펴보고 포스트 성장 패러다임이 제안하는 새로운 생태사회정책이 무엇인지 개관한다.

포스트 성장 이론은 2000년대 후반 글로벌 금융위기 이후, 특히 선진 산업국 경제에서 구조화된 저성장의 지속을 배경 조건으로 강조한다. 신자유주의 독트린에 입각한 성장 제일주의 접근은 기후 위기와 생태 위기를 심화했을 뿐 아니라 대침체 이후 글로벌 북반구 국가에서 새로운 성장 동력을 확보하는 데 실패했다. 녹색성장 지향의 자본주의적 전환 전략 역시 기존의 생산주의 복지 연합(productivist welfare coalition)을 대체할 새로운 복지 레짐을 형성하지 못했고 오히려 탈탄소화가 초래한 새로운 유형의 사회적 갈등에 제대로 대응하지 못하는 모습을 보였다.

이러한 상황에서 포스트 성장 사회 이론가들은 포드주의 성장 체제에 기반을 둔 20세기 중후반 복지국가의 계급타협 모델이나 사회민주주의 계급 정치를 복원하려는 시도는 가능하지도 바람직하지도 않다고 주장한다 (Schmalz et al., 2021; Gough 2022; Fioramonti, 2024). 무엇보다도 포스트 성장 사회는 민주주의의 위기를 특징으로 하는데, 경제적 저성장의 지속은 글로벌 북반구와 남반구 모두에서 정치적 극우주의의 부상으로 이어졌다. 신자유주의 성장 체제로 인해 극심한 불평등을 경험한 노동자와 대중은 기존의 정치제도를 불신하면서 우파 포퓰리즘 정당을 통해 자신의 의견을 대변하고자 했다(Reitz et al., 2021). 이와 같은 구조화된 저성장과 민주주의의 쇠퇴, 생태 위기의 심화는 오늘날 포스트 성장 사회를 특징짓는 중요한 징후라 할 수 있다.

포스트 성장 이론은 자본주의 이중전환 시기 경제성상보다는 생태사회정책의 중요성을 강조한다는 점에서 탈성장 이론과 공통점을 지닌다. 즉, 포스트 성장 이론은 탈성장 이론과 마찬가지로 성장 제일주의를 비판하면서 경제활동의 생태적 영향을 최소화하고 인간의 기본적인 필요를 충족하며 삶의 질을 향상하는 데 주목한다(Fioramonti, 2024). 그러나 포스트 성장 이론은 경제성장 자체나 노동과 자연의 상품화에 대한 인식론적 비판을 시도하는 탈성장 이론과 달리 경제성장을 배격하지 않는다. 탈성장 이론의 규범적 접근은 기후위기 시대의 새로운 지속가능한 성장 모델에 대해 고민하기보다는 심층 생태학의 시각에서 경제성장 자체를 문제시함으로써, 생태사회정책의 구체적 실현 방안과 정책 설계에 대한 해답을 내놓지 못한다는 한계를 지닌다.

따라서 포스트 성장 이론가들은 생태-사회-성장의 트릴레마 상황을 완화하기 위한 정부의 공공 정책과 지역사회의 역할에 주목한다(Dukelow and Murphy, 2022). 예컨대, 포스트 성장 패러다임은 탄소중립 실현을 위한 배출량 감축을 달성하기 위해서는 경제규모 전체의 축소나 탈성장이 아니라 에너지 효율 개선 및 청정·재생 에너지 투자 확대 등의 대안적 성장이 필요하며, 이를 위해서는 국가의 공적 역할이 필요하다고 주장한다(촘스키·폴린, 2021). 이러한 맥락에서 포스트 성장 이론은 기후위기 대응을 위해서는 장기 저성장이라는 구조적 조건하에 성장과 복지를 연계하는 생산주의 복지체제를 넘어서 고도 경제성장에 기반을 두지 않더라도 지속가능할 수 있는 포스트 생산주의적 생태사회정책의 설계를 지지한다. 그리고 이는 전국적 차원뿐 아니라 지역사회에서 탈탄소화와 탈상품화를 지지하는 대안적 공공정책의 수립을 필요로 한다.

21세기 지속가능한 복지국가를 수립하기 위해서는 정의로운 전환에 기여하는 복지 정책의 기능이 확대되어야 한다. 오늘날 사회생태 전환을 촉진하는 복지국가의 역할은 벤치마킹 기능, 활성화 기능, 완충 기능, 갈등관리 기능의 네 가지 기능으로 구분하여 살펴볼 수 있다(Sabato and Mandelli, 2024).

첫째, 벤치마킹 기능은 복지국가가 그린 전환과 관련된 사회적 기준과 목표를 정의하고 사회생태 전환의 성공 사례와의 비교를 통해 정책 혁신을 달성하는 것을 의미한다. 이는 에너지 효율성을 높여 사회적 인프라의 재구성 과정에서 탈탄소화를 달성하거나 전환 과정에서 저소득층과 노동계급이 주로 경험하는 에너지 빈곤 문제의 해결 방안을 마련하는 등 탈탄소화와 불평등 완화를 동시에 달성할 수 있는 구체적인 정책기준 수립을 필요로 한다.

둘째, 활성화 기능은 복지국가가 사회투자 정책을 통해 탄소배출을 줄이면서 공공 사회복지 서비스를 제공하거나 탄소중립 경제에 부합하는 새로운 일자리 창출과 숙련 형성을 지원하는 정책을 포괄한다. 이는 기후위기 문제 해결을 위해 탄소배출의 직접적인 감소를 추구한다는 점에서 기후위기 완화(mitigation)를 정책 목표로 삼는다.

셋째, 완충 기능은 그린전환 과정에서 발생하는 불평등과 역기능으로부터 시민을 보호하기 위한 사회보장제도와 공적부조제도의 역할을 의미한다. 벤치마킹 기능과 생태사회정책의 활성화 기능이 복지국가가 탈탄소화를 직접적으로 촉진하는 역할에 가깝다면 완충 기능은 전환 과정에서 발생하는 역기능으로서 불평등 완화를 강조한다는 점에서 기후 위기에 대한 적응(adaptation) 정책의 성격을 지닌다.

넷째, 갈등관리 기능은 사회생태 전환 과정에서 발생하는 이해 당사자 간 갈등을 완화하기 위한 협력의 강화를 뜻한다. 생태 전환이 추동하는 사회집단 간의 전환 갈등을 해소하기 위해서는 사회적 대화를 비롯한 여러 제도적 장치가 필요하다. 이는 포스트 성장 사회의 생태사회정책 형성을 위한 사회 세력 간의 상호작용이 고도성장 시기에 형성된 단체교섭과 사회적 대화 등 제도적 유산과 틀 내에서 작동할 가능성을 시사한다.

포스트 성장 사회에서 기후 위기에 대응하는 새로운 생태사회정책은 다음과 같은 정책 영역에서 형성되고 있다. 첫째, 탈탄소 경제로의 전환 과정에서 발생하는 실업과 일자리 문제에 대응하는 과정에서 노동시장 정책의 변화가 나타난다. 이는 탈탄소화 과정에서 일자리를 잃은 노동자에게 실업급여와 실업 부조 등을 지급하는 전통적 노동시장 정책과 더불어 공공 및 민간 자본에 의한 대규모 인프라 투자를 통한 일자리 창출, 탄소 산업 노동자에 대한 직업훈련과 고용 서비스 제공 등 적극적 노동시장 정책을 포괄한다(Mandelli, 2023: 342~344). 이러한 노동시장 정책은 정의로운 전환과 그린 뉴딜을 통한 기후위기 적응을 추구한다는 점에서 적응적 사회보장 정책의 성격을 지닌다. 둘째, 노동과 복지의 연계에 초점을 맞추었던 생산주의 복지 체제에서 벗어나 보편적 기본 소득과 보편적 기본 서비스 제도 등 현금 지급 및 서비스 지급을 통한 보편적 탈상품화 정책이 실험적으로 도입되고 있다. 이는 경제성장이 둔화된 포스트 성장 사회에서 탈생산주의 복지 체제를 구축하기 위해 개인의 소득과 필수 서비스에 대한 접근을 보장하면서 노동시간을 단축하고 지속가능한 서비스 공급을 지향한다. 셋째, 노동시간 단축과 노동과 돌봄의 관계에 대한 재설정을 바탕으로 남성과 여성 모두가 참여하는 보편적 돌봄제공 모델로의 전환을 모색하는 시도가 발견된다.

4. 포스트 성장 시대 생태사회정책의 형성: 정책 구상과 사례 분석

탈탄소화 시대 사회정책과 환경·기후 정책의 전략적 관계 설정과 동조화는 그 어느 때보다 중요하게 부각되고 있다. 이는 사회생태 전환을 촉진하기 위해 개별 정책 담당 기관의 부서 이기주의(사일로 효과)를 극복하고 기후 정책 관련 의제를 기존의 사회정책 시스템 내에 정착시키는 것을 목표로 한다(Domorenok and Trein, 2024). 이러한 정책 통합을 추진하는 과정에서 유럽연합의 정책 구상과 초국적 거버넌스 구조는 새로운 생태사회정책의 형성을 촉진하고 이를 확산하는 데 중요한 역할을 담당했다.

주지하다시피 2019년 유럽연합 집행위원회는 유럽연합의 2030년 기후 목표와 2050년 탄소중립 경제를 실현하기 위한 전략으로 유럽 그린 딜(European Green Deal)을 제안했다. 특히 2020년 코로나19에 직면하면서 팬데믹 위기 극복과 탈탄소-디지털 전환을 지원하기 위한 정책 수단으로서 유럽연합은 2021년 회복과 탄력성 강화(Recovery and Resilience Facility: RRF) 프로그램을 제안했고 유럽연합 회원국은 국가별 회복과 탄력성 계획안(National Recovery and Resilience Plans: NRRPs)을 제출하여 이 프로그램의 기금으로부터 재정을 지원받는다. 이러한 회원국별 계획안은 복지국가의 사회투자 기능을 강화하면서 생태적 회복력과 지속가능성을 촉진하기 위해 인프라, 의료, 교육, 노동시장 등 다양한 정책 영역에 대한 개입을 목표로 하며 이를 통해 유럽연합의 그린 전환과 디지털 전환에 대한 투자를 늘리도록 지원한다(Theodoropoulou et al., 2025).

반면, 미국의 그린뉴딜은 노동자와 지역사회가 주도하는 아래로부터의 정치 전략의 성격을 지니며 글로벌 금융위기 이후 새롭게 부상하는 미국의 진보적 시민사회와 풀뿌리 조직에 기반을 두고 있다. 미국의 그린뉴딜 전략은 기후 위기로 인해 증폭되는 기존의 인종 불평등, 젠더 불평등, 주거 불평등의 완화를 목표로 하며 이를 위해 탄소 산업 종사자를 위한 노동시장 대책 마련, 친환경 산업의 육성, 녹색 일자리 창출, 그린 전환에 대한 지역사회의 개입을 대안으로 제시한다(Cha, 2024).

그렇다면 기후 위기에 따른 국민국가의 새로운 사회정책과 사회운동은 생태복지국가로의 전환을 견인하고 있는가? 아니면 생태사회정책은 글로벌 북반구에서조차 여전히 미약한 정치적 기획에 불과한가? 이 질문에 답하기 위해 이 절에서는 포스트 성장 시대 유럽연합 회원국에서 추진 중인 국민국가 규모의 생태사회정책의 현황을 기존 복지국가의 사회정책으로서 적극적 노동시장 정책의 사례를 분석하고 포스트 성장 사회의 대안적 사회보장제도의 가능성을 보편적 기본 서비스와 보편적 기본 소득에 초점을 맞춰 이론적 차원에서 탐색할 것이다.

1) 정의로운 전환과 적극적 노동시장 정책

사회생태 전환을 촉진하기 위한 유럽연합 차원의 노력은 유럽연합 회원국 각국에서 새로운 생태사회정책의 구상이 기존의 복지제도 및 사회정책과의 상호작용을 경험하면서 국가별로 서로 다른 탈탄소화에 대한 대응 전략을 낳았다. 특히 이는 기후위기 시대 노동시장 정책의 지속 혹은 변화 과정에서 두드러지게 나타난다. 기존의 적극적 노동시장 제도가 잘 정착되어 있거나 탄소 산업에 대한 의존도가 낮은 국가에서는 유럽연합 기금을 주로 산업 정책에 사용하는 반면, 적극적 노동시장 제도가 취약하거나 탄소 산업 종사자 비중이 상대적으로 높은 국가에서는 이러한 기금을 노동시장 정책을 위한 재원으로 활용한다.

예컨대, 적극적 노동시장 정책과 포괄적인 직업훈련 제도를 갖추고 있는 덴마크의 경우 회복과 탄력성 강화 기금을 녹색전환 기술 도입, 연구 개발, 환경세 관련 연구 등에 주로 사용하는 방식으로 노조와 사용자가 기존의 적극적 노동시장 제도를 활용하여 탄소 산업 노동자에 대한 직업교육과 재훈련을 지원한다(Im et al., 2025: 71~73). 덴마크는 한편으로 온실가스 배출량이 많은 탄소오염 산업의 일자리가 상대적으로 적으며 때문에 탈탄소화에 따른 실업 문제가 다른 나라에 비해 덜 심각하다. 다른 한편으로 덴마크 유연 안정성 시스템은 노조의 강력한 단체교섭권을 바탕으로 탈탄소화에 따른 산업 구조조정 과정에서 전직과 이직, 재교육과 숙련 향상을 용이하게 한다. 이는 디지털 경제와 친환경 경제에서 필요로 하는 새로운 일자리와 직무 수요에 부합하도록 노동력을 재배치하고 노동자들의 재숙련화를 촉진하는 생태사회정책으로 작동할 가능성이 높다.

반면, 높은 실업률과 소득 불평등, 재정 위기 등으로 특징지어지는 남유럽 복지 모델의 대표적 사례인 이탈리아의 경우, 회복과 탄력성 기금을 활용하여 여성과 청년의 노동시장 참여율을 제고하는 시도를 하고 있다. 그러나 사회정책이 환경 정책이나 정의로운 전환 어젠다와 분리되어 있고 그린 전환 과정에서 발생하는 실업이나 소득 감소로부터 노동자들을 어떻게 보호할 것인지에 관한 이탈리아 정부의 정책적 혹은 전략적 대응은 상대적으로 부족한 실정이다(Theodoropoulou et al., 2025: 99~100).

한편, 스페인의 경우, 제조업보다는 주로 석탄 산업에 초점을 맞추어 에너지 전환에 따른 탄광 산업 노동자의 실직에 대응하는 여러 사회정책을 입안하고자 노력했다. 예컨대, 스페인 사회당 정부가 주도한 경제 회복과 전환을 위한 전략 기획(Strategic Projects for Economic Recovery and Transformation)은 에너지 전환에 따라 실직을 경험하는 석탄 노동자들에게 직업훈련 기회를 제공하고 이들의 전직을 지원한다. 2020년대 초반 스페인 정부가 제안한 생태사회정책 이니셔티브는 광산이 폐쇄되는 지역에 친환경 수력발전을 비롯한 재생 에너지 발전 시설을 건설하여 노동자들에게 보상을 제공하는 것을 목표로 한다(Im et al., 2025: 74~76). 이처럼 유럽 각국의 복지국가 발전의 경로 의존성은 각국 산업구조의 특성과 결부되어 유럽연합 내 회원국 간의 생태사회정책의 불균등 발전으로 이어질 가능성이 크다는 점을 시사한다.

지금까지 살펴본 유럽연합 각국의 국가별 회복과 탄력성 계획안(NRRPs) 이외에도 유럽연합 차원의 그린 딜은 적극적 노동시장 정책을 위한 정책 수단을 제공한다. 예컨대, 탄소 산업에 대한 고용 의존도가 상대적으로 높은 독일의 경우, 광산업이 발전한 라우지츠 지방처럼 탈탄소화의 영향을 받는 지역에서는 정의로운 전환 메커니즘(Just Transition Mechanism: JTM)을 활용하여 지속가능한 고용 기회를 창출하고 지역의 인프라 구조를 개선하며 직업훈련 및 평생교육기관을 지원한다(Cirillo et al., 2024).[1] 정의로운 전환 메커니즘과 결부된 지역 수준의 적극적 노동시장 정책은 주로 에너지 전환 과정에서 부정적인 영향을 받는 산업과 지역사회를 지원하는 것에 초점을 맞추어 화석연료 부문 노동자에 대한 재교육과 새로운 일자리 제공, 산업 전환을 위한 투자 지원 등을 추진했다.

특히 유럽연합 집행위원회는 2021년 회원국 각국이 국가 에너지 기후 계획 목표에 부합하는 지역별 정의로운 전환 계획(Territorial Just Transition Plans)의 승인을 통해 정의로운 전환 기금(Just Transition Fund: JTF)의 지원을 받을 것을 명시했다. 이 기금은 특히 화석연료 및 온실가스 집중 산업의 비중이 높아 탈탄소화에 따른 고용 감소와 산업 축소로 인해 가장 심각한 피해를 받는 지역에 자금을 집중적으로 지원하는 것을 목표로 한다. 표 4-1에서 알 수 있듯이, 유럽 주요국의 정의로운 전환 기금 중 유럽연합의 기여금

---

1 여기에는 170억 유로 규모의 정의로운 전환 기금과 Invest EU 계획에 따른 민간투자(100억~150억 유로 규모), 그리고 약 300억 유로로 추산되는 유럽투자은행의 공공부문 대출 등이 포함된다(Cirillo et al., 2024: 22).

표 4-1 유럽연합의 정의로운 전환 기금 투입 현황: 이탈리아, 스페인, 독일 사례 (단위: 백만 유로)

국가	정의로운 전환 기금	EU 기여금	EU 기여금 비중	해당 지역
이탈리아	€1,211	€1,030	85%	타란토(풀리아), 술치스 이글레시엔테(사르데냐)
스페인	€1,255	€869	69%	아스투리아스(아스투리아스), 아 코로나(갈리시아), 레온 및 팔렌시아(카스티야 이 레온), 테루엘(아라곤), 카디스, 코르도바, 알메리아(안달루시아), 알쿠디아(발레아레스 제도, 마요르카)
독일	€4,044	€2,478	61%	라우지츠 지역(브란덴부르크 및 작센), 우크마르크 내 슈베트/오더(브란덴부르크), 라인 지역 및 북부 루르 지역(노르트라인베스트팔렌), 미텔도이치 지역(작센 및 작센안할트) 및 켐니츠 시(작센)

자료: Cirillo et al.(2024: 23).

이 각국 정부의 재정지출을 상회하는 것으로 나타났다. 정의로운 전환 기금은 특히 중소기업과 스타트업 지원, 대학 및 공공 연구기관의 연구혁신 활동, 재생 가능 에너지 및 에너지 효율 개선 프로젝트, 순환경제 지원, 구직자의 숙련 향상 및 재교육 등 다양한 목적의 사업별로 지역 실정에 맞춰 기금을 사용할 수 있도록 지원한다(Cirillo et al., 2024: 29~31).

이처럼 유럽연합 각국은 산업전환 과정에서 탄소배출 산업 노동자의 실업에 대응하여 이들의 생계를 지원하는 한편 녹색 일자리 창출과 재숙련화, 교육훈련을 실시하는 등 적극적 노동시장 정책을 추진하고 있다. 이를 통해 우리는 오늘날 생태사회정책이 기후 위기의 직접적 완화보다는 기후 위기가 노동시장과 지역사회에 미치는 부정적 효과 감소를 목표로 함을 알 수 있다(Waltrup et al., 2025). 특히 독일의 튀링겐 지역에 대한 사례연구에서 알 수 있듯이, 생태 전환에 따른 실업과 인구 유출, 저성장의 위기가 만성화된 포스트 성장 지역(post-growth regions)에서는 주민 참여에 기반을 둔 새로운 생태사회정책 대신 반세계화, 반유럽연합, 반이민 담론에 입각한 극우 포퓰리즘 정당이 정치적 지지를 얻을 수 있다(Schmalz et al., 2021). 이는 디지털 전환과 기후위기 시대 사회생태 전환 전략의 부재는 포스트 성장 지역에서 극우의 부상과 민주주의의 위기로 이어질 가능성이 있음을 보여 준다.

따라서 유럽연합 차원의 적극적 노동시장 정책은 산업전환 과정에서 실업과 불평등이 증가하고 경기 침체를 경험하는 유럽연합의 주변부 지역에서 전환 갈등을 완화하고 지역 차원의 생태사회정책을 설계할 것을 필요로 한다. 실제 2021년에서 2027년 사이 유럽연합에서 정의로운 전환 기금의

그림 4-1 유럽연합의 정의로운 전환 기금 수혜 지역, 2021~2027

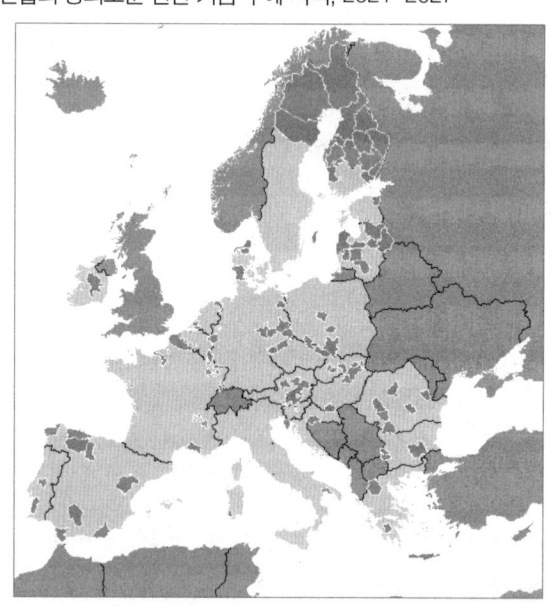

자료: 유럽연합 정의로운 전환 플랫폼(https://ec.europa.eu/regional_policy/funding/just-transi-tion- fund/just-transition-platform_en)

투입이 확정된 지역의 상당 부분은 사회생태 전환에 따른 전환 갈등에 취약한 주변부 지역이 차지하고 있다(그림 4-1 참조). 따라서 유럽연합 내에서 경제적 저성장과 탈산업화, 인구 감소, 빈곤율의 증가 등을 경험하고 있는 포스트 성장 지역 혹은 '성장에서 뒤처진 지역(left-behind places)'의 경우, 적극적 노동시장 정책과 산업 정책을 결합하여 지역 차원의 새로운 생태사회정책을 구성하고 실행하는 것이 필요하다.

2) 보편적 기본 서비스를 통한 돌봄 인프라 구축

21세기 지속가능한 복지국가의 제도화를 위해서는 신자유주의 시대 사회적 재생산 위기의 핵심인 돌봄 위기를 해결하기 위한 사회적 인프라 구축이 필요하다. 노동력의 사회적 재생산을 지탱하는 복지 제도에서 노인과 장애인, 아동, 청소년 등 생산 활동에 참여하지 않는 인구를 부양하는 돌봄 활동과 돌봄 정책은 사회 공동체를 유지하는 데 핵심적인 역할을 담당한다 (Raphael et al., 2024). 전통적인 남성 생계(male breadwinner) 부양자 모델에서 남성은 노동시장에 참여하는 반면 여성은 가정에서 무급 노동으로서의 돌봄 노동을 수행했다. 그러나 신자유주의 시대 남성 생계 부양자 모델은 남성과 여성 모두 노동시장에 참여하여 전일제 노동에 종사하는 보편적 부양자(universal breadwinner) 모델로 전환했고, 이제 여성은 생산 영역에서의 유급 노동과 재생산 영역에서의 무급 돌봄노동을 동시에 수행하도록 요구받고 있다. 이 과정에서 상당수의 중산층과 노동계급 가족은 돌봄 노동의 공백(care gap)으로 인해 수입의 상당수를 시장화된 돌봄 서비스 구입을 위해 사용해야 하는 맞벌이의 함정(two-income trap)을 경험하고 있다(Fraser, 2016).

따라서 돌봄 노동을 여성이 전담하는 무급 노동으로 간주하는 평가절하를 극복하면서 동시에 돌봄 서비스 제공을 시장화하는 신자유주의에서 벗어나 보편적 돌봄 모델을 확립하기 위해서는 공공 서비스를 공급할 수 있는 돌봄 국가(caring state)의 형성을 필요로 한다(더 케어 컬렉티브, 2021). 이는 케인스주의 복지국가가 가부장제와 성별 노동분업에 기반을 두고 있음을 비판하면서, 돌봄 인프라의 (재)사회화를 통해 보건 의료, 교육, 주택, 노인 요양, 아동 돌봄 등을 지역 공동체 차원에서 책임지는 것을 목표로 한다.

이러한 지역 수준의 분권화된 돌봄 경제를 형성하기 위해서는 돌봄 서비스가 보편적 기본 서비스(universal basic service) 형태로 제공되어야 한다. 보편적 기본 서비스는 개인의 지불 능력에 관계없이 인간이 사회생활에 참여하고 삶을 영위하는 과정에서 인간의 필요를 충족하는 데 필수적이고 충분한 서비스를 공적인 기관과 제도를 통해 제공하는 것을 의미한다(쿠트·퍼시, 2020: 11~13). 이는 단순히 개인이 필요로 하는 서비스를 제공하는 데 초점을 맞추기보다는 의료, 교육, 돌봄, 주거 등 공공에 의해 집단으로 창출되는 필수 서비스가 어떻게 공익에 이바지하고 지속가능한 발전에 기여하고 있는지 평가하는 작업을 요청한다. 예컨대, 미취학 아동에 대한 보편적 돌봄 서비스는 아동 돌봄 서비스 구입 비용을 줄이고 보편적으로 접근 가능한 양질의 서비스를 제공함으로써 빈곤 가족 및 한부모 가족 아동의 부담을 줄이고 공공 돌봄기관이 민간 돌봄 서비스 기관보다 자원을 생태적으로 활용함으로써 온실가스 감출 등 환경 목표를 달성하는 데 기여한다(Coote, 2022: 476~477). 특히 아동 돌봄 서비스는 빈곤계층 아동에 대한 지원과 더불어 유급 육아휴직과 결합할 때 돌봄 제공자로서 여성의 경제적 자립을 지원하고 아이들의 학업 성취와 건강, 행복 등에 긍정적인 영향을 미친다(쿠트·퍼시, 2020: 90~92).

특히 생태사회정책으로서 보편적 기본 돌봄 서비스의 확대는 돌봄 서비스의 시장화와 상품화에 대한 실현 가능한 대안을 제시한다는 의의를 지닌다. 예컨대, 아동 돌봄노동의 70%, 노인 돌봄 서비스의 85%가 민간 영리시장을 통해 제공되는 아일랜드의 경우, 기존의 사영화된 돌봄 시스템이 돌봄 서비스에 대한 사회적 요구를 충족하지 못하고 돌봄 노동자의 노동환경과 고용조건을 악화시키는 등의 문제가 발생했다. 이러한 상황에서 아일랜드의 최대 노조인 서비스산업전문기술노조(Services, Industrial, Professional and Technical Union)는 보육 교사, 돌봄 노동자, 관리자 등에 대한 처우 개선과 돌봄 서비스에 대한 정부의 투자 확대를 위한 대대적인 캠페인을 전개했다. 그 결과, 정부는 보육 교사 및 돌봄 노동자들의 임금 협상을 지원하고 공동 노동위원회 설치를 지원하며 생활임금을 제공함으로써 보편적 기본 돌봄 서비스 구축을 위한 제도적 토대를 마련했다(Murphy, 2023: 89~92). 특히 민간 부문의 이윤 추구를 제한하고 공공에 의한 돌봄 서비스 제공 인프라를 구축함과 동시에 참여소득제도를 도입하여 돌봄 노동에 대한 주민과 지역사회의 참여를 활성화하는 등 보편적 기본 돌봄 서비스의 확대와 참여소득 제도의 결합을 추진했다.

무엇보다도 보편적 기본 서비스는 서비스의 생산과 조달에 직접 개입하여 공공 서비스를 친환경 방식으로 어떻게 얼마나 공급할지 사전에 설계할 수 있기 때문에, 개인의 소비에 초점을 맞추는 기본 소득과 달리 기후위기 시대 행성적 한계 내에서 인간의 필요 욕구를 충족하려는 생태사회정책의 목표에 보다 부합하는 것으로 보인다(Coote, 2022: 474~476). 물론 이를 실현하기 위해서는 국가-시민의 공동 정책입안 및 공공 책임제 도입과 더불어 엄격한 환경 평가방식의 적용 등 공공 서비스의 집단 생산과 제공 방식에 대한 세밀한 설계를 필요로 한다(Büchs, 2021). 무엇보다도 시민 참여에 기반을 둔 보편적 기본 서비스는 의료, 교육, 돌봄 이외에도 주거와 교통 등 기후위기 시대 온실가스 감축과 보다 직접적으로 연관된 정책 영역에서도 적용 가능하며, 보편적 기본 서비스의 확대를 통해 서비스 지급에 기반을 둔 보편적 탈상품화 정책을 강화하려는 노력이 지속적으로 요청된다.

3) 노동의 탈상품화: 보편적 기본 소득과 참여 소득

복지와 경제성장을 연계시키는 생산주의 복지 패러다임에서 벗어나기 위해서는 보편적 사회서비스의 제공뿐 아니라 현금 지급을 통한 노동의 탈상품화와 노동시간 단축, 사회적 임금의 제공이 수반되어야 한다. 이를 위한 중요한 정책 대안 중 하나는 바로 보편적 기본 소득(universal basic income)이다. 보편적 기본 소득은 자산 심사나 노동에 대한 요구 없이 개인에게 무조건적, 개별적으로 주어지는 정기적 현금 이전을 의미한다(스탠딩, 2018; 금민, 2021). 이는 한편으로 디지털 전환과 자동화로 인해 일자리의 감소와 노동의 저하가 예견되는 상황에서 기본 소득과 노동시간 단축을 통해 분배 정의를 실현하는 것을 목표로 한다. 다른 한편으로 탄소세와 같은 생태세를 도입하여 탄소저감 기술을 비롯한 탈탄소화를 위한 기술 개발을 촉진하고 기본 소득의 재원을 마련하면서 동시에 생태 배당을 통해 전환 과정에서 발생하는 계급적 불평등을 완화하고자 노력한다.

기본 소득과 사회생태 전환 사이의 관계를 규명하기 위해 포스트 성장과 양립 가능한 생태기본소득의 가능성과 한계에 대한 논의가 진행되었다. 생태기본소득을 제안하는 연구자들은 노동시간의 획기적 단축을 통해서만 생태적 환경 파괴 없이 일자리를 창출하는 것이 가능하며 이를 위해서는 기본 소득의 도입이 필수적이라고 주장한다(금민, 2021). 그리고 이러한 노동시간의 단축이 실현될 때 지역사회와 공동체의 생태 전환에 기여할 수 있는 사회적으로 유용한 비임금노동 혹은 여가 활동이 가능함을 강조한다. 그러나 현금 지급을 통해 빈곤 문제를 해결하려는 기본소득 정책이 저소득 가구의 소비를 증대시켜 오히려 탄소 발자국을 증가시키고 생태 위기를 심화할 수 있다(Howard et al., 2023: 156~159). 이러한 논리에 입각하여 무조건적 현금 지급보다는 아동 돌봄, 고령자 돌봄, 자원 활동, 교육훈련 참여 등 사회적 기여에 근거하여 현금을 지급하는 참여 소득(participation income)이 불평등의 완화가 소비의 증가로 이어지는 부작용을 막을 수 있다는 주장 또한 존재한다(한상진, 2024). 특히 참여 소득을 옹호하는 연구자들은 사회 공공 서비스 제공을 둘러싼 의사결정 과정에서 시민 참여의 필요성을 강조하며 시민권이 아닌 지역사회에서 시민의 요구를 충족하기 위한 여러 활동을 소득 지급의 전제 조건으로 삼는 것이 필요함을 주장한다(앳킨슨, 2015: 308~310; 이상준, 2022: 246~247).

이와 같은 생태기본소득의 가능성에 대한 회의적인 평가에도 불구하고 탈생산주의 복지 정책을 확립하기 위해서는 보편적 기본 소득과 참여 소득, 보편적 기본 서비스를 상호 보완적인 생태사회정책으로 구성하려는 노력이 필요하다. 기본 소득 제안자들은 공공 사회 서비스가 사영화된 기업의 서비스 제공과 비교할 때 비용절감 효과가 크고 생태적 부담이 적다는 주장에 동의하면서 보편적 기본 소득이 보편적 기본 서비스를 대체하지 않음을 강조한다(서정희, 2017). 특히 기본소득제도 도입에 필요한 막대한 재원을 감안한다면 현실의 기본 소득은 상대적으로 적은 금액의 현금 지급을 단계적·부분적으로 실행하는 데서 출발할 것이다. 이러한 맥락에서 기존의 일자리 정책, 노동시장 정책과 연계된 참여 소득 혹은 부분적 기본소득제도의 부상은 생태사회정책의 입안과 실행을 위한 중요한 실험이 될 것이다(이승윤·백승호, 2021).

오히려 향후 생태기본소득과 관련된 핵심 쟁점은 탄소세와 같은 생태세가 지닌 역진성으로 인해 사회생태 전환에 반대하는 아래로부터의 불만이나 저항이 분출할 가능성이 있다는 데 있다(안효상, 2021). 특히 프랑스의 노란 조끼 운동에서 알 수 있듯이, 생태세 부과는 그린 전환에 따른 비용을 청년이나 불안정노동자에게 부과함으로써 전환에 반대하는 아래로부터의 저항을 촉발했다. 나아가 2010년대 중후반부터 시작된 세계 각국의 기본소득 실험에서 기본 소득의 생태적 영향보다는 기본 소득이 어떻게 성장을 촉진하고 지역 경제를 활성화는 데 초점을 맞춰 왔는지(Langridge et al., 2023) 고려할 때 참여 소득, 보편적 기본 서비스와 결합된 생태기본소득 프로젝트를 지역 차원에서 어떻게 설계하고 실행할 것인지에 대해 보다 면밀한 검토가 필요하다.

5. 한국에서 탈생산주의 복지 체제의 가능성과 한계

이 절에서는 한국에서 지속가능한 복지국가 수립을 위한 생태사회정책의 가능성과 한계를 탐색한다. 이를 위해 우선 한국 복지국가의 특징에 대해 살펴보고 사회생태 전환을 위한 한국 사회의 정책 의제에 대해 논의하고자 한다. 한국의 복지국가는 후발 산업화 시기 고도 경제성장을 뒷받침하기 위해 대기업 노동자를 중심으로 한 일부의 생산적 계층과 군인, 공무원, 교사 등 권위주의 국가의 정치적 보호가 필요한 집단에 대한 선별적 복지를 지향하는 생산주의 복지 체제를 그 특징으로 한다(최영준, 2011). 이는 정부의 기여와 조세를 기반으로 하는 보편적 사회복지의 제공 대신 사용자와 노동자

표 4-2 OECD 주요 회원국의 공공 사회복지 지출, 2001~2021 (단위: GDP 대비 비중, %)

	2001	2003	2005	2007	2009	2011	2013	2015	2017	2019	2021
호주	20.4	19.9	18.7	20.1	20.4	20.9	21.8	23.6	22.4	26.2	22.9
프랑스	27.5	28.6	28.7	28.6	31.2	30.6	31.9	32.0	31.0	30.1	32.0
독일	25.9	27.0	26.3	24.0	27.2	25.3	25.5	25.7	25.8	26.3	28.5
이탈리아	20.6	21.5	21.7	21.6	24.6	23.8	24.9	24.9	24.3	24.3	26.5
한국	6.7	7.0	7.5	8.6	9.8	9.7	10.7	11.6	12.0	14.5	18.7
멕시코	5.6	6.3	6.7	6.9	7.2	7.0	7.4	7.4	7.3	7.8	9.4
스웨덴	22.8	23.6	23.1	22.0	24.3	23.4	25.0	24.5	24.3	23.6	23.9
영국	21.7	22.5	22.9	22.9	26.5	26.6	25.9	25.0	24.3	24.1	26.0
미국	23.2	25.0	24.7	25.2	27.8	28.9	28.6	28.9	29.1	29.2	33.2
OECD					21.2	20.8	21.0	20.9	20.6	21.0	22.6

자료: OECD Social Expenditure Database(SOCX), Net total social expenditure.

의 기여에 기반을 둔 선별주의 복지 체제의 형성으로 이어졌다. 이와 같은 한국의 발전주의 복지국가는 1980년대 후반 민주화 이행과 1990년대 후반 경제 위기를 계기로 국민연금을 확대하고 고용보험을 도입하며 전 국민 의료보험제도를 실시하며 공공 부조 프로그램을 강화하는 등 선별적 복지 제도에서 포괄적 복지 시스템으로의 전환을 경험했다(Kwon, 2005). 그리고 이는 2000년대 이후 한국에서 공공 사회복지 지출의 지속적인 증가로 이어졌다. 표 4-2에서 알 수 있듯이, 한국의 공공 사회복지 지출 규모는 OECD 주요 회원국들과 비교할 때 상대적으로 여전히 낮으나 OECD 평균과 비교하면 그 격차가 감소했다.

그러나 이와 같은 복지국가의 성장에도 불구하고 이른바 '작은 복지국가(small welfare state)'로서 한국 복지국가의 저발전은 포스트 발전국가 시대에도 지속되고 있다. 후발 산업화 과정에서 급속하게 성장한 한국의 노동계급은 1980년대 후반 전투적 노동 소요의 동원과 민주노조운동의 성공을 계기로 사회 세력으로 급부상했다. 한국의 조직 노동은 전투적 동원을 통해 병영적 노동 통제를 약화하고 저임금-장시간 노동의 유혈적 테일러주의 체제를 무너뜨렸지만, 노동자들의 강력한 계급적 연대를 기반으로 하는 거시 코포라티즘적 계급 타협을 형성하는 데 실패했다. 이는 유럽과 달리 한국의 노동자들은 노동계급의 정치 세력화가 매우 불리한 정치적·문화적·사회적 조건에 처해 있었고 1990년대 신자유주의 구조조정을 계기로 대기업-중소기업, 정규직-비정규직, 남성-여성 노동자 간 격차가 확대되고 노동시장 이중화가 심화되었다. 이는 보편 복지정책의 확대를 추구하는 복지 동맹의 형성과 거시적 계급 타협보다는 재벌 대기업 사용자와 대기업 노조 간의 미시 코포라티즘적 타협에 기반을 둔 기업 복지의 확대로 이어졌다(Yang, 2017).

그 결과, 한국은 지난 20여 년간 경제 발전과 복지국가의 성장을 동시에

그림 4-3 경제 발전과 복지국가: OECD 회원국, 2022

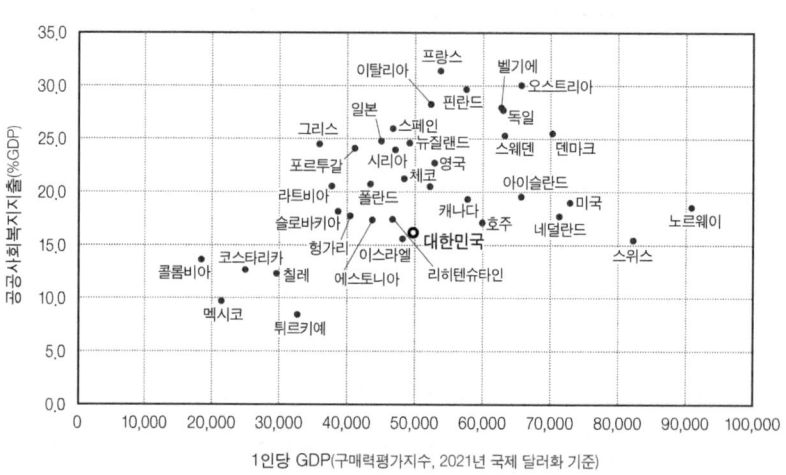

자료: OECD Social Expenditure Database(SOCX).

경험했지만, 그림 4-3에서 알 수 있듯이, 유럽 주요 국가와 견줄 수 있는 한국의 경제발전 수준에도 불구하고 작은 복지국가에 머물러 있다. 즉, 라틴 아메리카 국가와 남유럽·동유럽 주요국 경제를 상회하는 1인당 GDP 수준임에도 여전히 복지 지출이 낮다는 특징을 보인다.

특히 후발 산업화 시기 형성된 발전주의 복지 체제의 선별성은 21세기 포스트 발전주의 복지 체제에서 정규직 노동자를 비롯한 노동시장 내부자에 대한 보호 강화와 노동시장 외부자에 대한 배제가 지속되는 결과를 낳았다. 예컨대, 노동자의 종사상 지위에 따른 사회보험 가입률의 차이를 살펴보면, 2024년을 기준으로 한국의 비정규직 노동자 중 60% 이상은 여전히 공적연금의 혜택을 받고 있지 못하며 절반에 가까운 비정규직은 직장 건강보험이나 고용보험에 가입되어 있지 않다(표 4-3 참조). 즉, 정규직 노동자와 달리 노동시장에서 고용 안정을 누리지 못하여 실업보험과 같은 사회보험이 오히려 절실히 필요한 비정규직 노동자들은 여전히 사회보험의 혜택을 누리지 못하고 있다. 따라서 선별적 발전주의 복지국가를 포괄적 복지 체제로 이행할 수 있는 방안을 고민하는 것이 여전히 중요한 정책 과제임을 시사한다. 이는 사회생태 전환 과정에서 복지국가의 완충 기능을 강화하여 탄소중립 경제로의 이행을 촉진하는 데 핵심적인 역할을 담당한다.

이상의 분석 결과를 종합하면, 우선 한국의 생산주의 복지국가 혹은 발전

표 4-3 고용 형태별 사회보험 가입률, 2024

	공적연금(직장 가입자)	건강보험(직장 가입자)	고용보험
임금 근로자	68.8	78.6	77.0
정규직	88.1	95.0	92.3
비정규직	37.5	52.2	54.7

자료: 통계청, 「경제활동인구조사」(부가 조사).

주의 복지 체제가 지닌 경제성장의 우선성과 성장주의 이데올로기는 한국 복지국가의 선별성을 지속하고 노동계급 내부의 차이를 확대하며 노동시장 이중화를 강화하는 방향으로 작동해 왔다. 1990년대 후반 경제위기 이후에도 지속적인 경제성장과 이에 기반한 공공 사회복지 지출의 확대는 한편으로 한국 복지국가의 성장을 가져왔지만 다른 한편으로 한국의 복지 체제는 거시적 계급 타협에 기반을 둔 보편적 복지국가 체제의 수립으로 여전히 나아가지 못했다.

이러한 상황에서 2010년대 후반 본격화된 경제의 저성장은 보편적 복지국가로의 전환 혹은 사회생태 전환을 견인하는 지속가능한 복지국가로의 재편에 있어 구조적 제약으로 작용할 것이다. 즉, 한국의 복지국가는 성장과 분배 사이의 딜레마에서 성장주의 이데올로기에 기반을 둔 생산주의 복지 체제를 수립했지만, 성장-분배-환경보호라는 세 가지 정책 목표를 달성해야 하는 포스트 성장 사회에서 이는 더 이상 유효하지 않다. 경제성장에 대한 기여에 따라 복지를 제공하는 후발 산업화 시기 생산주의 복지 패러다임에서 벗어나 사회적 필요를 충족하는 탈상품화된 노동의 가치를 보장하면서 동시에 보편적 복지의 확대를 도모하는 탈생산주의 복지 체제의 확립이 사회생태 전환에 있어 핵심적인 역할을 담당한다.

한국의 적극적 노동시장 정책은 한국의 생산주의 복지 체제가 지닌 한계와 더불어 포스트 성장 시대 새로운 생태사회정책의 가능성을 보여 주는 사회정책의 주요한 영역이다. 이는 앞서 사회생태 전환 과정에서 복지 정책의 역할로 언급했던 기능 중 복지국가의 벤치마킹 기능(정책목표 설정 및 정책 혁신)과 활성화 기능(그린 전환을 촉진하는 사회 투자 및 행위자 역량 증대) 모두를 강화하는 데 있어 핵심적인 정책 수단으로 작동한다. 한국의 적극적 노동시장 정책은 1990년대 후반 경제위기를 계기로 도입되었으며 실업률의

그림 4-4 한국의 적극적 노동시장 정책의 규모, 1990~2019 (단위: GDP 대비 비중)

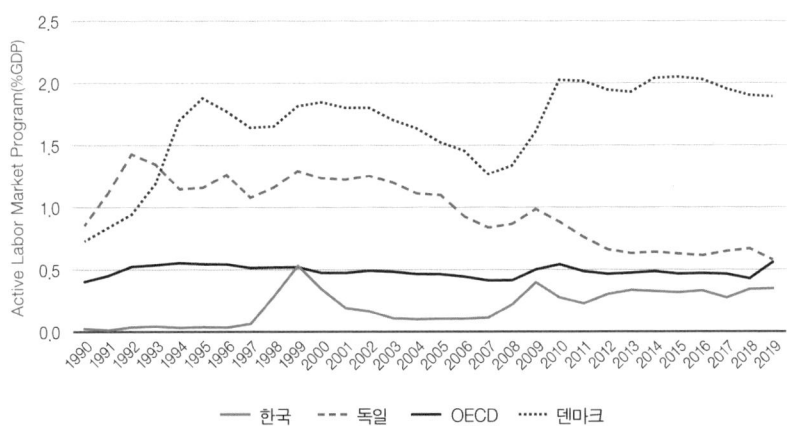

자료: OECD Social Expenditure Database(SOCX).

증가에 대응하여 재정 지원을 통한 일자리 창출을 핵심 목표로 했다. 때문에 그림 4-4에서 알 수 있듯이, 적극적 노동시장 정책에 대한 공공 사회복지 지출은 노동시장에서 실업 문제가 심각했던 1990년대 후반과 2000년대 말 일시적으로 증가하는 경향을 보였다.

그러나 중요한 것은 노동자에 대한 교육 훈련과 전직 지원, 고용 서비스 지원, 재정 지원 일자리 프로그램 등 2000년대와 2010년대 한국의 적극적 노동시장 정책은 고용률을 유의미하게 제고하고 좋은 일자리를 늘리며 노동자들의 숙련을 향상하는 데는 실패했다는 데 있다(이상준, 2022). 이는 한편으로 한국의 적극적 노동시장 정책에 대한 투자가 유럽 주요국 그리고 OECD 평균과 비교할 때 여전히 유의미하게 낮다는 점에 기인한다(그림 4-4 참조). 다른 한편으로 적극적 노동시장 정책의 실패는 한국의 수출산업 고용체제에서 자동화 등 기술 변동에 따른 고숙련-저숙련 일자리의 양극화와 불안정 노동의 확대가 심화되었다는 사실과 연관된다. 이러한 노동시장의 숙런 편향적 자유화(skill-biased liberalization)는 지난 30여 년간 대기업 내부 노동시장과 기업 특수적 숙련 형성 체제를 지속하는 데 기여했다.

2010년대 후반 이후 한국 수출 제조업의 경기 침체와 저성장은 특히 비수도권 지역 산업도시에서 고용 위기로 구체화되었고 이는 경제의 이중 전환에 대응하는 적극적 노동시장 정책과 고용 정책의 필요성을 부각시켰다. 특히 이러한 위기에 대응하는 과정에서 부상한 지역형 일자리 사업은 지역사회가 아래로부터 주도하는 일자리 정책을 수립하고 군산형 일자리 사업에서 알 수 있듯이 전기차 전환과 같은 그린 전환에 대응하는 새로운 친환경-전기차 산업 생태계 구축과 지역 기반의 가치 사슬 재구조화를 목표로 했다(강민형, 2023). 그러나 지역 자동차-상용차 산업의 가치 사슬 재구조화에 실패하면서 신규 일자리 창출은 매우 미비했고 전기차 전환에 따른 실업 문제, 전직, 교육 훈련 등 적극적 노동시장 정책의 활용 역시 사실상 이루어지지 못했다. 이와 같은 경제의 저성장과 이중전환 국면에서 한국의 수출 제조업 부문의 지역 일자리 정책과 적극적 노동시장 정책은 포스트 성장 시대 그린 전환을 선도하는 생태사회정책으로서의 가능성과 한계가 무엇인지 여실히 보여 주는 정책 사례라 할 수 있다.

한국의 지속가능한 복지국가 확립과 탈생산주의적 생태사회정책의 도입을 위해서는 기후 위기에 대한 정책 대응과 더불어 저출산-고령화에 대한 대응과 조세 정책의 변화가 필요하다. 한국의 수출 중심의 경제구조와 제조업 및 에너지 집약 산업을 기반으로 한 지속적인 경제성장은 1인당 에너지 소비량의 지속적인 증가를 낳았고(그림 4-5 참조) 화석연료 및 원자력발전에 대한 높은 의존도를 보였다(이지은, 2024: 178~179). 따라서 한국의 기후 정책 및 에너지 정책에서 탄소배출량을 줄이고 화석연료를 기반으로 하는 수출 주도 성장 체제에서 벗어나기 위한 산업 정책의 변화가 우선적으로 필요

그림 4-5 한국의 1인당 전력 소비량, 1981~2023 (단위: kWh)

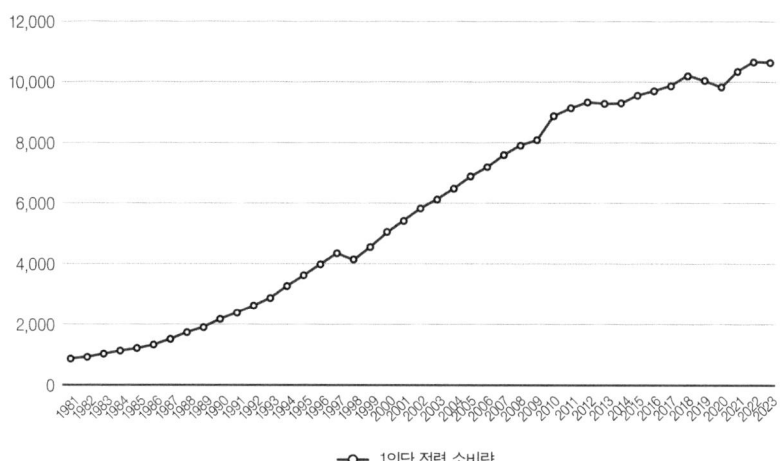

자료: 통계청 지표누리(https://www.index.go.kr/unify/idx-info.do?idxCd=4291).

그림 4-6 한국의 유소년 부양비와 노인 부양비, 1970~2072

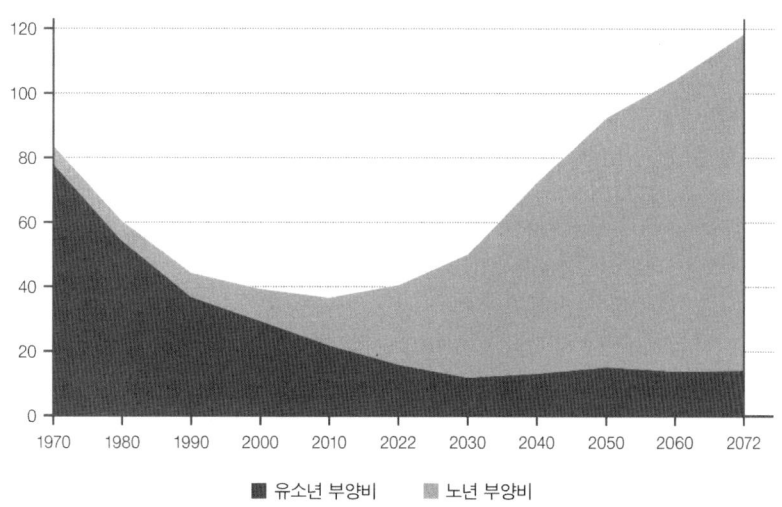

자료: 통계청 장래인구추계: 2022~2072년(https://kostat.go.kr/board.es?mid=a10301020600&bid=207&act=view&list_no=428476).

하다.

다음으로 초저출산-고령화라는 한국 사회의 인구 위기는 노년층에 대한 부양비의 급격한 증가를 초래할 것으로 예상된다. 이는 돌봄 서비스에 대한 막대한 재정 투입으로 인해 탈탄소화를 위한 사회 전반의 인프라 전환의 재원 확보를 제약하는 구조적 요인으로 작용할 것이다. 그림 4-6에서 알 수 있듯이, 통계청의 장래인구추계에 따르면 2072년 한국의 생산연령인구 100명당 104명의 노년 인구를 부양하는 것으로 나타나 노년 부양비의 급격한 증가가 예상된다. 이는 포스트 성장 시대 한국 사회가 직면한 복합 위기 중 인구 위기가 재정 압박에 미치는 영향을 가장 극명하게 보여 준다.

그런데 한국의 생산주의 복지국가는 조세를 통한 복지재원 확보 대신 민간 저축을 활용한 내자의 동원에 기반을 두고 있었다(김도균, 2018; 조성은, 2023). 한국의 복지 체제는 증세가 아닌 감세에 기초하여 개인의 저축 증대나 자산 확보를 독려하고 복지에 대한 개인의 책임을 강조하는 방식으로 발전했다. 그리고 이는 2000년대 이후 한국 사회에서 공적 복지 확대를 위한 재원 확보에 있어 증세에 대한 노동계급과 중산층의 반감과 저항의 원인이 되었다. 즉, 유럽의 사민주의 복지국가와 달리, 한국의 경우 복지국가의 확대를 지지하는 친 복지 세력으로서 복지 동맹의 사회적·계급적 기반이 취약했고 이는 복지국가의 사회생태 전환에도 부정적인 영향을 미칠 수 있다.

이러한 맥락에서 한국의 사회생태 전환을 위한 복지정책 수립 과정에서 새로운 '생태사회 동맹(eco-social alliance)'의 형성은 무엇보다도 중요하다. 전후 유럽에서 케인스주의 복지국가의 형성과 제도화 과정에서 조직 노동과 사민주의 정당은 노동계급을 복지 동맹(welfare alliance)으로 조직했고 제도화된 계급투쟁을 통해 성장과 분배의 두 가지 목표를 달성할 수 있었다. 오늘날 기후 위기와 사회 재생산 위기 속에서 노동조합은 사회생태 전환에 있어 양가적인 역할을 담당하는 것으로 보인다. 한편 탄소집약 산업의 조직 노동은 산업 전환과 사회생태 전환에 대해 보수적 입장을 견지하면서 고용 안정과 일자리 문제에만 주목하기도 한다. 그러나 포스트 성장 사회에서 전통적인 제조업 노조 역시 노동시간 단축 등 산업 전환과 일의 미래에 관한 여러 의제에 대해 보다 전향적인 태도를 취할 수도 있다. 예컨대, 독일 금속 노조(IG Metall)는 화학 산업이나 다른 제조업 노조와 달리 기후운동에 가장 적극적인 사회운동단체(예컨대, 미래를 위한 금요일) 및 활동가들과 연대를 형성하고 노조의 운동 전략을 고민하는 등 새로운 사회생태 동맹을 구성하는 데 능동적으로 참여했다(Cremer, 2024). 이와 같은 노조-시민사회 간 연대에 기반을 둔 생태사회정책의 수립 및 제도화를 위한 정책 네트워크의 형성은 포스트 성장 시대 생태사회정책의 입안을 위한 필수 불가결한 조건이며, 이러한 계급 동맹의 가능성과 한계는 21세기 복지 자본주의 정치의 핵심 주제로 부상할 것이다.

6. 결론

지금까지 우리는 21세기 포스트 성장 사회에서 대안적 사회정책 패러다임이 어떻게 형성 가능한지 이론적 논의와 경험적 탐색 연구를 시도했다. 우선 복지국가의 위기와 기후 위기라는 이중의 위기에 주목하여 생태-사회-성장 정책 간의 삼중 모순이 포스트 성장 사회에서 어떻게 심화되었는지 논의했다. 그리고 포스트 성장 이론의 시각에서 탈생산주의 생태사회정책의 가능성을 주로 유럽연합의 생태사회정책에 대한 사례 분석을 중심으로 검토했다.

분석 결과, 적극적 노동시장 정책, 돌봄 정책, 소득보장 정책 등 다양한 사회 서비스 영역에서 기후위기 시대 지속가능한 복지국가를 향한 새로운 생태사회정책의 실험이 시작되고 있다. 그러나 대부분의 사회정책은 적극적 노동시장 정책의 사례에서 알 수 있듯이 기후 위기에 따른 사회적 위험에 대한 적응을 목표로 한다. 다른 한편으로 아일랜드의 보편적 기본 돌봄 서비스와 참여 소득의 사례에서 알 수 있듯이, 사회 재생산 위기를 극복하기 위한 돌봄 국가라는 새로운 돌봄 정책의 패러다임이 기후 위기와 탈탄소화의 맥락에서 부상하고 있다. 유럽의 생태사회정책의 실험으로부터 우리는 노동시장, 일자리, 사회 서비스, 소득보장 측면에서 행위자 역량 형성 및 강화를 지향하며 지역사회에 능동적으로 개입하는 새로운 생태사회정책의 패러다임을 확산시키는 것이 중요함을 알 수 있다. 특히 아일랜드, 스페인, 독일의 생태사회정책에 대한 사례 분석을 통해 노동조합과 지역사회가 주도하여 포스트 성장 지역에서 적극적 노동시장 정책을 도입하고 돌봄 및 사회 서비스 인프라를 재활성화하는 것이 기후 위기와 사회 재생산 위기 극복을 위해 필수적임을 확인할 수 있었다. 나아가 적극적 노동시장 정책, 보편적 기본 서비스 정책, 참여 소득 및 부분적 기본소득 정책 간의 정합성을 제고하려는 노력이 필요하다.

이상에서 살펴본 것처럼, 21세기 복지국가는 디지털화와 탈탄소화를 특징으로 하는 자본주의 경제의 이중 전환 속에서 재정 위기와 지속가능성 위기에 직면해 있다. 기존의 케인스주의 복지국가 모델은 경제성장과 재분배의 양립을 전제로 작동했으나, 저성장의 구조화, 기후 위기의 심화, 인구구조의 급격한 변화는 이 모델의 지속가능성을 근본적으로 위협하고 있다. 특히 한국의 복지국가는 산업화 시대의 생산주의 복지 체제에서 벗어나지 못하고 있어 초고령화, 돌봄 위기, 노동시장 양극화 등 복합 위기에 효과적으로 대응하지 못하고 있다.

이러한 상황에서 제기되는 생태-사회-성장의 트릴레마는 성장, 재분배, 환경보호라는 세 정책 목표 간의 이론적 양립 불가능성과 상호 충돌을 의미한다. 이는 20세기 복지국가 정책 패러다임의 전환 필요성을 명확히 보여 준다. 이에 따라 포스트 성장 사회 이론은 경제성장 중심의 정책에서 벗어나 인간의 필요 충족, 생태적 지속가능성, 사회적 정의에 기반한 새로운 생태사회정책의 수립을 강조한다. 특히 보편적 기본 서비스, 참여 소득, 노동시간 단축, 보편적 돌봄 체계 등 노동의 탈상품화 접근은 포스트 성장 시대에도 복지국가의 핵심 기능을 유지하고 확장하기 위한 대안적 제도로 주목받고 있다.

요컨대, 포스트 성장 시대의 복지국가는 더 이상 성장 중심의 틀 안에서만 논의되어서는 안 되며, 생태적 한계와 사회적 필요를 조화시키는 새로운 제도적 상상력이 필요하다. 유럽연합과 같은 선도 사례는 생태사회정책이 단순한 환경 정책의 보완이 아니라 복지국가의 구조적 재편과 재구성을 요구하는 포괄적 전망과 비전에 해당한다는 점을 보여 준다. 한국 또한 이러한 흐름에 발맞추어 공공 서비스의 그린 전환, 보편적 돌봄체계 구축, 조세제도의 재편 등을 통해 지속가능한 복지국가 체제로 이행할 수 있는 정치적·정책적 토대를 시급히 마련해야 할 시점에 놓여 있다.

참고문헌

강민형. 2023. 「상생형 지역 일자리 사업에서의 사회적 대화: 군산형 일자리 사업 사례연구」. 장홍근 외.『한국 사회적 대화의 유형별 사례와 경험』. 한국노동연구원.

금민. 2020.『모두의 몫을 모두에게: 지금 바로 기본소득』. 동아시아.

김도균. 2018.『한국 복지자본주의의 역사』. 서울대학교출판문화원.

더 케어 컬렉티브. 2021.『돌봄선언: 상호의존의 정치학』. 정소영 옮김. 니케북스.

샹셀, 뤼카(Lucas Chancel). 2023.『지속불가능한 불평등: 사회정의와 환경을 위하여』. 이세진 옮김. 니케북스.

서정희. 2017. 「기본소득과 사회서비스의 관계설정에 관한 연구: 사회서비스 구축론에 대한 반론을 중심으로」.≪비판사회정책≫, 57, 7~45쪽.

스탠딩, 가이(Guy Standing). 2018.『기본소득: 일과 삶의 새로운 패러다임』. 창비.

아일, 맥스(Max Ajl). 2024.『민중을 위한 그린뉴딜: 제3세계 생태사회주의론』. 추선영 옮김. 두번째테제.

안효상. 2021. 「생태적 전환 속의 기본소득」.『기본소득이 있는 복지국가』. 박종철출판사, 43~56쪽.

앳킨슨, 앤서니(Anthony B. Atkinson). 2015.『불평등을 넘어: 정의를 위해 무엇을 할 것인가』. 장경덕 옮김. 글항아리.

이상준. 2022.『일·복지·민주주의를 위한 참여소득』. 온마음.

이승윤·백승호. 2021. 「생태적 전환을 위한 '참여소득'의 가능성: 기본소득, 보편적 기본서비스, 일자리보장제와의 비교」.≪시민과세계≫, 39, 129~168쪽.

이지은. 2024. 「복지국가 성과의 유형과 변화: 성장-분배-생태에 기초한 이념형 분석」. 중앙대학교 사회복지학과 박사학위 논문.

조성은 외. 2023.『한국 복지국가의 진단과 전망: 한국형 복지국가 모델의 경로와 지향』. 경제·인문사회연구회 협동연구총서(23-47-01). 한국보건사회연구원.

촘스키, 놈(A. N. Chomsky)·폴린, 로버트(R. Polin). 2020.『기후 위기와 글로벌 그린뉴딜』. 이종민 옮김. 현암사.

최영준. 2011. 「한국 복지정책과 복지정치의 발전: 생산주의 복지체제의 진화」.≪아세아연구≫, 54(2), 7~43쪽.

쿠트, 안나(Anna Coote)·퍼시, 앤드루(Andrew Percy). 2021.『기본소득을 넘어 보편적 기본서비스로!』. 김은경 옮김. 클라우드나인.

한상진. 2024. 「포스트 성장을 향한 사회투자 담론 비판과 역량 접근의 검토」.≪경제와사회≫, 144, 119~149쪽.

Aronoff, K., A. Battistoni, D. A. Cohen, T. N. Riofrancos, and N. Klein. 2019. *A Planet to Win: Why We Need a Green New Deal*. London: Verso.

Bailey, D. 2015. "The Environmental Paradox of the Welfare State: The Dynamics of Sustainability." *New Political Economy*, 230(6), pp.793~811.

Büchs, M. 2021. "Sustainable Welfare: Independence between Growth and Welfare Has to Go

Both Ways." *Global Social Policy*, 21(2), pp.323~327.

Cha, J. M. 2024. *A Just Transition for All: Workers and Communities for a Carbon-Free Future*. Cambridge: The MIT Press.

Cha, J. M., D. Stevis, T. E. Vachon, V. Price, and M. Brescia-Weiler. 2022. "A Green New Deal for All: The Centrality of a Worker and Community-Led Just Transition in the US." *Political Geography*, 95, 102594.

Cirillo, V., M. Divella, E. Ferrulli, and L. Greco. 2024. "Active Labor Market Policies in the Framework of Just Transition Programs: The Case of Italy, Spain, and Germany." *Austrian Foundation for Development Research (OFSE) Working Paper*, No.79.

Coote, A. 2022. "Towards a Sustainable Welfare State: The Role of Universal Basic Services." *Social Policy and Society*, 21(3), pp.473~483.

Cremer, J. 2024. "Collective actors and potential alliances for eco-social policies in Germany." *Zeitschrift für Politikwissenschaft*, 34, pp.183~206.

Domorenok, E. and P. Trein. 2024. "Policy Integration and the Eco-Social Debate in Political Analysis." *European Political Science*, 23(1), pp.70~79.

Dukelow, F. and M. P. Murphy. 2022. "Building the Future from the Present: Imagining Post-Growth, Post-Productivist Ecosocial Policy." *Journal of Social Policy*, 51(3), pp.504~518.

Esping-Andersen, G. 1999. *Social Foundations of Postindustrial Economies*. Oxford: Oxford University Press.

Fioramonti, L. 2024. "Post-Growth Theories in a Global World: A Comparative Analysis." *Review of International Studies*, 1~11.

Fraser, N. 2016. "Contradictions of Capital and Care." *New Left Review*, 100, pp.99~117.

Gough, I. 2016. "Welfare States and Environmental States: A Comparative Analysis." *Environmental Politics*, 25(1), pp.24~47.

Gough, I. 2022. "Two Scenarios for Sustainable Welfare: A Framework for an Eco-Social Contract." *Social Policy and Society*, 21(3), pp.460~472.

Hickel, J. and G. Kallis. 2020. "Is Green Growth Possible?" *New Political Economy*, 25(4), pp.469~486.

Howard, M. W., J. Pinto, and U. Schachtschneider. 2023. "Ecological Effects of Basic Income." in *The Palgrave International Handbook of Basic Income*. Cham: Springer International Publishing, pp.151~174.

Im, Z. J., C. de la Porte, E. Heins, A. Prontera, and D. Szelewa. 2025. "A Green but Also Just Transition? Variations in Social and Industrial Policy Responses to Industrial Decarbonisation in EU Member States." *Global Social Policy*, 25(1), pp.64~85.

Jessop, B. 1993. "Towards a Schumpeterian Workfare State? Preliminary Remarks on Post-Fordist Political Economy." *Studies in Political Economy*, 40(1), pp.7~39.

Korpi, W. 1983. *The Democratic Class Struggle*. London: Routledge & Kegan Paul.

Kwon, H. 2005. "Transforming the Developmental Welfare State in East Asia." *Development and Change*, 36(4), pp.477~497.

Langridge, N., M. Büchs, and N. Howard. 2023. "An Ecological Basic Income? Examining the Ecological Credentials of Basic Income through a Review of Selected Pilot Interventions." *Basic Income Studies*, 18(1), pp.47~87.

Mandelli, M. 2022. "Understanding Eco-Social Policies: A Proposed Definition and Typology." *Transfer: European Review of Labour and Research*, 28(3), pp.333~348.

Murphy, M. 2023. *Creating an Eco-Social Welfare Future*. Bristol: Bristol University Press.

Nenning, L., P. Bridgen, K. Zimmermann, M. Büchs, and M. Mesiäislehto. 2023. "Climate Crisis and Social Protection: From Worker Protection to Post-Growth Transformation?" *Social Policy and Society*, 22(4), pp.695~714.

Ortiz, R. J. 2020. "Oil-Fueled Accumulation in Late Capitalism: Energy, Uneven Development, and Climate Crisis." *Critical Historical Studies*, 7(2), pp.205~240.

Raphael, R., J. Hinton, A. Paulsson, M. Koch, M. Islar, and N. Grolimund. 2024. "Postgrowth Welfare Systems: A View from the Nordic Context." *Consumption and Society*, 3(3), pp.395~407.

Sabato, S. and M. Mandelli. 2024. "Towards an EU framework for a just transition: Welfare policies and politics for the socio-ecological transition." European Political Science, 23, pp.14~26.

Schmalz, S., I. Singe, and A. Hasenohr. 2021. "Political Discontent and Labour in a Post-Growth Region: A View from East Germany." *Anthropological Theory*, 21(3), pp.364~385.

Schulze Waltrup, R. 2025. "An Eco-Social Policy Typology: From System Reproduction to Transformation." *Global Social Policy*, 25(1), pp.17~35.

Stoknes, P. E. and J. Rockström. 2018. "Redefining Green Growth within Planetary Boundaries." *Energy Research & Social Science*, 44, pp.41~49.

Theodoropoulou, S., S. Sabato, and M. Akgüç. 2025. "National Eco-Social Policies in the Framework of EU Just Transition: The Cases of Greece, Italy, Portugal and Spain." *Global Social Policy*, 25(1), pp.86~111.

Yang, J. 2017. *The Political Economy of the Small Welfare State in South Korea*. Cambridge: Cambridge University Press.

결론
포스트 성장 시대의 이중 전환과 노동 및 지역의 미래 전략

주무현

1. 포스트 성장 사회의 도전: 생태 위기와 노동의 미래

오늘날 우리는 저성장과 기후 위기라는 이중의 도전에 직면해 있다. 과거에는 경제성장이 일자리를 창출하고 삶의 질을 개선하는 핵심 경로로 여겨졌지만, 이러한 성장 사회의 담론은 이제 더 이상 유효하지 않다. 기후 위기의 심화와 자원 한계, 그리고 전 지구적 탈성장 흐름 속에서 우리는 새로운 사회경제 패러다임을 모색할 수밖에 없다. 특히 그린 전환과 디지털 전환이 동시에 이루어지는 이중 전환의 시기에는 전통적 노동조직화 방식과 노동 중심 복지제도의 지속가능성에 대한 의문이 제기된다. 기존의 탈성장 담론은 주로 환경적 측면, 특히 탄소중립과 생태 전환에 집중되어 있었다. 그러나 이제는 기후 문제와 더불어 노동사회의 해체와 고용 불안이라는 구조적 위기를 함께 고려해야 한다. 포스트 성장 사회 담론은 이러한 양면의 전환을 통합적으로 사고할 수 있는 새로운 접근이다.

한편, 세계경제 질서의 변화 또한 이러한 패러다임 전환을 가속화하고 있다. 트럼프 행정부의 보호무역적 관세정책은 1997~1998년 외환위기 이후 한국이 구축해 온 수출 주도형 발전국가 모델의 한계를 드러냈다. 이 모델은 더 이상 작동하지 않으며, 내수 중심 경제구조로의 전환이 요구된다. 이에 따라 지역 기반의 고용 창출형 산업 전환이 핵심 과제로 부상하고 있다. 포스트 성장 사회는 단순히 경제의 축소나 성장 포기를 의미하지 않는다. 오히려 새로운 생산방식, 부불 노동의 유급화, 소비 행태의 전환 등을 포함한 전반적인 사회경제 시스템의 재편을 지향한다. 특히 고용 친화적인 탈탄소화 전략과 디지털 전환에 있어 노동조합의 적극적 개입과 조직 전략의 재정비가 필요하다. 이는 노동의 권리를 보호할 뿐 아니라, 전환의 정의로움을 보장하는 핵심 조건이 된다.

또한 지역 소멸의 위협에 대응하여 지역회복 전략을 모색하는 것도 중요하다. 이를 위해 노동조합과 시민사회가 지역산업 전환의 거버넌스에 참여하고 의사 결정권을 확보하는 과정이 필수적이다. 지역 기반의 산업 정책과 시민 참여는 지속가능한 내수 경제로의 이행을 가능하게 하는 조건이 될 것이다. 마지막으로, 전환 정치의 지형에서도 변화가 필요하다. 전환 정책이 일부 지식인 집단에 의해 설계되고 추진되는 과정에서 기존의 화석 에너지 기반 산업에 종사하는 노동자들과의 갈등이 뚜렷해지고 있다. 이는 단순한 환경적 갈등이 아니라 계급적 이해관계의 충돌이며, 따라서 이를 해결하기 위해서는 포괄적이고 민주적인 전환 거버넌스를 구축해야 한다.

이러한 배경에서 다음과 같은 정책적 시사점을 도출할 수 있다. 첫째, 노동운동의 재정치화가 필요하다. 이제 노동은 임금 교섭의 주체에서 탈성장 체제 이행의 설계자이자 파트너로 자리매김해야 한다. 이를 위해서는 전통적 노조 중심 조직에서 벗어나 비정규직, 플랫폼 노동자, 돌봄 노동자, 여성 노동자 등 다양한 계층을 포괄하는 계급 블록(block of classes)의 형성이 시급하다.

둘째, 탈상품화된 노동의 사회화가 필요하다. 이는 기본 소득, 공공 돌봄, 생활임금, 노동시간 단축, 유급 자율활동 등 노동이 시장에 종속되지 않도록 하는 제도적 기반의 마련을 의미한다. 특히 그린 전환과 디지털 전환으로 해체 위기에 놓인 지역 기반 일자리를 사회적 일자리로 전환하여 집단적 연대의 토대를 강화해야 한다.

셋째, 사회적 기획 능력의 확장이다. 이는 노동조합이 기후 정책, 에너지 전환, 공공 서비스 재편 등에 있어서 소극적 반대가 아니라 정책 생산의 주체로 나설 수 있도록 민주적 숙의와 정책 역량을 강화하는 방향이다. 독일 금속노조(IG Metall)나 스웨덴 공공노조처럼, 산업 전환기 노동운동이 지역 차원의 산업 전략을 주도했던 경험을 참고할 수 있다.

넷째, 정치적 연합 전략의 복원이다. 탈성장 사회는 '국가 대 시장'이 아니라 '시민 대 자본'의 새로운 계급 균열을 의미한다. 이는 노동운동과 기후운동, 페미니즘, 공동체 운동, 농민운동 등 다양한 진보적 정치 주체들 간의 전략적 연대를 요구하며, 포스트 성장 패러다임은 이러한 연합 전략의 '가치 접점'이 될 수 있다.

결론적으로, 포스트 성장 사회는 단지 성장이 멈추는 사회가 아니라, 성장이 아닌 '삶' 그 자체를 중심에 두는 사회로의 전환을 의미한다. 그리고 이 전환은 자동적이지 않으며, 사회적 충돌과 정치적 투쟁을 통해서만 가능하다. 따라서 노동운동은 이 거대한 전환의 '피해자'가 아니라, 주체적 기획자이자 계급적 실천의 중심축으로 거듭나야 한다. 노동 없는 탈성장은 공허하며, 계급 없는 전환은 반동적일 수밖에 없다. 노동이 다시 정치의 중심으로 돌아올 때, 우리는 비로소 탈성장의 미래를 실현할 수 있을 것이다.

2. 이중 전환과의 노동시장의 공간적 양극화

한국 사회는 디지털 전환과 그린 전환이라는 '쌍둥이 전환'이 동시에 진행되는 구조적 전환기에 진입했다. 탄소집약 산업의 사업 구조조정과 디지털화로 중간 숙련 노동자의 공동화가 불가피하고, 노동시장의 공간적 양극화 또한 심화할 것으로 예상된다. 과거 경제성장이 한국 사회의 지배적 담론으로 영향력을 발휘했던 시기가 있었다. 이른바 재벌 집단 대기업의 시장독점적 지위가 강화하는 와중에 대기업 조직노동자의 결속력이 강화되면서 포드주의 담합 구조가 형성되었다. 독점적 대기업과 비독점적 중소기업의 노동시장 이중구조가 이제는 공간적으로 양극화하고 있다. 이른바 노동시장의 지역 간 격차가 확대하면서 이중전환 시대에도 좋은 일자리는 수도권으로 집중하고, 비수도권은 저숙련의 함정으로 점차 빠져들고 있다.

첫째, 쌍둥이 전환이 노동시장의 공간적 양극화를 가속화하고 있다. 디지털화는 자동화와 플랫폼 노동 확산으로 중간 숙련 일자리(사무, 제조 등)를 감소시키면서, 고숙련 일자리와 저숙련 일자리로의 양극화를 유발하고 있다. 그리고 그린 전환은 탄소집약 산업 중심 지역에서 일자리 소멸을 구조적으로 유발하고 있으나 대체 일자리는 수도권 중심 신산업에서 주로 창출되면서 공간적 일자리 불일치가 심화하고 있다. 둘째, 산업전환 지역의 노동시장은 '저숙련의 함정'에 빠질 위험에 노출되고 있다. 수도권은 IT·금융 중심 고숙련 고임금 일자리가 증가하는 데 반해, 비수도권 제조업 중심 지역은 자동화로 인해 일자리의 질과 양이 모두 하락하면서 청년 인구의 역외 유출이 더욱 심화하고 있다. 셋째, 이른바 '좋은 일자리' 수도권 집중 현상에 대응할 방법이 없다. 통계청 「지역별 고용 조사」의 마이크로 원자료를 분석한 결과, 고임금 상위 20% 일자리의 수도권 집중도가 지난 10년간 5.8%P

표 결론-1 디지털 전환과 그린 전환에 따른 노동시장의 공간적 양극화 현상 (단위: %, %P)

구분	2015년	2024년	변화(%P)
상위 20% 일자리 취업자 비중	13.8	20.0	▲6.2
수도권 상위 일자리 집중도	21.3	27.1	▲5.8
중간 숙련 일자리 비중	40.8	36.6	▽4.2

주: 중간 숙련 일자리 비중은 2~3분위 일자리 기준으로 작성함.
자료: 이 책의 2장(디지털과 그린 전환, 그리고 노동시장의 공간적 양극화) 분석 결과를 활용해 저자가
　　작성함.

증가한 반면, 비수도권은 상위 일자리 비중 하락, 노동시장 양극화로 지역
간 서열화가 진행되었다.

　노동시장의 공간적 양극화를 해소하여 포스트 성장 사회로의 진입을 모
색하기 위해서는 정책 수단의 전면적이고 혁신적인 변화가 필요하다. 첫째,
장소기반 정책(place-based local policy)으로의 전환이 시급하다. 전통적 산
업단지 조성이나 외부기업 유치 방식만으로는 지역격차 해소가 불가능하
다. 무엇보다 산업과 숙련의 복합적 사회 생태계를 구축하여 지역 산업의
구조적 재편과 고숙련 인력 양성을 동시에 실현할 지역 맞춤형 '좋은 일자
리' 창출 전략이 필요하다. 둘째, 고탄소 산업 중심 지역을 쌍둥이 전환 투자
의 우선 대상으로 선정해야 한다. 예컨대 탄소집약 산업 밀집 지역(경남·경
북, 전남과 충남)의 노동시장은 저숙련 함정에 빠질 위험이 기다리고 있다.
탄소중립 경제로의 전환 과정에서 직접 영향을 받을 지역에 대해서는 이른
바 정의로운 전환(Just Transition) 특별 구역을 순차적으로 지정해 성과와 경
험을 누적하고 뒤따라올 산업전환 지역으로 모범 사례를 확산하려는 노력
이 필요하다. 셋째, 중간 숙련 일자리 보호 및 재편이 필요하다. 이른바 사
라지는 중간층 일자리의 공동화는 정치·사회적 불만의 근원으로 작용한다.
지역 노동시장에 기반하여 중간 숙련 일자리를 재정의하고, 기술 및 숙련

전환 인센티브를 발굴하고 설계하는 정책 수단이 필요하다.

우리는 노동시장의 공간적 양극화를 극복하기 위한 단기적 정책 수단을 다음과 같이 제시하고자 한다. 첫째, '지역 기술대학 연계형 숙련 전환 시스템 구축'이다. 쌍둥이 전환 시대 노동시장의 이슈는 중간 숙련 일자리의 소멸이 핵심이다. 더 나아가 지역 노동시장의 저숙련 함정에 실제로 빠지고 있는 현재 상황에서는 비수도권 지역의 '실전형' 고숙련 인력을 안정적으로 양성할 필요가 있다. 이것을 지역대학 졸업 이후 공공부문 의무 고용이나 민간기업 채용으로 연계하고, 이에 대응해 보조금 등을 지급한다면 정책 효과를 높일 수 있다.

지식기반산업 고임금 일자리의 수도권 집중 현상은 국가균형발전 관점에서 우려스러운 현상이 아닐 수 없다. 이에 우리는 '청년 체류 기본 소득'과 '청년 정착 점수 제도' 도입을 제안한다. 산업전환 지역에 대한 집중적 투자로 인해 산업구조가 재편되어 좋은 일자리가 아무리 많이 만들어져도 청년이 지역을 떠나 버리면 아무 소용이 없다. 정주와 주거 인센티브가 본질적인 정책 수단이다. 비수도권 지역에 거주하거나 지역 노동시장에서 취업하고 있으면 기본 소득을 보장하여 정착을 지원하는 것이다. 주거, 교통, 문화 활동에 사용할 수 있는 정착 점수나 포인트를 지급하는 것도 필요하다.

결론적으로 전환은 속도이다. 디지털화와 그린 전환은 피할 수 없는 흐름이며, 눈으로 확인할 수 없을 만큼 천천히 진행되고 있는 듯하지만, 언론에서 보도되고 통계적으로 확인하는 순간 기업은 문을 닫고, 일자리는 사라진다. 정책 개입 속도가 빠르면 빠를수록 고용 충격과 일자리 소멸을 사전에 막을 수 있다. 포스트 성장 사회의 필수 과제로서 그린 전환이 '실업 → 장기 실업→ 노동시장 이탈 → 지역 경제 붕괴'라는 신호를 낳을 수 있다는 우려를 금할 수 없다. 과거 탄소집약 산업의 고속 성장에 대한 향수를 버리지 못해 산업 전환을 주춤거리는 시간만큼 지역을 살리는 시간이 줄어들 것이다.

3. 기후 위기와 노동시장 재편, 그리고 노동의 개입 전략

기후 위기와 디지털 전환이라는 '이중 전환' 속에서 저성장 체제가 고착화
되고 있으며, 기존의 성장 담론은 더 이상 설득력을 가지기 어렵다. 경제성
장이 고용을 창출하고 삶의 질을 개선한다는 전통적 패러다임은 기후 재난
과 산업 경쟁력의 저하, 고용 불안정이라는 현실 앞에 재정립이 필요하다.
특히 한국은 수출 중심의 탄소 집약적 산업구조를 지닌 채, 기후 대응과 산
업 전환이 지체되어 산업 생태계 전반에 위기를 불러오고 있다. 이에 따라
노동시장은 실업과 불안정 노동의 증가, 숙련 불일치와 같은 구조적 변화에
직면하고 있다. 전환의 과정은 단지 기술적 문제에 그치지 않고, 사회적·계
급적 갈등으로도 이어지고 있다. 특히 디지털 전환과 탈탄소화가 고용을 재
편하는 가운데, 기존의 조직 노동은 제 역할을 다하지 못하거나 전환 갈등
의 한 축으로 자리하고 있다. 전통적인 복지 제도나 고용안정 장치는 포스
트 성장 사회의 새로운 노동 현실을 반영하지 못하고 있으며, 이에 대한 재
구성과 대응이 시급하다.

그린뉴딜은 이러한 전환기에 대응하는 정책으로, 단기적으로는 기후 대
응과 일자리 창출의 조화를 도모하며, 장기적으로는 성장 없는 사회로의 이
행을 위한 '입구 정책'으로 기능한다. 하지만 단순한 산업 전환만으로는 충
분하지 않으며, 녹색 일자리의 질과 노동시간 단축, 돌봄 노동의 확대 등 '성
장에 의존하지 않는 고용창출 방식'의 병행이 요구된다. 결국 핵심은 정의로
운 전환을 가능케 할 노동 참여형 민주적 거버넌스의 구축이며, 사회적 대

화는 이중 전환에 대응하는 유일하고 필수적인 통로로 제시되고 있다.

포스트 성장 사회 전환을 위한 노동의 전략은 다음과 같다. 첫째, 한국은 더 이상 수출 중심, 탄소 집약형 산업 모델에 의존할 수 없다. 지역 기반의 내수 중심 산업전환 전략이 필요하며, 이를 통해 에너지 전환과 고용 창출을 동시에 달성할 수 있는 정책 설계가 시급하다. 예를 들어, 재생 에너지 인프라 구축과 연계한 지역 일자리 개발, 공공투자 확대, 중소기업의 녹색화 지원이 요구된다. 둘째, 고용의 질을 고려한 녹색 일자리 창출이 정책의 중심에 자리해야 한다. 단순한 일자리 수 확보보다는 '좋은 일자리'를 중심으로, 산업 전환 속에서 노동자의 권리를 보호하고 사회 안전망을 확대하는 방식이 필요하다. 특히 플랫폼 노동, 특수고용직, 돌봄 노동과 같은 비정형 고용을 포괄할 수 있는 노동기본권 확대 및 사회보험 적용이 동반되어야 한다. 셋째, 노동시간 단축과 돌봄노동 확대는 저성장 사회에 적합한 고용정책으로 강화되어야 한다. 정부는 이를 위한 임금 보전정책, 공공 돌봄 인프라 확충, 돌봄 노동자의 처우 개선 등 구체적인 계획을 제시해야 한다. 마지막으로, 노동조합의 적극적 개입과 사회적 대화 제도화가 전환 성공의 핵심 열쇠이다. 지역 노조와 시민사회가 참여하는 '지역 전환 거버넌스' 모델을 확립함으로써 하향식 정책을 극복하고 사회적 합의를 도출할 수 있어야 한다.

4. 포스트 성장 시대 사회정책과 복지국가

포스트 성장 사회는 기존의 생산주의 복지 체제가 더 이상 유효하지 않다는 진단에서 출발한다. 특히 경제성장이 둔화하고, 생태 위기와 사회적 불평등이 심화하고 있다. 한국의 복지국가는 성장과 분배 사이에서 정책적 딜레마에 빠져 있다. 전통적 복지국가는 생산주의에 기반하여 성장의 성과를 전제로 복지를 설계했지만, 이제는 탈생산주의적 접근, 즉 인간의 사회적 필요와 생태적 지속가능성을 중심에 둔 정책 전환이 필요하다. 유럽연합의 생태사회정책 실험처럼 보편주의와 탈상품화를 통합한 사회적 투자 전략이 그 대안으로 제시된다. 이 과정에서 복지는 단순한 사회 안전망이 아니라, 사회적·생태적 전환을 가능하게 하는 핵심 정책수단이 되어야 하며, 특히 적극적 노동시장 정책은 그 중심에 있다.

포스트 성장 시대의 사회정책이 해결해야 할 가장 중요한 과제는 계급 간 불균형과 노동시장 내부의 분절화 구조를 해소하는 것이다. 현재의 복지국가 체계는 자본주의적 축적 논리를 뒷받침하는 방향으로 작동하며, 결과적으로 노동자계급 내의 계층 분화와 지역적 양극화를 심화시켜 왔다. 특히 고숙련 정규직 중심의 복지 및 노동시장 정책은 비정규직, 청년, 여성, 지역 저숙련노동자 등 '보이지 않는 계급'을 정책의 사각지대에 방치하고 있다는 점에서 노동운동의 성찰이 요구된다. 포스트 성장 사회에서의 사회정책은 단지 생존권 보장이나 빈곤 완화를 넘어, 노동자계급의 권력 기반을 재구성하는 전략으로 전환되어야 한다. 이에 다음과 같은 정책적 시사점이 도출된다.

탈상품화된 복지의 확대와 보편적 기본소득 정책이다. 노동시장의 경쟁과 착취로부터 벗어나기 위한 첫걸음은 노동을 생존의 조건으로 강제하지 않는 것이다. 기본 소득과 같은 탈상품화된 보편 복지를 통해, 노동자들은 자본의 고용에 예속되지 않고 정치적 주체로서 독립성을 확보할 수 있다. 그리고 노동자 중심의 사회 투자와 녹색 복지국가의 건설이다. 그린 전환과 복지국가는 분리될 수 없다. 노동자들이 친환경 산업에서 고용 안정성과 사회적 기여를 동시에 실현할 수 있도록, 그린 전환에 필요한 기술 훈련과 복지 투자가 결합해야 한다.

지역 노동운동의 복원과 연대구조 강화도 필요하다. 수도권 중심주의와 지역 간 격차는 자본의 구조적 공간 전략의 결과이며, 이에 맞서는 지역 기반의 노동운동이 절실하다. 지역 공동체와 노동조합, 사회적 경제주체들이 결합하여, '좋은 일자리'를 지역에서 창출하고 유지할 수 있는 자립적 생태계를 만들어야 한다. 마지막으로 생태사회국가로의 이행에서 노동의 정치적 재구성이다. 복지국가는 더 이상 성장의 부산물을 분배하는 장치가 아니라, 생태 위기와 사회 불평등에 대항하기 위한 투쟁의 장이다. 이 과정에서 노동은 단순한 수혜자가 아니라, 복지의 기획자이자 공동 생산자로서의 위치를 회복해야 한다. 이를 위해 노동운동은 산업별 노조 중심에서 지역-산업 복합체 중심의 새로운 조직 전략을 개발할 필요가 있다. 결론적으로 복지국가는 더 이상 성장주의에 종속될 수 없으며, 포스트 성장 시대에는 계급 간 불평등 해소와 생태적 전환을 함께 도모하는 사회정책으로 전환되어야 한다. 이것은 단순한 정책 조정이 아니라, 자본주의적 생산과 분배 시스템 자체에 대한 도전이며, 노동운동의 전략적 전환과 재구성을 요구하는 시대적 과제이다.

5. 포스트 성장 사회 노동 중심의 이중전환 전략

한국 사회는 디지털화와 그린 전환이라는 두 가지 구조적 전환을 동시에 경험하고 있다. 이른바 '이중 전환(twin transitions)'은 기술과 에너지 체계의 문제를 넘어 노동시장과 지역 경제의 구조적 재편을 초래하고 있다. 특히 디지털 자동화와 탄소중립이라는 두 흐름은 기존의 산업 지형, 숙련 체계, 계급 구조를 근본에서부터 재조정하고 있다. 문제는 이러한 전환이 일자리의 양과 질, 그리고 그 분포를 불균형하게 만들어 노동의 공간적 분절과 계급적 양극화를 동반하고 있다는 점이다. 노동 중심의 이중전환 전략은 다음과 같이 정리된다.

첫째, 노동 없는 전환은 불가능하다. 그것을 위해서는 노동운동의 전면적 재구성이 필요하다. 디지털화와 그린 전환은 기업의 투자 전략이나 정부의 산업 정책만으로 완성되지 않는다. 노동이 쌍둥이 전환의 주체로 서지 못하면, 그 전환은 불균등하고 불안정하며 사회적 저항에 직면할 수밖에 없다. 노동조합은 기존의 산업 중심주의를 넘어서 지역의 전환 거버넌스에 개입하고, 숙련과 재교육의 주체로 스스로를 재정의해야 한다. 고용 안정, 직업훈련, 노동권 강화는 기술·산업 전환의 부속물이 아니라 전환의 전제가 되어야 한다.

둘째, 계급 구조의 지리적 재편에 대한 정치적 대응은 신속해야 한다. 이중 전환은 계급 구조를 시간적으로 분절하고, 공간적으로 재편한다. 즉, 같은 일이라도 '어디에서, 어떤 숙련으로, 어떤 계급 위치에서 수행되는가'에 따라 노동자는 전혀 다른 미래를 맞이하게 된다. 수도권 고임금 일자리의 독점 구조를 분해하지 않고는 지역 재생도, 계급 평등도 실현되지 않는다. 이를 위해서는 중간 숙련 일자리 보호 정책과 함께, 산업전환 지역 대상의 재정 집중 및 전환 특별구역 지정이 필요하다.

셋째, 디지털 및 녹색 숙련 생태계 구축을 통한 지역 전환이 필요하다. '좋은 일자리'는 산업 유치로만 만들어지지 않는다. 숙련을 형성할 수 있는 지역 교육-고용-생산의 통합 생태계가 존재해야만 한다. 따라서 지역 대학 및 기술대학과 지역 기업의 숙련 연합, 지방정부의 정책재량 확대, 공공 고용 서비스의 체계적 확충이 필요하다. 전문인력 양성은 중앙정부 주도의 하향식 정책이 아니라, 지방정부와 지역사회가 협력하여 설계하는 자율적 거버넌스로 실현되어야 한다.

넷째, 포스트 성장 사회에 부합하는 분배 패러다임을 새롭게 정의해야 한다. 산업 고도화와 기술혁신이 고용 창출로 이어지지 않는 시대에 '시민 임금(civil wage)'과 같은 분배 재설계 전략이 필요하다. 청년 기본소득, 지역 정착 점수 제도, 비수도권 청년 고용 인센티브 등은 그 일환이다. 자본의 논리로만은 이중 전환의 사회적 정당성을 확보할 수 없다. 노동과 지역이 전환의 수혜자가 아니라, 설계자가 되어야 한다.

결론적으로 전환의 속도와 방향은 정치적 선택의 결과이다. 우리는 지금 '전환의 시간'에 살고 있다. 그러나 그 전환은 자동적이지 않으며, 어느 방향으로 흘러갈지는 오로지 정치적 개입과 집단적 조직화의 성패에 달려 있다. 노동 없는 그린 전환은 대량 실업을 낳고, 지역 없는 디지털 전환은 수도권 일극 체제를 고착화한다. 전환의 성공은 기술에 달린 것이 아니라, 노동과 지역을 어떤 방식으로 조직하고 주체화할 수 있는가에 달려 있다. 포스트 성장 시대에 우리는 성장의 논리가 아니라 지속성과 포용성의 논리로 노동과 지역의 미래를 재구성해야 한다. 이중 전환의 효과가 아니라 그 조건을 우리가 어떻게 만들 것인지 묻는 것―그것이 지금, 우리 시대 정책의 출발점이어야 한다.

찾아보기

지은이

임운택

계명대학교 사회학과 교수이며, 2025년 한국사회학회 회장이다. 비판사회학회 회장, 대통령직속 정책기획위원회 국민성장분과 부위원장과 경제인문사회위원회 기획평가위원을 역임했다. 주요 연구분야는 노동사회학, 정치경제학, 사회 이론이다. 최근에는 디지털 자본주의에 대한 사회학 및 정치경제학적 분석, 디지털 전환 및 인공지능과 노동의 변화, 포스트 성장과 노동의 미래에 관한 주제로 연구하고 있다. 디지털 자본주의의 이중 전환에 기반을 둔 포스트 성장 사회 모델을 통해 성장 이데올로기에 대한 단순한 비판을 넘어, 사회경제의 지속가능성, 재생산, 복지, 민주적 참여를 중심으로 한 새로운 사회적 계약의 수립에 주된 관심을 가지고 있다.

주무현

지방사회연구원 원장이다. 한국산업노동학회 회장을 맡아 젊은 연구자의 학회 참여 활성화를 위해 수행한 봉사 활동이 기억에 남는다. 국립경상대학교 사회과학연구원 교수를 하다가 한국고용정보원으로 옮겨 가 선임연구위원과 연구본부장을 맡았다. 과거에는 한국 자동차산업 생산방식과 기업별 내부 노동시장을 주로 연구했다. 지금은 디지털과 그린 전환에 따른 산업전환 지역의 노동시장 분절화 현상을 해소할 지역고용정책 연구와 개발에 매진하고 있다. 지방 연구는 지방에 살면서 직접 부딪쳐야 한다는 오래된 신념을 소박하게 실천하고 있는 중이다.

박태주

1987년 이래 오랫동안 노동운동과 노동운동 연구에 몸을 담았다. 산업연구원(KIET) 노동조합과 전국전문기술노동조합연맹(현 민주노총 공공운수노조) 위원장을 지냈으며 한국노동교육원 교수와 산업노동학회 회장을 역임했다. 서울노사정모델협의회(현 서울시 투자·출연기관 노사정협의회) 위원장과 경제사회노동위원회 상임위원을 지냈다. 최근에는 기후 위기에 직면한 노동운동의 대응 전략을 연구하는 한편 노동조합과 기후 단체의 연대 형성에 힘쓰고 있다. "노년이 달라져야 미래가 달라진다"는 모토를 가진 노년들의 기후생태단체, 60+기후행동의 상임대표를 맡고 있다.

강민형

고려대학교 사회학과 조교수이다. 미국 존스홉킨스 대학교에서 사회학 박사학위를 받았다. 21세기 자본주의에서 불안정 노동의 확산과 노동시장 불평등 심화, 노동운동의 역할을 이해하는 데 관심을 두고 있다.

한울아카데미 2621

포스트 성장 시대와 노동의 미래

ⓒ 임운택·주무현·박태주·강민형, 2025

지은이 **임운택·주무현·박태주·강민형**
펴낸이 **김종수**
펴낸곳 **한울엠플러스(주)**
편 집 **배소영**

초판 1쇄 인쇄 **2025년 12월 10일**
초판 1쇄 발행 **2025년 12월 17일**

주소 **10881 경기도 파주시 광인사길 153 한울시소빌딩 3층**
전화 **031-955-0655**
팩스 **031-955-0656**
홈페이지 **www.hanulmplus.kr**

등록번호 **제406-2015-000143호**
Printed in Korea.

ISBN **978-89-460-7621-1 93300 (양장)**
     978-89-460-8415-5 93300 (무선)

※ 가격은 겉표지에 표시되어 있습니다.
※ 무선제본 책을 교재로 사용하시려면 본사로 연락해 주시기 바랍니다.